Silke Oldenburg

Wir sind doch alle unsichtbar

Jugendliche Binnenvertriebene in Kolumbien

Impressum

Herausgegeben von terre des hommes
© Silke Oldenburg
Alle Nachdrucke sowie Verwendung in Funk und Fernsehen und sonstige Verwertungen sind genehmigungspflichtig
Alle Rechte vorbehalten

Projektbetreuung: Ralf Willinger
Redaktionsassistenz: Annette Hachmann
Technische Betreuung: Hans-Martin Große-Oetringhaus
Textgestaltung: Lukas Loss
Umschlaggestaltung: Olaf Thielsch
Umschlagfoto: Andreas Rister, terre des hommes
Druck: GGP media on demand, Pößneck

terre des hommes Osnabrück, 2007
ISBN 978-3-924493-82-0
tdh-Bestellnummer: 222.1559.00

Silke Oldenburg
1979 in Oldenburg geboren. In Tübingen, Mérida (Venezuela) und Berlin studierte sie Ethnologie, Geschichte, Literatur und Romanistik. Ihre Studien hat sie 2006 an der Freien Universität Berlin abgeschlossen. Ihre hier veröffentlichte Arbeit wurde 2007 mit dem Christiane-Rajewski-Preis der Arbeitsgemeinschaft Friedens- und Konfliktforschung ausgezeichnet. Derzeit promoviert sie an der Universität Bayreuth mit einem Promotionsstipendium der Hans-Böckler-Stiftung.

Inhaltsverzeichnis

Danksagung – Vorwort (11) – Einleitende Worte (17)
Friedensprozess als Farce – Aktuelles zum bewaffneten
Konflikt in Kolumbien (31)

I. Einführung

Problematik und Erkenntnisinteresse (37) – Zugang zum
Feld (40) – Vorgehen (42)

II. »*Mascar Tierra*« Leben und Überleben in Putumayo (44)

III. Betrachtung des Konfliktkontextes

1. Veralltäglichung der Gewalt (50) – das Konzept des Gewaltmarktes (53) – Synthese (57)
2. Konfliktgenese (60)
3. Die Akteure im bewaffneten Konflikt: Guerilla (65) – Paramilitärische Einheiten (67) – staatliches Militär (69)
4. Voraussetzungen von Gewaltmarkt in Kolumbien - Defizitäres Gewaltmonopol (72) - Geographische Voraussetzungen (74) - Drogenökonomie (76) - Soziale Konsolidierung (79)
5. Kontrolle der Zivilbevölkerung (82)
6. Jugendliche im kolumbianischen Konflikt (87) - Zwangsrekrutierung (88) – staatlicher Militärdienst (90) – Fazit (91)

IX. Anhänge

- Abkürzungsverzeichnis (230)
- Glossar (231)
- Statistiken zur Binnenvertreibung (236)
- Urheber der Binnenvertreibung im Zeitraum 2000 – 2002 (237)
- Öffentliches Communiqué, 20.08.2004 (238)
- Mordraten im Vergleich – Kolumbien – Soacha – Cazucá (243)
- Kolumbienkarte – Übersicht (244)
- Übersicht der Informantinnen und Informanten bei Taller de Vida (245)
- Literaturverzeichnis, Verweis auf weiterführende Literatur, Internetadressen, Printmedien/Internetausgaben kolumbianischer Zeitungen (249)

»Desestimar a la Muerte, Estimar la Vida«[1]
(Motto von Taller de Vida)

Danksagung

Bedanken möchte ich mich bei den vielen Personen und Projekten, die mir die Realisierung meiner Forschung ermöglicht haben. An oberster Stelle stehen hier natürlich die Jugendlichen aus Altos de Cazucá und Usme, die mich an ihren harten Erfahrungen und Biographien, aber auch an ihrer Phantasie, ihrer Stärke und ihrem Optimismus teilhaben ließen, und mit denen ich drei ganz besondere Monate verbringen durfte.

Für die Bereitstellung des institutionellen Rahmens sowie für das Engagement und die Hilfsbereitschaft, die mir allzeit entgegengebracht wurden, bin ich terre des hommes verbunden. Hier möchte ich v. a. Andreas Rister und Ralf Willinger für die netten Abende in Bogotá und Berlin danken, die Ermunterung an meinem Projekt sowie für die Hilfe bei der Veröffentlichung.

Im universitären Kontext geht mein besonders herzlicher Dank an Thomas Zitelmann, der meinen Weg über lange Zeit unterstützend und durch bereichernde Diskussionen

---

[1] Sinngemäß: »Den Tod verachten, das Leben schätzen«.

begleitete und auch in schwierigen Phasen immer mit Rat und Tat erreichbar war.

Dem Deutschen Akademischen Austauschdienst, DAAD, danke ich für die finanzielle Unterstützung des Forschungsprojektes.

Nicht zuletzt möchte ich mich bei meinen Freunden in Kolumbien und Deutschland sowie bei meiner Familie bedanken, die mich vor, während und nach meiner Forschung immer unterstützten und meine Arbeit mit Interesse begleiteten.

Vorwort

»Wir sind doch alle unsichtbar« lautet der Buchtitel, doch die Jugendlichen aus den Randvierteln von Bogotá, die hiermit gemeint sind, sind auf dem Umschlagfoto deutlich zu erkennen. So wird die paradox erscheinende Buchgestaltung zum editorischen Programm und drückt zugleich das Verdienst dieser wissenschaftlichen Arbeit von Silke Oldenburg aus: Die jugendlichen Opfer des bewaffneten Konfliktes in Kolumbien, ihre Sichtweisen und ihr Engagement für eine friedlichere Zukunft ins Bewusstsein der Menschen zu rücken.

Anstelle der politischen Propaganda des »starken Herzens und der harten Hand« setzt sie Berichte von Jugendlichen, die selbst Waffen getragen haben oder von ihnen bedroht wurden. Und den in politischen Stiftungen, Universitäten und Akademien bisweilen filigranen Debatten über oft kaum wahrnehmbare Fort- oder Rückschritte etwa in der Wortwahl der bewaffneten Akteure bei öffentlichen Auftritten, in Massenmedien, Verhandlungsdokumenten, bei vertraulichen Gesprächen oder auf dem internationalen diplomatischen Parkett setzt Silke Oldenburg Alltagserfahrungen aus einem Armenviertel nahe Bogotá entgegen.

Die Ermordung des 15jährigen William Rivas Pino hat die Feldforschung der Autorin geprägt. Erzfaul, aber ein guter Kerl sei er gewesen, berichteten seine Freunde, die mit ihm bei terre des hommes-Projektpartner Taller de Vida Capoeira tanzten und ihn meist »El Moreno« nannten. Warum wurde er umgebracht? Der Schock der Ermordung hat wohl dazu beigetragen, der so genannten

»sozialen Säuberung« breiten Raum in der Studie zu geben. Er hat Silke Oldenburg aber nicht daran gehindert, das Phänomen in seiner Komplexität zu behandeln. Die Theorie des Gewaltmarkts oder der befremdlich erscheinende Begriff des »sozialen Spiels« schaffen Abstand, um Akteure und ihre Strategien zu analysieren und ihre Interessen zu beleuchten. Sie helfen auch, die Tatenlosigkeit und das Schweigen vieler Nachbarn zu verstehen, die selber unter Alltags- wie politischer Gewalt leiden, sich ihr gegenüber aber nicht zu helfen wissen. Dabei wird deutlich, dass hier nicht allein Nachbarn, Ladenbesitzer, lokale Banden oder Autoritäten eine Rolle spielen, sondern dass die Verfolgung in der Ansiedlung Teil des internen bewaffneten Konfliktes in Kolumbien ist, und dass die Politik der »demokratischen Sicherheit« der Institutionalisierung paramilitärischer Gewalt im Viertel Vorschub leistet. Wie die paramilitärische Kontrolle des öffentlichen Lebens in einem Viertel wie Altos de Cazucá praktisch funktioniert, das erfahren wir ebenso in der Arbeit von Oldenburg, wie sie Einblicke eröffnet in das, was der Terror bei den Menschen bewirkt. Die so genannte »soziale Säuberung« erweist sich dabei in erster Linie als Instrument der Repression insbesondere gegenüber denjenigen Jugendlichen, die unabhängig von den bewaffneten Akteuren ihr eigenes Leben führen wollen. Diese Zielrichtung vieler Morde überrascht dann nicht mehr, wenn von Oldenburg schlüssig dargelegt wird, dass das Beispiel dieser Jugendlichen das Gewaltmarktsystem insgesamt in Frage stellt.

Vor allem mit diesen Jugendlichen hatte die Autorin über das Projekt Taller de Vida Kontakt. Die Nähe zu ihnen, die in der Studie zum Ausdruck kommt und die die Persönlichkeit der Jugendlichen so anschaulich werden lässt, ist keineswegs selbstverständlich in einem Umfeld, das so stark von Misstrauen und Gewalt geprägt ist. Möglich wird solche Offenheit, wo nach traumatischen Erfahrungen das Selbstbewusstsein gestärkt und Lebensfreude wieder geweckt werden konnten. Taller de Vida wurde einst als Initiative von politisch verfolgten Frauen gegründet, die in die kolumbianische Hauptstadt vertrieben worden waren. Seitdem arbeitet die Organisation mit Frauen und Kindern, die nach ihrer Vertreibung in Randvierteln von Bogotá Schutz gesucht haben. Diesen erhofften Schutz haben sie, wenn überhaupt, in Projekten wie Taller de Vida oder FEDES gefunden. Solche Orte werden zu alternativen Sozialisationsinstanzen neben teilweise desolaten Familien, der Konsumwelt, den Banden als Ersatzfamilien und den Organisationen, die den Gewaltmarkt beherrschen, der den Jugendlichen noch am ehesten Beschäftigungsmöglichkeiten bietet. Bei der Frage der Sozialisation und der Verarbeitung des gewalttätigen Geschehens verbindet sich jedoch die wirtschaftliche Problematik mit der kulturellen Dimension. Das Theorem der Gewaltkultur dient Oldenburg als weitere Erklärungsfolie. Und es sind Organisationen wie Taller de Vida, die dieser Kultur des Todes Kulturen des Lebens entgegensetzen.

Zusammen mit der kolumbianischen Koalition gegen den Einsatz von Kindern im Krieg (Coalico) und weiteren terre des hommes Projektpartnern in Kolumbien, arbeitet Taller de Vida seit einigen Jahren neben der Schaffung von Einkommensalternativen auch in der Friedenserziehung: als Mittel der Vorbeugung der

Rekrutierung von Kindern und Jugendlichen in den bewaffneten Konflikt. Relativ neu ist für Taller de Vida der Kontakt mit ehemaligen Kindersoldaten. Gemeinsam mit vertriebenen Kindern und Jugendlichen arbeiten sie ihre Erfahrungen auf und suchen nach Wegen des Friedens inmitten des bewaffneten Konfliktes. In der polarisierten kolumbianischen Gesellschaft ist das nicht leicht, aber Stella Duque, Psychologin und Leiterin von Taller de Vida, ist davon überzeugt, dass Frieden in Kolumbien nicht mit der »harten Hand« sondern dadurch zu erreichen ist, dass »wir lernen miteinander über das Geschehene zu reden. Und wenn es nur 15 oder 20 Jugendliche sind, mit denen du zeigst, dass es Alternativen gibt, die auch Bestand haben, dann wirkt das als Vorbild«. Silke Oldenburg zeigt diese als Vorbilder– mit allen Vorbehalten in Bezug auf die Verwirklichung mancher Träume dieser Jugendlichen. Manche träumen von Künstlerkarrieren, andere, wie die 15jährige Laura, nennt als ihren persönlichen Traum allein, »dass man mich und meine Art zu denken respektiert«. Zu diesem Respekt, aber selbst zur Formulierung eines solch bescheidenen Traumes, ist es nach den Traumata des Krieges häufig ein langer, mühsamer Weg.

Anschaulich beschreibt Oldenburg die künstlerisch-kreative Therapiemethode von Taller de Vida, deren Entwicklung und Verbreitung damals gemeinsam von terre des hommes und dem Bundesministerium für wirtschaftliche Zusammenarbeit unterstützt wurde. Bei dieser Methode wird der Körper als das unmittelbare Territorium begriffen, über das traumatisierte Menschen zunächst die Kontrolle zurückgewinnen müssen. Die bewaffneten Akteure benutzen die Körper der

Jugendlichen, manipulieren sie, machen sie als soziale Subjekte, als Personen unsichtbar, statt ihren Körpern, Gefühlen und ihrer Stimme einen Raum zu geben. Die einen werden zwangsweise zu »Vertriebenen« gemacht. Eine Kategorie, die diese Menschen selbst als diskriminierend empfinden. Denn als »Vertriebene« werden sie in ihrer besonderen Persönlichkeit nicht mehr wahrgenommen, und die Vertreibung wird so auf einmal zu ihrer Haupteigenschaft erklärt. Hinzu kommt, dass das Etikett »Vertriebener« an den Zufluchtsorten selbst schon wieder Verdachtsmoment und Motiv für Verfolgung sein kann. Auch deswegen rückt der Akt der Vertreibung und rücken die Täter in den Hintergrund, werden unsichtbar gemacht, ohne ihnen jedoch die Handlungs- und Einflussmöglichkeiten zu nehmen. Andere Kinder und Jugendliche werden von diesen Kriegsakteuren selbst zur Täterschaft gezwungen. Viele ehemalige Kindersoldaten schauen dir nicht in die Augen, berichtet Stella Duque. Einem Vorgesetzten in der Truppe in die Augen zu sehen, wäre als Herausforderung verstanden worden und hätte unseren Tod bedeutet, berichteten die Kinder Stella Duque in den Therapiegesprächen.

Körperarbeit, Theater, Musik, Tanz haben sich bei Taller de Vida als gute Methoden erwiesen, um traumatische Erfahrungen wie gesellschaftliche Zwänge aufzuarbeiten, um den Zwängen des Gewaltmarktes zu entfliehen und die Kultur der Gewalt zu überwinden. Auch die Wiedergewinnung der eigenen vielfältigen kulturellen Traditionen, die diese Menschen aus allen Landesteilen Kolumbiens nach Bogotá bringen, ist ein wichtiger Schritt. Nach der Wiedergewinnung der Kontrolle über den eigenen Körper, wenn etwa ein ehemaliger Kindersoldat einem Vorgesetzten wieder in die Augen sehen kann, kommt die Wiedergewinnung der Kontrolle über das eigene Leben in der Familie, in der Nachbarschaft und schließlich in Politik und Gesellschaft. Ohne Gerechtigkeit können die Wunden des Krieges nicht heilen, bekräftigt Stella Duque.

So werden die Jugendlichen, die in den Massenmedien gern als Gefahr und Problem dargestellt werden, zu wirklichen sozialen Akteuren. So wird auch ihr Potential deutlich, gewaltsame Konflikte in einer Gesellschaft zu reduzieren, die Wege zum Frieden inmitten des Krieges dringend benötigt. Dieses Potential, und die dazugehörigen Persönlichkeiten sichtbar gemacht zu haben, ohne die Problematik zu verniedlichen, ist ebenso ein Verdienst der Arbeit von Silke Oldenburg wie die Methode, übergreifenden Fragestellungen mit konkreten Zeugnissen der Betroffenen zu verbinden.

terre des hommes wünscht dem Buch eine weite Verbreitung, damit die Jugendlichen selbst wie auch die Alternativen für Frieden und Gerechtigkeit sichtbarer werden – nicht nur in Kolumbien.

Peter Strack

Pressereferent von terre des hommes, von 1996 bis 2006 Leiter des Regionalbüros Andenländer.

November 2007

»Wir sind doch alle unsichtbar...«
Einleitende Worte

William Rivas Pino wurde nur 15 Jahre alt. Vor sechs Jahren kam er, von der Atlantikküste Kolumbiens vertrieben, mit seiner Familie nach Altos de Cazucá. Dort wurde er am Donnerstag, den 19. August 2004 um 20.50 getötet, mit einem »Gnadenschuss« aus nächster Distanz. Er ging zusammen mit fünf Freunden aus, um Zutaten für die Bäckerei zu besorgen, bei der zwei seiner Freunde am nächsten Morgen arbeiten sollten. Sie bemerkten vier schwer bewaffnete Männer, die verdeckt in einer Ecke standen, sie bekamen Angst und wählten einen anderen Weg. Die Männer trennten ihnen den Weg ab. Die Jungen wurden gezwungen, sich auf den Bauch zu legen. Einer der Männer legte seine Waffe an und in kurzer Abfolge wurden vier der sechs Jungen mit Kopfschüssen exekutiert. Die beiden Jungen, die am äußersten Ende lagen, konnten noch reagieren, ließen sich den Abhang hinunterrollen und schafften die Flucht. Ihre Familien mussten aus Sicherheitsgründen noch in der Nacht Altos de Cazucá verlassen. Der Vater eines der Jungen war einer der zivilgesellschaftlichen Entscheidungsträger im Viertel.

William Rivas Pino wurde nur 15 Jahre alt. Von seinen Freunden wurde er »Moreno«, der Dunkelhäutige gerufen. Er war allseits beliebt wegen seines Humors, wegen seiner absurden Witze. »*Mit Ziegelsteinen wollte er jonglieren...total bescheuert*«, erzählen seine Freunde oder »*Der war erzfaul und hat keinen Finger gerührt, wenn er nicht musste, aber er konnte keiner Fliege etwas zu Leide tun, er war doch ein »guter Kerl«*. Die Mörder von William Rivas Pino wurden nie gefasst.

William Rivas Pino war Mitglied der Capoeira-Gruppe von *Taller de Vida*, einem Projekt, das von der Kinderrechtsorganisation *terre des hommes* gefördert wird. Das Massaker, in dem er ermordet wurde, geschah drei Wochen nach meiner Ankunft in Bogotá. Der Mord an William Rivas Pino stellt jedoch kein dramatisches Einzelschicksal dar, sondern ist erschreckender Alltag in Altos de Cazucá, einem paramilitärisch dominierten Stadtslum, 40 Kilometer südlich von Bogotá. William war einer von 261 Jugendlichen im Alter von 15 bis 17 Jahren, die hier innerhalb von drei Jahren ermordet wurden. Laut einer Schätzung von *Ärzte ohne Grenzen* lebten 2004 68.000 Menschen in Altos de Cazucá, die meisten von ihnen vertrieben durch den innerkolumbianischen Konflikt. Bis heute hat sich die Vertriebenenproblematik nicht entschärft.

Jugendliche im Fadenkreuz der Gewalt

Nicht nur in Kolumbien werden Jugendliche als »Zukunft der Gesellschaft« bezeichnet. Im Rahmen der vorliegenden Arbeit wird die Frage gestellt, inwiefern sich dieses Stereotyp zugunsten eines Bildes von Jugend als einem potenziellen Unruheherd verschiebt und Jugendliche in ihrem Alltagsleben gefährdet. Beleuchtet werden soll, inwiefern Jugendliche Konflikte anheizen oder auch entschärfen können. Dieser Ansatz stellt die Jugendlichen ins Zentrum und untersucht ihre gesellschaftspolitische Wirkungskraft im Sinne einer zivilen Konflikttransformation. Gerade in Anbetracht des Scheiterns von Militarisierung und Intervention kann die Frage nach zivilem Engagement von Jugendlichen helfen, alternative Lösungswege zu formulieren. Daher stehen die Lebensverhältnisse und Zukunftsperspektiven von Jugendlichen in Altos de Cazucá im Vordergrund dieser Arbeit.

Obwohl sich die Gewaltwellen, die über Altos de Cazucá periodisch hereinbrechen, momentan (2007) ein wenig gelegt haben, zeugt die unvermindert hohe Mordrate sowie Nachrichten von zwangsrekrutierten Jugendlichen im Viertel von eindrücklicher Brisanz.[2] Die Jugendlichen sind im komplexen innerkolumbianischen Konflikt von allen bewaffneten Akteuren umkämpft und umworben. Sie gelten dem Staat als Möglichkeit, die illegal bewaffneten Gruppen zu bekämpfen, den irregulären Akteuren als Ressource, das Gewaltmonopol des Staates kontinuierlich auszuhöhlen. Die Konfliktstrukturen holen die Jugendlichen in ihrem vermeintlichen urbanen Fluchtpunkt, dem Elendsviertel Altos de Cazucá, ein, sie sollen Partei nehmen und sich dem Krieg eingliedern. Es stellt sich daher die Frage: Welchen Grund haben die systematischen Morde an Jugendlichen in Cazucá, wenn nur wenige Indizien auf die von den Behörden viel beschworenen Bandenkriege unter Drogenabhängigen vorliegen und die Zahlen so erschreckend sind, dass die Heranziehung eines stereotypen Erklärungsmusters nicht greift, nämlich dem von gewöhnlicher Jugenddelinquenz in sozial benachteiligten Vierteln? Bei näherer Betrachtung erkennt man eine Kriegsstrategie, die sich gegen die Jugendlichen richtet. Die Gewaltakteure wollen das letzte Territorium erobern, das sie sich bislang noch nicht einverleiben konnten: es geht um die Kontrolle des eigenen Körpers. Dies ist der Grund, warum Jugendliche, die sich sozial

---

[2] Diese Informationen stammen von Einwohnern Cazucás.

und politisch gegen den Konflikt engagieren, die eine friedliche und bunte Gesellschaft wollen, von den bewaffneten Akteuren gefürchtet werden. So sehr gefürchtet, dass sie mit Gewalt gestoppt werden, um den reibungslosen Ablauf von Gewalt in Altos de Cazucá zu gewährleisten.

Jugendliche im zweifelhaften Rampenlicht

Jugendliche sind strukturell unsichtbar. Sie treten oft erst dann ins Rampenlicht, wenn sie sich bewaffnen und gesellschaftliche Normen durchbrechen. Jugendliche gelten als leicht beeinflussbar, verführbar für eine Teilhabe an der Welt des Konsums, an Status und Erfolg. Das Phänomen von Rekrutierung und Zwangsrekrutierung ist in diesem Licht Ausdruck einer soziopolitischen Perspektivlosigkeit, einem Gefangensein in einem Krieg, der nicht der ihre ist. Auf der anderen Seite sehen sich die Jugendlichen selbst mit einem Spannungsfeld von Hoffnung, Resignation, Träumen und Fatalismus konfrontiert. Die Stärkung von sozialen Netzwerken und die Förderung des Selbstvertrauens der Jugendlichen schaffen eine Ebene, auf der sich die Jugendlichen als soziale Akteure wahrnehmen können und nicht nur als Spielball verschiedener Interessen betrachtet werden.

Die Jugendlichen haben somit eine Schlüsselstellung im Gesamtgefüge des kolumbianischen Konfliktsettings inne: Sie sind einerseits Motor des Konfliktes, indem sie sich den bewaffneten Gruppen anschließen, aber gleichzeitig symbolisieren sie auch eine Gegenmacht, indem sie sich nicht einschüchtern lassen, Netzwerke bilden und nach einer gewaltfreien Zukunft streben. Die Kraft, die von diesen Jugendlichen ausgeht, lässt sie zur Gefahr für die bewaffneten Akteure werden. Aus diesem Grunde werden Jugendliche bewusst kriminalisiert und häufig systematisch ermordet. Daher lassen sich viele Mordopfer finden wie William Rivas Pino.

»**Wir sind doch alle unsichtbar**« – diese Worte zogen sich bei meiner Forschung in Altos de Cazucá wie ein roter Faden durch die Gespräche mit den Jugendlichen.[3] In der Tat sind Jugendliche nicht nur in wissenschaftlichen Arbeiten oftmals unterrepräsentiert, sondern oft werden sie aus der »Sicht der Anderen« beleuchtet. So wird ihnen in der eigenen Gesellschaft, dem eigenen sozialen Umfeld, in der eigenen Familie eine gesonderte Rolle zugewiesen, die Jugendliche entweder nicht ernst nimmt in ihren Vorstellungen und Ideen oder sie eben aufgrund ihrer Einstellungen und Ideale a priori für verdächtig hält und mit Skepsis beobachtet.

»Es ist immer dasselbe, wir treffen uns beim Laden an der Ecke, um zu quatschen, um rumzualbern, weißt du. Und ich merke, dass mich die Leute immer wegen meiner Rastas angucken. Keine Ahnung, aber ich glaub, die denken, ich bin kriminell. Meine Schwester kam letzte Woche nach Hause und erzählte, dass ein Mann auf der Straße zu ihr sagte, dass Kiffer in Altos nix zu suchen haben – dabei gehören die Rastas doch

---

[3] Jugend wird hier als soziale und kulturelle Konstruktion verstanden und nicht als biologisch festgelegte Tatsache. Jugend wird in verschiedenen Gesellschaften unterschiedlich definiert, unterliegt keinen statischen Schemata und wird mit jeweils verschiedenen, in steten Aushandlungsprozessen befindlichen Rollen und Verhaltensweisen, Rechten und Pflichten belegt.

zu meinem Style, das ist doch cool, oder?« (Jefferson, 16 Jahre, vertrieben aus Tumaco)

Die Assoziation von Jugendlichen mit Delinquenz, als Bedrohung von Ruhe und Ordnung, ist nicht nur in Altos de Cazucá oder in Kolumbien weit verbreitet: Ihre Lebenssituation wird in Konfliktgebieten häufig auf Sensationsmeldungen reduziert. In den Medien sind Bilder von Jugendlichen als skrupellose Kriminelle mit Handfeuerwaffen oder als rücksichtslose Kindersoldaten mit schwerer Kalashnikov prägend, oder sie werden im Gegenteil als hilflose Opfer mit großen Augen und flehendem Blick gezeichnet. Diese Bilder bestimmen die allgemeine Sicht auf Jugend und blenden dabei doch den Alltag, die ganz »normale Lebenswelt« aus und reduzieren so das Leben der Heranwachsenden auf Extrempunkte. Auf diese Weise sind sie zwar präsent, aber doch unsichtbar mit ihren eigenen Wünschen, ihrer eigenen Wahrnehmung der Welt. Die Inszenierung von Jugendlichen als Opfer und Täter ist daher nicht nur im allgemein herrschenden Diskurs gefällig, in dem man gerne *von* und *über* Jugendliche redet, anstatt *mit* ihnen, sondern auch in Konfliktgebieten lebensbedrohlich.

Jugendliche im weltweiten Szenario von Krieg und Konflikt

Das globale Ausmaß von Jugendlichen, die in Kriege involviert sind, ist konstant besorgniserregend. Die Arbeitsgemeinschaft Kriegsursachenforschung führt in ihrer aktuellsten Untersuchung (Stand 2005) 28 Kriege und 14 bewaffnete Konflikte[4] auf. Auffallend ist, dass diese Schauplätze kriegerischer Auseinandersetzungen sich hauptsächlich auf Staaten der so genannten Entwicklungsländer beziehen. Hier leben 85 Prozent der über eine Milliarde Jugendlichen weltweit. Und obwohl sie die Mehrheit der Bevölkerung bilden, werden sie aus gesellschaftlichen (Macht-) Diskursen oft ausgeblendet. Auch im Wandel der Kriegsformen spielen Jugendliche eine herausragende Rolle: Hierbei überwiegen innerstaatliche Konflikte, die das weltweite Kriegsszenario deutlich dominieren. Stichwörter wie Warlords, Bürgerkriegsökonomien, Kleinwaffen und Privatisierung von Sicherheit begleiten den Wandel der Kriegsformen, haben diesen jedoch nicht neu erschaffen. Kindersoldaten sind hierbei ein besonders augenfälliges Charakteristikum, weil sie aus westlicher Perspektive eine Verrohung des Konfliktes markieren. Für die Konfliktakteure bedeuten Kindersoldaten, von denen es laut Unicef weltweit 300.000 gibt, eine kostengünstige und effektive Möglichkeit, Krieg zu führen. In Kolumbien agieren nach Schätzungen von Human Rights Watch 11.000 -14.000 Kindersoldaten im internen Konflikt.

Oft sagten mir Jugendliche während meiner Forschung in Kolumbien »*Es ist ein Krieg, der nicht der unsere ist*«. – sie werden in einen Krieg hineingeboren und erleben ihn tagtäglich, einige von ihnen direkt (z. B. durch den Tod von Familie und Freunden oder als Kindersoldat oder Kindersoldatin) oder indirekt in den Medien. Letztlich ist es nichts Weiteres als das Heranwachsen in komplett instabilen, unsicheren

---

[4] siehe Glossar.

Verhältnissen, denn der Krieg dringt auch in die direkten Familienbeziehungen ein, fördert Angst, Unsicherheit, Misstrauen und Perspektiv-losigkeit. Auch aufgrund eines »Krieges, der nicht der ihre ist« werden Jugendliche zu Flüchtlingen und müssen in einem fremden Land Schutz suchen, leben in den unwürdigen Zuständen von Flüchtlingslagern oder werden in die städtischen Elendsgürtel ihres eigenen Landes vertrieben. In diesem Zusammenhang ist Kolumbien einer von vielen Schauplätzen, an denen die Rechte von Kindern und Jugendlichen quasi nicht existent sind. Auch wenn die Kinderrechtskonvention das weltweit am meisten ratifizierte Abkommen ist,[5] müssen doch tausende Jugendliche in den Flüchtlingslagern Palästinas leben, sexuelle Ausbeutung in Uganda erleiden, sie bekommen keine Bildungschancen in Afghanistan, verdienen ihren Lebensunterhalt als Kindersoldaten in Sri Lanka oder Kongo oder müssen in Kolumbien Landminen aufspüren. Diese Aufzählung könnte ausfernd weitergeführt werden. Auffallend sind bei all diesen Konfliktherden die strukturellen Gemeinsamkeiten wie eine Atmosphäre uneingeschränkter Straflosigkeit für die Hintermänner und Ausüber von Gewalt sowie die Inszenierung von Terror. Kriege und Konflikte konterkarieren die Kinder-rechtskonvention. Sie gestatten Kindern und Jugendlichen keine ausreichenden Entwikklungsmöglichkeiten. Es herrscht nicht nur körperliche und psychische Gewalt, oft ist auch impliziert, dass kein Zugang zu sauberen Quellen oder Trinkwasser vorhanden ist, oder aber der Zugang willentlich durch die bewaffneten Akteure abgeschnitten wurde. Dies gilt ebenfalls für den Zugang zu Medikamenten sowie zum

---

[5] siehe Glossar.

Gesundheits- und Bildungssektor, der in Zeiten von Konflikten vernachlässigt wird. Leidtragende sind neben Alten und Frauen vor allem Kinder und Jugendliche. Das ist nicht nur für das Hier und Jetzt prägend, sondern hat auch konkrete, langfristige Folgen für die Zukunftsperspektiven von Jugendlichen sowie für ihre Möglichkeit auf ein Leben in Würde. Jugendlichen wird keine Anerkennung zu Teil, sie wachsen in beschränkten, prekären Verhältnissen auf.

Daher bergen die folgenden Fragen eine große Relevanz bei der Auseinandersetzung mit Jugendlichen in Konfliktsituationen: Wie fühlen sich junge Menschen in einem solch gefährlichen Ambiente, welche Sicht auf das Leben haben sie, welche Möglichkeiten können sie selber entwickeln, um ihr Leben zu gestalten? Wie bewerten Jugendliche die erlebten Ereignisse, und in welcher Form können die durchlittenen Traumata in etwas Positives verwandelt werden? Welche Mechanismen können Jugendliche entwickeln, um Konfliktsituationen zu durchbrechen, und den scheinbaren Automatismus von Gewalt zu unterlaufen?

Diesen Fragen steht die Annahme von der Dynamik von Jugendlichen zu Grunde. Jugendliche sind keine lethargischen Opfer oder bösartigen Täter, sie sind aktive Mitglieder der Gesellschaft, die eine eigene Meinung sowie Vorstellungen von Realität besitzen und vertreten, und die mit dieser Arbeit zu Gehör gebracht werden sollen.

Das kolumbianische Konfliktszenario

Der kolumbianische Konflikt dauert nun bereits seit über 40 Jahren an. Das komplexe Szenario von Landrechtskonflikt und sozialen Fragen, Drogenproblematik und Entführungsindustrie sowie verschiedener bewaffneter Akteure mit verschiedenen Interessen führt zu einer Konfliktlandschaft, in der Menschenrechtsverbrechen und humanitäre Notlagen an der Tagesordnung sind. Dies wird verschärft durch den seit 2002 amtierenden Präsidenten Àlvaro Uribe Velez, der den innerkolumbianischen Konflikt als solchen nicht anerkennt, die Grenzen zwischen Zivilisten und Kämpfern verwischt und, gemäß der Rhetorik seiner US-amerikanischen Finanziers,[6] vom »Krieg gegen den Terror« spricht.

Laut Unicef findet in Kolumbien die größte humanitäre Katastrophe der westlichen Hemisphäre statt. Da der eigene Staat keinen Schutz mehr bieten kann oder will, nimmt auch die Zahl von grenzüberschreitenden Fluchtbewegungen zu. Da vielen Menschen aber diese Option nicht offen steht, werden die Städte ihres Landes, oder genauer: die urbanen Elendsviertel zu Fluchtpunkten für die intern Vertriebenen, die Kolumbiens Städten eine der höchsten Urbanisierungsraten Lateinamerikas bescheren. Während das Drama im Sudan endlich mehr und mehr in den Medien verhandelt wird, hat man in Kolumbien mit der Binnenvertreibung eine humanitäre Katastrophe, die oftmals nicht einmal im eigenen Land

---

[6] Im Rahmen des »Plan Colombia« griffen die USA direkt in den innerkolumbianischen Konflikt ein, indem sie kolumbianisches Militär und Polizei aufrüstete und selber mit so genannten Private Military Contractors (PMCs), also privaten Sicherheitsdiensten, präsent sind.

als solche bewusst wahrgenommen und gesellschaftlich akzeptiert wird. Daraus resultierend werden Vertriebene häufig stigmatisiert und ausgegrenzt. In den Straßenecken von Bogotá sieht man oft ganze Familien, die sich ihren Lebensunterhalt vor Supermärkten erbetteln müssen und um die herum sicherheitshalber ein großer Bogen gemacht wird. Es verdeutlicht das Auseinanderbrechen sozialer Netze. Die Spuren und Auswirkungen des Konfliktes sind allgegenwärtig, das Misstrauen ein ständiger Wegbegleiter.

Wie in den meisten Konfliktregionen leidet in Kolumbien die einfache Bevölkerung am stärksten. Sie gerät zwischen die Fronten verschiedener strategischer Kalküle und ihre Bedürfnisse werden missachtet. In einem solchen Kontext von Gewalt, sozialer Ungerechtigkeit und Willkür wachsen in Kolumbien Millionen Jugendliche auf, deren Interessen auf öffentlicher Bühne ausgeblendet werden. »Wir sind doch alle unsichtbar« ist in diesem Sinne Ausdruck von Frustration über eine Gesellschaft, die paramilitärischen Führern[7] mehr Gehör verschafft als ihren Opfern.

---

[7] siehe Kasten; Ausdruck dieses Ungleichgewichts sind die öffentlichen Anhörungen im Kongress: während den paramilitärischen Führern auf vollen Rängen gelauscht wird, wird den Anklagen der Opfer keine Aufmerksamkeit geschenkt und die Parlamentarier zeichneten sich durch Abwesenheit aus.

Forschung im Konfliktkontext

In diesem Kontext führte ich von Juli bis Oktober 2004 meine ethnologische Feldforschung in Altos de Cazucá, einem Elendsviertel im Süden Bogotás durch. Besonders fruchtbar für meine Fragestellung war die Kooperation mit der Kinderrechtsorganisation terre des hommes, die mehrere Projekte in Departament Cundinamarca mit der Hauptstadt Bogotá unterstützt, darunter die Projekte von *FEDES* und *Taller de Vida*. Durch meine tägliche Zusammenarbeit mit diesen beiden nichtstaatlichen Organisationen konnte ich meine Fragestellungen verfolgen.

FEDES (Stiftung für Entwicklung und Bildung) zeichnet sich hauptsächlich durch ihre Vernetzungsarbeit von verschiedenen Vertriebenenorganisationen aus und unterstützt diese in ihrer Selbstorganisation. Die Anwältinnen, Psychologen und Sozialarbeiterinnen von *FEDES* bieten rechtliche und psychosoziale Beratung in Altos de Cazucá an und unterstützen die verschiedenen Gruppen durch Workshops, die intensiv über die eigenen Rechte im Kontext des Konfliktes aufklären. *FEDES* ist durch ihre starke politische Arbeit häufig mit Drohungen durch die illegalen Akteure (hier v.a. paramilitärische Gruppen) konfrontiert, was ihre couragierte Arbeit erschwert.

Taller de Vida (Lebenswerkstatt) ist ein Projekt, welches von zwei intern vertriebenen Frauen geleitet wird. *Taller de Vida* arbeitet mit drei Schwerpunkten, zum einen der Prävention, die Jugendlichen Auswege aus dem Konflikt eröffnen soll, ein zweiter Schwerpunkt liegt auf dem Umgang und der Aufarbeitung interner Vertreibung sowie ihrer politischen Reflektion und ein dritter Schwerpunkt liegt auf der Arbeit mit

Jugendlichen, die direkt in Kriegshandlungen involviert waren. Hervorzuheben ist die Methode *Taller de Vidas*, auf kreative, spielerische sowie künstlerische Ansätze zurückzugreifen.

Das vorliegende Buch bezieht sich v. a. auf die Begleitung und auf Interviews mit Jugendlichen, die sich in diesen Organisationen engagieren, die Hoffnung aus dieser Arbeit schöpfen, und die etwas verändern wollen. Es können keine direkten Aussagen getroffen werden über Jugendliche, die sich solchen Gruppenprozessen und Dynamiken versagen, sei es durch Angst und Einschüchterungen (denn Engagement wird in Kolumbien oftmals mit Repression beantwortet), oder die aus anderen Motiven keine Lust und keinen Sinn in dieser Arbeit sehen.[8] Während meines dreimonatigen Forschungsaufenthaltes arbeitete ich mit 50 Jugendlichen, mit 20 von ihnen wöchentlich: entweder bei Workshops in Schulen oder jedes Wochenende gemeinsam an einem Raptheaterworkshop, bei dem die Jugendlichen die Themen selbst vorgaben und frei ihre Ideen künstlerisch artikulieren und umsetzen konnten.

Ein Ergebnis der Forschung war, dass Jugendliche in Konfliktkontexten nicht zwangsläufig resignieren, sondern im Gegenteil nach Alternativen für ihr Leben suchen und versuchen, die sie umgebenden Handlungsbegrenzungen zu überwinden. In diesem Sinne ist Kulturarbeit, wie von *Taller de Vida* praktiziert, z. B. in Form von Theater, Fotographie, Capoeira oder Rap eine wirkungsvolle Möglichkeit, die Motivation und den

---

[8] Aufgrund der gegebenen Sicherheitssituation war mir nur ein Institutionenzugang in Altos de Cazucá möglich, was sich auf meinen Informantenkreis niederschlägt.

Enthusiasmus von Jugendlichen für einen konfliktreduzierenden Ansatz zu nutzen. Gerade durch Kunst und Kreativität werden Selbstwahrnehmungsprozesse stimuliert, die Jugendlichen allgemein, aber auch vor allem vertriebenen Jugendlichen einen Halt geben in einer Gemeinschaft, die ihnen misstraut. So lernen sie, über sich selbst nachzudenken und entwickeln idealerweise ein starkes Selbstbewusstsein. Auf diese Weise eignen sie sich ein Instrument an, mit dem sie lernen, die Kontrolle über ihren Körper zu verteidigen. Das hilft ihnen, sich nicht vom Konflikt vereinnahmen zu lassen und auf sich selbst und die eigenen Talente zu vertrauen. »Wir sind doch alle unsichtbar« – aber nicht, wenn Jugendliche ihr kreatives Potenzial in die Gesellschaft einbringen und sich selber repräsentieren können. Jugendliche sollten als entscheidende gesellschaftliche Akteure wahrgenommen werden, die aktiv und dynamisch zwischen verschiedenen Welten vermitteln können. Denn: es gibt Alternativen zum Konflikt.

Silke Oldenburg, November 2007

Friedensprozess als Farce –
Aktuelles zum bewaffneten Konflikt
in Kolumbien

Den Kontext kolumbianischer Politik prägt in elementarer Weise das im Juni 2005 erlassene Gesetz 975 namens »Justicia y Paz« (Gerechtigkeit und Frieden), das den Friedensprozess mit den Paramilitärs anschieben sollte. Tatsächlich verschieben sich in Kolumbien zwar langsam Machtverhältnisse, zivile politische Akteure konnten etwa bei den Wahlen etwas mehr Einfluss erreichen. Doch die wirtschaftlichen Interessen und Geschäfte der Kriegsakteure sind davon bislang weitgehend unberührt und deshalb liegt ein Frieden noch in weiter Ferne. Der so genannte Friedensprozess kann auch deshalb als Farce bewertet werden, da ein »Krieg« im klassischen Sinne, der diesem Frieden vorausging, nicht zwischen paramilitärischen Gruppen und Regierung stattgefunden hat. In Kolumbien herrschen laut AKUF zwei Kriege, einmal zwischen der Regierung und der Guerillagruppe FARC (Revolutionäre Streitkräfte Kolumbiens), zum anderen ein Krieg zwischen der Regierung und der Guerilla ELN (Nationales Befreiungsheer). In beiden Fällen werden die paramilitärischen Todesschwadronen im Verbund mit den Regierungsgruppen aufgeführt, was mit Äußerungen paramilitärischer Sprecher selbst belegt ist sowie von vielen Menschenrechtsorganisationen und auch UNO-Organisationen dokumentiert wurde. Menschenrechtsorganisationen sprechen eher von einem internen bewaffneten Konflikt, bei dem es zwar auch einzelne Phasen oder Maßnahmen gibt, bei denen der Staat gegen Teile oder bestimmte Fraktionen der paramilitärischen Gruppen vorgeht, bei denen zumeist jedoch paramilitärische Einheiten und staatliches Militär gegen FARC oder ELN, vor allem aber die Zivilbevölkerung vorgegangen sind - häufig in gemeinsamen oder kombi-nierten militärischen und paramilitärischen Aktionen. In diesem Sinne ist die kollektive Demobilisierungsshow von 30.000 Paramilitärs im Zeitraum von 2003 bis Ende 2006 irreführend, denn es geht nicht in erster Linie um eine Auflösung paramilitärischer Strukturen und Wiederherstellung des staatlichen Gewaltmonopols, sondern um die Auferstehung paramilitärischer Strukturen in neuem Gewande. Die Sorge von Menschenrechtsorganisationen wiegt schwer, dass die Todesschwadronen in die Reihen der regulären Armee eingegliedert werden oder in Form von Bauernsoldaten ihre paramilitärischen Strukturen wahren, ihre wirtschaftliche Stärke ausbauen und ihren politischen Einfluss zementieren. An zahlreichen Orten sind paramilitärische bewaffnete Gruppen unter neuem Namen wiedergegründet worden. Mit dabei sind nicht nur demobilisierte Paramilitärs sondern auch Jugendliche, die bislang keiner bewaffneten Gruppe angehörten. So entfacht der so genannte Friedensprozess heftige Kontroversen: Es wird befürchtet, dass letztlich nicht mehr als zwei Prozent der Demobilisierten vor Gericht gestellt und angeklagt werden und bemängelt, dass Massaker, Mord, Folter und »Verschwindenlassen« mit einer Höchststrafe von maximal acht Jahren quittiert werden. Den Opfern der paramilitärischen Verflechtungen mit staatlichen Organen hingegen kommen im Prozess der Verhandlungen kaum die im Gesetzesnamen gepriesenen Werte von »Gerechtigkeit« oder »Frieden« zu. Oftmals erstatten sie aufgrund der engen Verstrickungen von Todesschwadronen mit regulärer Armee oder

Polizei aus Angst vor Repressionen keine Anzeige gegen ihre Täter, andererseits besitzen sie häufig wenige Informationen darüber, welche Vergehen sie wo anzeigen können.

Das Gesetz »Justicia y Paz« ermöglicht eine legale Aneignung geraubten Eigentums und weitestgehende Straffreiheit für schwerste Menschenrechtsverbrechen im Gegenzug für Informationen und Geständnisse über paramilitärische Taten. Es schützt diejenigen paramilitärischen Führer, die in den USA wegen Drogenverbrechen gesucht werden vor der Auslieferung (weswegen sich im Anschluss an die Straferlassgesetze auch »normale« Drogenhändler schnell als Paramilitärs ausgaben). Ein Kernelement des Demobilisierungsspektakels ist die Legalisierung der paramilitärischen Gruppen und die Einstufung ihrer Taten als politische Vergehen laut Artikel 72 des Gesetzes. Doch, was Präsident Uribe den Paramilitärs gerne zugestehen würde, nämlich die juristische Gleichsetzung der Taten von Guerilla und Paramilitärs, hat das Oberste Gericht am 11. Juli 2007 als verfassungswidrig erklärt. Denn als Vergehen des »Rebellentums« oder »politischen Aufstands« definieren sich subversive Akte, die sich gegen den Staat wenden. So kam es, dass genau zwei Jahre nach Verabschiedung des Gesetzes 2005 die Paramilitärs ihre Chance zur selbstbewussten medialen Inszenierung nutzten und den »Friedensprozess« aussetzten. Besonders hervorzuheben ist, dass die Paramilitärs durch ihren gut kalkulierten Auftritt am Vorabend des Gesetzesfeiertages ihren Opfern die Show stahlen. Diese sollten am folgenden Tag den Raum erhalten, vor dem Kongress von ihren Erfahrungen und Traumata zu berichten. Dies wird umso eindrucksvoller vor dem Hintergrund, dass die

Abgeordneten, die 2004 noch gebannt den führenden Paramilitärs Baez, Isaza und Mancuso lauschten, der Anhörung der Opfer in großer Zahl fernblieben.

Bemerkenswert ist diese Tatsache im Zusammenhang mit dem aktuell herrschenden »Para-Politik«-Skandal, der durch den Fund einer Festplatte eines AUC-Kommandanten ins Rollen gebracht wurde, und der in Kolumbien Köpfe prominenter Politiker wie der Außenministerin María Consuelo Araújo kostete. Denn 2003 sagte der heute demobilisierte paramilitärische Führer Salvatore Mancuso, dass mehr als ein Drittel aller Kongressabgeordneten den Paramilitärs nahe stünden oder mit ihnen sympathisierten. Die Komplizenschaft von paramilitärischen Todesschwadronen mit Politikern auf lokaler, regionaler und nationaler Ebene sowie die Durchdringung der Geheimpolizei kulminieren in einem wichtigen Kritikpunkt am Gesetz »Justicia y Paz«: Es gehe nur um vordergründige Wahrheiten. Durch das Gesetz werden nicht die Hintermänner und Auftraggeber zur Verantwortung gezogen, die Rolle des Staates wird nicht reflektiert und die Verbindungen zwischen Politik und Todesschwadronen werden nicht transparent gestaltet.

Aber nicht nur das politische Lager ist in Bedrängnis. Die Zahlungen international agierender Konzerne wie Chiquita für paramilitärische Dienste (z. B. Söldnertätigkeiten) wurden im Zuge des »Para-Gate« zu einem öffentlichen Skandal. Die Aufdeckung und Anklage derartiger – schon seit Jahren von Menschenrechtsorganisationen angeprangerten Verflechtungen, wie bei Coca Cola, Drummond und Nestlé – gestalten sich schwierig, weil die jeweils profitierenden politischen und wirtschaftlichen Eliten Zusammenhänge negieren. Die

Vorwürfe, dass Todesschwadronen in den letzten Jahren hunderte von Bananenarbeitern ermordeten und Gewerkschaftsbewegungen zerschlugen, (wie im prominentesten Fall Coca Cola), gelangten in den vergangenen Jahren auch vermehrt in die europäische Öffentlichkeit, für die bisher Kolumbien oftmals nur aus klischeehaften Bildern von Kokain und Kaffee bestand.

Das Vorankommen des Friedensprozesses gestaltet sich schwierig. Die paramilitärischen Verbände haben trotz verkündeten Waffenstillstands seit 2002 über 2500 Morde ausgeführt, sind verantwortlich sowohl für Vertreibungen, Massaker und Verschwindenlassen und haben auf diese Weise ihren territorialen Besitz vergrößert. Auch gibt es mittlerweile viele Berichte über so genannte »entstehende Gruppen« (*grupos emergentes*) wie die »Schwarzen Adler«, die als »neue Generation von Paramilitärs« eingestuft werden und auch in der Region von Altos de Cazucá lokalisiert wurden. Interne Vertreibung ist nicht nur in Kolumbien ein Mittel, um Bauern zu enteignen, ein Mittel, um Land umzuverteilen. Aber gerade in Kolumbien ist die Landrechtsfrage, eine Frage der sozialen Gerechtigkeit, eng mit der Existenz des Paramilitarismus und der Persistenz des internen Konflikts verbunden. Von daher ist Binnenvertreibung kein Nebenprodukt, sondern sehr klar definiertes Ziel der bewaffneten Parteien. Trotz der Friedensverhandlungen ist die interne Vertreibung kaum gesunken. Auffallend ist, dass die Departamente, in denen es im ersten Halbjahr 2006 zu den meisten Vertreibungen kam, diejenigen waren, wo Demobilisierungen stattfanden, illegale

Pflanzungen besprüht werden oder der »Plan Patriota«[9] umgesetzt wird.

Die Wiederwahl Uribes 2006, die er sich selbst mit einer Verfassungsänderung ermöglichte, verschärfte das Klima. Die Friedensgespräche waren zunächst als für alle Seiten offen geplant. Doch dass die Guerillagruppen mit dem amtierenden Präsidenten Uribe verhandeln würden, galt schon im Vorhinein (aufgrund fehlender Kompromissbereitschaft auf beiden Seiten) als unwahrscheinlich. Darüber hinaus verfolgte Uribe mit seiner Politik der »Demokratischen Sicherheit« einen Militarisierungskurs, auf den die Guerillas, insbesondere die FARC, äußerst feindlich reagierten. Seit Oktober 2006 werden Sondierungsgespräche über eine Aufnahme von Friedensverhandlungen zwischen Regierung und ELN auf Kuba geführt. Die Fronten zur Guerilla FARC kreisen um die Diskussion um ein humanitäres Abkommen und einen Gefangenenaustausch mit der FARC, in dessen Vermittlung der venezolanische Präsident Hugo Chavez eintrat.

---

[9] Der »Plan Patriota« ist eine militärische Offensive im Süden Kolumbiens mit Unterstützung der USA, der eine Weiterentwicklung des »Plan Colombia« darstellt.

I. Einführung
Problematik und Erkenntnisinteresse

»Tod der Guerilla«, »Tod den Kommunisten«, »Tod den Verrätern«, »Tod den Drogenabhängigen«, »Tod den Dieben«, »Tod den Faulen«... schier unerschöpflich scheinen die Motive von Todesdrohungen, die das Bild von Altos de Cazucá prägen. An vielen Häusern lassen sich diese Botschaften in großen Lettern finden. Diese »Graffitis« sind jedoch keineswegs anonym, sondern unterschrieben werden sie durchweg mit den Buchstaben AUC (Autodefensas Unidas de Colombia)[10], dem Dachverband der paramilitärischen Einheiten in Kolumbien.

Laut Militär und kolumbianischer Polizei ist in Altos de Cazucá, 40 km südlich der kolumbianischen Hauptstadt Bogotá, jedoch alles »unter Kontrolle«[11]; man hindere die Guerilla am Vordringen in die Hauptstadt und die Auswüchse der Gewalt seien lediglich Probleme gewöhnlicher (Jugend-) Delinquenz in sozial benachteiligten Vierteln.

---

[10] AUC = Vereinigte Selbstverteidigungskräfte von Kolumbien; zur genaueren Spezifizierung wird oftmals noch »Bloque Capital« angehängt, der die Zone von Altos de Cazucá dominiert. Die AUC als Dachverband der paramilitärischen Einheiten gibt es offiziell seit 1997.
[11] So gesagt auf der »öffentlichen Anhörung über die gravierende Menschenrechtslage in Altos de Cazucá«, die am 19.08.2004 im Kongress stattfand. Sowohl Militär als auch Polizei sind in Cazucá nicht regelmäßig präsent. Mutmaßungen über eine mögliche Verbindung zwischen Paramilitärs und Polizei als auch Militär reißen in diesem Zusammenhang nicht ab.

Doch, was sagen die Jugendlichen aus Altos de Cazucá selbst?

»Meine größte Angst ist, die Stimme zu verlieren«.[12] Dieses Zitat eines dreizehnjährigen binnenvertriebenen Jungen veranschaulicht auf zweierlei Weise die Problematik von Jugendlichen im Kontext des innerkolumbianischen Krieges:[13] Zu verstummen, als Opfer des über 40 Jahre währenden Krieges, aber auch unerhört zu bleiben, keine aktive Rolle wahrnehmen zu können in einer Gesellschaft, die Jugendliche a priori verdächtigt, stigmatisiert und marginalisiert: *»Wir hier sind alle unsichtbar«.* Dieses Motiv spiegelt auf drastische Weise die Lebensbedingungen von Jugendlichen im urbanen Elendsviertel Altos de Cazucá wider.

Mit über drei Millionen Personen,[14] die im eigenen Land vertrieben sind, präsentiert sich in Kolumbien eines der weltweit gravierendsten Vertreibungsszenarien der Zeitgeschichte. Binnenflucht resp. Binnenvertreibung

---

[12] Jorge, 14 Jahre, vertrieben aus Caquetá, Interview vom 18.09.2004. Anmerkung: alle Namen von Interviewpartnern wurden in dieser Arbeit geändert. Einige Gesprächspartner baten mich darum, auf eine Aufnahme zu verzichten – zu groß die Angst, dass die Bänder bei einer Straßensperre in die falschen Hände geraten könnten.

[13] In Kolumbien wird seit 40 Jahren ein innerstaatlicher bewaffneter Konflikt zwischen Guerillagruppen und staatlichen Organen mit Unterstützung von paramilitärischen Verbänden ausgetragen. Diese Definition basiert auf den Analysen und Definitionen der Hamburger Arbeitsgemeinschaft Kriegsursachenforschung (AKUF 2004); www.akuf.de. (01.02.2006).

[14] Übertroffen wird diese Ziffer nur durch den Sudan, wobei dessen Konfliktstruktur und Konfliktgeschichte nicht mit Kolumbien vergleichbar ist. Die Gesamtbevölkerung in Kolumbien beträgt 45,6 Millionen Einwohner; IDMC:
www.internal-displacement.org. (01.02.2006).

konstituiert sich als endemischer Faktor des kolumbianischen Gewaltkontextes. Diese Ausgangssituation war mein Motiv, vor Ort eine Forschung im Bereich der Konfliktstudien zu realisieren.

Daher verbrachte ich meine ethnologische Feldforschung im Sommer 2004 (Juli bis Oktober) in Santa Fe de Bogotá, der Hauptstadt Kolumbiens. Eingebettet in ein Praktikum bei zwei Projektpartnern von terre des hommes,[15] die beide mit intern vertriebener Bevölkerung arbeiten, näherte ich mich meiner Forschungsfrage anhand dreier Leitlinien: der soziopolitischen Ursachen des Krieges, der strategischen Binnenvertreibung sowie der Lebensrealität von Jugendlichen mit Vertreibungshintergrund.

Ausgegangen bin ich zu Beginn meiner Forschung von der Hypothese, dass Jugendliche das Hauptpotenzial darstellen, entweder den innerkolumbianischen Konflikt weiter zu dynamisieren oder zu entschärfen. Deswegen erschien es mir besonders wichtig, gerade die Situation der binnenvertriebenen Jugendlichen zu untersuchen, da diese in besonderem Maße durch Gewalt und Krieg sozialisiert wurden, oftmals den Tod von direkten Familienangehörigen erlebt haben, bzw. durch direkte Todesdrohungen oder aus Angst vor Zwangsrekrutierung ihre Heimat verlassen mussten. Von daher lag mein besonderes Erkenntnisinteresse auf den Fragen, wie die Lebenssituationen dieser Jugendlichen aussehen, welche Wünsche und Zukunftsprojektionen sie haben, welche Träume, Hoffnungen und Ängste sie erleben, und wie

---

[15] Zum einen der Nichtregierungsorganisation *FEDES* (Fundación para la Educación y el Desarrollo; Stiftung für Bildung und Entwicklung) zum anderen der sozialen Organisation *Taller de Vida* (Lebenswerkstatt).

dieses im Zusammenhang mit ihrer »realen« Umwelt steht.

Zugang zum Feld

Feldforschung in einem konfliktiven Kontext stellt einige besondere Herausforderungen an den Forscher oder die Forscherin dar. Für meine Forschung in Kolumbien bedeutete dies einerseits die Schwierigkeit, über brisante politische Themen zu diskutieren[16] und andererseits das Misstrauen, das die kolumbianische Gesellschaft prägt, zu konfrontieren. Dieses Misstrauen führt häufig zu einem strategischen Gebrauch des Wortes: Schweigen, wo man die Erinnerungen lieber vergessen, ausweichen und ausblenden, wo man sich schützen möchte. Daher kann eine ethnologische Forschung im Konfliktraum nur auf Vertrauen basieren. Durch meine kontinuierliche Projektbegleitung v.a. von *Taller de Vida* sowie insbesondere durch ein Massaker, in dem ein fünfzehnjähriges Mitglied von *Taller de Vida* während meines Forschungsaufenthaltes ermordet wurde, gelang es mir, mich auf sehr persönlicher Ebene den Jugendlichen zu nähern, meine eigenen Gefühle im Zusammenhang mit den Ereignissen gemeinsam mit den Jugendlichen »als Experten« zu reflektieren, und so gleichzeitig auch ihre Hoffnungen, Ängste und Träume zu erfahren.

Neben der psychologischen Arbeit von *Taller de Vida* in Schulen orientierte ich jeden Samstag einen (Rap-) Theaterworkshop mit 20 Jugendlichen aus Altos de

---

[16] Gleich bei meiner ersten Busfahrt ins Feld knuffte mich mein Begleiter sofort in die Rippen, als ich nach den Graffitis fragte. Er wies mich darauf hin, keine weiteren Fragen zu stellen, da dies im Bus, also im öffentlichen Raum, sehr riskant sei.

Cazucá, von denen elf einen Vertreibungshintergrund besaßen. Die gemeinsame Arbeit hat mir viele Einblicke in das Leben der Jugendlichen ermöglicht und gezeigt, in welch kreativer Form sie die verschiedenen Konfliktebenen – von intrafamiliärer Gewalt bis zur Möglichkeit an der nächsten Straßenecke durch anonyme »Kapuzenmänner« ermordet zu werden – konfrontieren und reflektieren. Um die Jugendlichen lebendig werden zu lassen, möchte ich in Anhang 6 eine Auswahl meiner jugendlichen Interviewpartner präsentieren. Ihre Lebensgeschichten sind gekennzeichnet durch Brüche und Neuanfänge, spiegeln den unbedingten Willen wider, nicht zu resignieren, sondern »*etwas aus ihrem Leben zu machen*«.[17]

Methodisch bediente ich mich neben der Teilnehmenden Beobachtung[18] vor allem qualitativer Interviews. Je nach Anlass führte ich narrativ-biographische oder problemzentrierte Interviews, die ich meistens aufnehmen konnte oder durch ein Gedächtnisprotokoll später vermerkte, wenn es die Situation nicht zuließ oder mein Interviewpartner keine Aufnahme wünschte.

Zur Erfassung des weiteren Kontextes sowie zur Abgleichung meiner Eindrücke führte ich ergänzend Experteninterviews mit kolumbianischen Akademikern sowie NGO-Mitarbeitern als auch einige problemzentrierte Interviews mit der nicht-jugendlichen Bevölkerung von Altos de Cazucá.

---

[17] »*Salir adelante*«, ein Zitat, das in vielen Interviews wiederholt wurde.
[18] Eine klassische »Teilnehmende Beobachtung« im Konfliktkontext ist kaum möglich, hier beziehe ich mich auf meine begleitende Tätigkeit an den Workshops.

Vorgehen

In dieser Arbeit nähere ich mich den Jugendlichen von drei Seiten:

1.) durch die Darstellung des spezifischen Gewaltkontextes in Kolumbien.

Die beispiellose Persistenz dieses Krieges im lateinamerikanischen Raum wird in Kapitel III veranschaulicht durch eine Identifizierung der systeminhärenten Dynamiken und Mechanismen von Gewaltmarkt.[19] Geprägt ist der innerkolumbianische Konflikt durch seine Kontinuität sowie durch seinen transformativen Charakter. Daher wird die Einbettung in den historischen Verlauf ebenso wie eine Analyse der komplexen Strategien der bewaffneten Akteure im lokalen Raum verdeutlicht. Die Untersuchung, welche Motivationen und Strategien hinter den gewaltsamen Vertreibungen durch die Kriegsakteure stehen, sowie die Frage, welche soziopolitischen und ökonomischen Implikationen ihnen zugrunde liegen, wird überleitend zum Kapitel IV analysiert.

2.) durch die Fokussierung des Phänomens der Binnenvertreibung.

Oft werden intern Vertriebene und Flüchtlinge in der internationalen Wahrnehmung gleichgesetzt – trotz sehr unterschiedlicher Rahmenbedingungen. Kapitel IV

---

[19] Wobei das Phänomen des Gewaltmarktes im engeren Sinne noch nicht mit dem Beginn des Konfliktes einsetzt.

versucht, das akute Phänomen der Binnenvertreibung in Kolumbien greifbar zu machen unter besonderer Berücksichtigung der aktuellen Regierungspolitik sowie den Auswirkungen der Binnenvertreibungen auf die urbanen Zentren. Herausgearbeitet werden soll die strategische Logik der Binnenvertreibung als einem Faktor von Gewaltmarkt.

3.) durch holistische Darstellung und Analyse des allgemeinen und übergreifenden Konflikt-Settings für die Jugendlichen in Altos de Cazucá.

Im empirischen Hauptteil dieser Arbeit (Kapitel V - VI) werde ich verdeutlichen, welchen Aktionsradius Jugendliche in Altos de Cazucá, einem paramilitärisch dominierten Stadtslum, haben. Die strukturellen Probleme dieses Viertels sind durch die Illegalität der Besiedlung vorgezeichnet. Die dort lebende Bevölkerung, mehrheitlich durch den internen Konflikt vertriebene Familien, reflektiert die humanitäre Krise Kolumbiens. Die Lebensverhältnisse sind prekär, die Mordrate an jungen Männern mehr als besorgniserregend. Die Dynamiken von Gewaltmarkt in Cazucá haben sich zu einem Mikrokosmos der Gewalt verdichtet, der die Jugendlichen in ihr Fadenkreuz nimmt.

Vor der Gewalt geflohen? Von der Gewalt eingeholt! Im vermeintlich »sicheren Hafen« begegnet Jugendlichen eine Welt mit neuen Regeln, neuen Rollen und neuen Risiken. Die Neudefinition und Neuaushandlung von sozialen Rollen im Hier und Jetzt erfordert von den Jugendlichen eine Konfrontation sowohl mit ihrer Vergangenheit als auch mit ihrer Zukunft. Fokussiert werden im Besonderen die Limits und Strategien, derer sich die Jugendlichen bedienen, um dem alltäglich erlebten Gewaltkontext zu entfliehen. Deutlich gemacht werden soll ebenso, welche Möglichkeiten sie haben, die alltägliche Gewalt aufzuarbeiten und zu reflektieren. Dies illustriere ich anhand meiner Forschungsergebnisse, die ich in Zusammenarbeit mit der sozialen Organisation *Taller de Vida* sammeln konnte.

II. »Mascar tierra« – Leben und Überleben in Putumayo

Den Beginn und das Ende des ersten Teiles dieser Arbeit (Kapitel III und IV) werden durch zwei Fallbeispiele umrahmt, welche die innerkolumbianische Dimension der Gewalt eindrücklich und dicht beschreiben. Es sind Auszüge der Lebensgeschichten von Ana und Nestor, 17 und 18 Jahre zum Zeitpunkt der Interviews. Diese Darstellung dient einer Einstimmung auf das Thema sowie der ersten Identifizierung einiger prägnanter Problemfelder, die in dieser Arbeit vertieft werden.

Interviewauszug von Ana, 17 Jahre, vertrieben aus Putumayo, 09.09.2004

I[20]: *»Ich war schon zu Hause, als mein Vater eines Tages reinkam. Er fing an, mit meiner Mutter zu diskutieren, sie stritten sich, und dann eskalierte alles, und mein Vater schlug meine Mutter wie ein Wahnsinniger. Nachts kam er dann total betrunken*

---

[20] Im Folgenden kennzeichne ich Interviews mit »I« für Interviewpartner oder Interviewpartnerin und »F« für Forscherin.

an, und meine Mutter hat ihm seinen Koffer gepackt und auf die Straße geschmissen. Mein Vater sagte: »Weißt du was? Du wirst schon sehen, was mit Dir passiert!« Das war so um 7 Uhr abends. Um 10 Uhr, da lag ich schon im Bett, bin ich aufgewacht durch ein Krachen. Ich bin schnell aufgestanden. Was für ein Schreck, überall lagen Glasscherben, alles kaputt, meine Mutter ist schnell weggelaufen zu einer Freundin. Nach einer Woche kam mein Vater dann wieder, ich hatte ihn schon in der Straße gesehen, er saß in einer Kneipe. Ich habe meine Mutter gewarnt »Papa ist betrunken«, das sagt schon alles. Schnell holten wir auch meinen großer Bruder, die Eingangstür war immer noch nicht repariert, und der Alte – betrunken ist der zu allem fähig. Vor Angst konnte ich nicht schlafen...dann hörte ich zwei Schüsse aus nächster Nähe... Dann, eines Abends kam er total betrunken an, und sagte zu meiner Mutter: »Ich habe dich »Erde kauen« sehen und lachend verschwand er wieder... Um 12 Uhr nachts klopfte es an der Tür. Meine Mutter öffnete. Zwei Männer lehnten im Türrahmen »Sind Sie Señora Emma?« »Ja.« »Kommen Sie mit«. Zum Glück waren meine beiden Brüder auch da. Der Ältere sagte »Wohin unsere Mutter geht, da gehen wir alle hin«. »Nein, wir wollen nur mit ihr sprechen«. »Nein, wir wollen aber auch hören, um was es geht«. Also los, kommt mit.« Und sie führten uns zu einer schrecklichen Gegend, dort, wo der neue Busbahnhof gebaut wird, dort wo sie die Leichen hinschmeißen, dort, wo sie die Leute umbringen. Um Mitternacht machen sie die Anlage zu und schalten alles Licht aus, und zu genau diesem Zeitpunkt kamen wir dort an. Wir hatten alle

Angst...Uff...Die Männer waren Guerilleros. »Also, ihr Ehemann sagt, es gibt die und die und die Probleme«...»Nein, es ist aber so und so und so«...»Er meinte aber das und das und das.«

F: »Wie, dein Vater ist zur Guerilla gegangen?«

I: *»Ja, stell dir vor, puh, und vorher kommt er betrunken bei uns an, und sagt, dass meine Mutter »Erde kauen« wird.«*

F: »Was bedeutet das genau?«

I: *»Na, der Tod. Dass sie stirbt...Mein Vater war plötzlich verschwunden und zwei Tage später fanden wir heraus, dass er den Guerilleros 1 Million Peso[21] für den Tod meiner Mutter gezahlt hat.«*

F: »Ist dein Vater denn auch Guerillero?«

I: *»Nein, aber wenn man bei uns ein Problem hat, dann geht man zur Guerilla und sagt, ich möchte, dass ihr mir helft, diese Angelegenheit zu regeln. Ab 50.000 Peso[22] töten die jeden. Mein Vater hatte immer viel Geld, deswegen haben sie wohl auch soviel von ihm genommen.«*

Diese »Episode« ist vier Jahre her. Ana ist inzwischen 17 Jahre alt, als ich sie in der *Unidad de Atención a la Población Desplazada*[23] kennen lerne. Sie lebt seit sieben Monaten mit Mutter und dreijährigem Bruder in Altos de

---

[21] Ungefähr 330 Euro.
[22] Ungefähr 16 Euro.
[23] In der *Unidad de Atención a la Población Desplazada* versammelt sich der Teil der binnenvertriebenen Kolumbianer, die sich vom *Red de Solidaridad Social* offiziell registrieren lassen. Die *Unidad* reflektiert die gesamtkolumbianische Binnenvertreibung an einem Ort: Ponchos, Sombreros, Taschen und Schmuck geben Ausdruck von langen, leidvollen Fluchtgeschichten, die schließlich in Bogotá münden.

Cazucá. Gewalt war immer Bestandteil ihres Lebens. Putumayo, das Departament aus dem Ana stammt, ist eine der am stärksten umkämpften Zonen Kolumbiens. Bedingt durch das feuchtwarme Klima wird dort viel Koka angebaut. Die FARC, die das Gebiet traditionell dominiert, wird von den Paramilitärs zurückgedrängt. Häufig kommt es zu Gefechten, die Vertreibung der Zivilbevölkerung ist sehr hoch.[24]

Die bewaffneten irregulären Gruppen haben einen großen Einfluss auf das Geschehen in der Kleinstadt. Der Handel mit Drogen führt zu schnellem Geld, einem ausschweifenden Lebenswandel und einem Werteverfall. Fast alle von Anas Klassenkameraden besitzen eigene Motorräder, Drogen- und Alkoholkonsum werden schon in der Schule konsumiert; nur Stärke verleiht Respekt. Anas jüngerer Bruder (16 Jahre) verdient sein Geld durch Drogenschmuggel nach Ecuador. Auch sie hat einmal an einer solchen Kurierfahrt teilgenommen. Das Geschäft mit der Droge ist in Putumayo normaler Bestandteil des Lebens. Ihr älterer Bruder (21 Jahre) wurde mit 16 Jahren (also vor fünf Jahren) von den Paramilitärs zwangsrekrutiert, der Vater konnte ihn jedoch wieder freikaufen. Ihren Vater, der ein gutlaufendes

---

[24] Der Südosten Kolumbiens ist traditionell durch die FARC besetzt, dorthin zog sie sich während der Friedensverhandlungen unter Präsident Pastrana (1998 - 2002) zurück, in eine »Zone der Entspannung«, die dem Territorium der Schweiz entspricht. Ortiz spricht im Falle von Putumayo von einer »Konnaturalisation« von Bevölkerung und Kriegsakteur, da die Guerilla nicht nur militärisch, sondern auch soziopolitisch agiert. Für die Paramilitärs ist diese Zone Zentrum ihres so genannten kontrasubversiven Kampfes. Durch den Plan Colombia ist die Bevölkerung Putumayos ebenfalls in besonderen Maße durch die Besprühungen mit Glyfosat betroffen; s. PNUD 2003: 121, Ortiz 2004: 9.

Transportgeschäft hat, sieht Ana »als Fähnlein im Winde«, der je nach Vorteil mit der einen oder anderen bewaffneten Gruppe agiert.

Die Präsenz der illegalen Kriegsakteure, das Risiko, in den Krieg involviert zu werden, intrafamiliäre Gewalt und »Gefechte« in der Schule;[25] all diese Faktoren haben Anas Biografie nachhaltig beeinflusst. Auf die Frage, woher sie die Kraft genommen habe, sich in diesem Kontext der Gewalt durchzusetzen und nicht unterzugehen, überlegt Ana länger:

> »*Na, was mir am meisten weitergeholfen hat, war, Bücher zu lesen von Carlos Fuentes.*[26] *Da gibt es Ratschläge, wie man weiter kommt. Der einzige Grund, warum ich bei meinen Eltern geblieben bin, war die Schule fertig zu machen. Deswegen habe ich alles ertragen*«.

Wissen, Bildung und Kunst sind Bereiche, in denen Ana ein Substitut zu ihrem gewalttätigen Umfeld gefunden hat, eine Welt, in die sie fliehen konnte, wenn die Kugeln durchs *Barrio* zischten oder der Vater sie geschlagen hat. Seit sieben Monaten ist sie nun in Bogotá, geflohen vor dem gewalttätigen Vater, geflohen vor seiner erneuten Drohung, dieses Mal die Paramilitärs auf die Mutter anzusetzen.

---

[25] Laut Ana wird auch in der Schule um die Macht unter den SchülerInnen gekämpft. Wer sich verbal, v. a. aber körperlich nicht durchsetzen kann, wird ausgegrenzt.
[26] Mexikanischer Autor.

III. Betrachtung des Konfliktkontextes
III.I. Theoretische Verortung

Die Persistenz und Dynamik des innerkolumbianischen Konfliktes, seine zahlreichen Transformationen und vor allem die Logik der territorialen Expansion der illegal bewaffneten Akteure sind besonders prägnant. Mehr als vier Jahrzehnte komplexer Konfliktkonstellationen heben Kolumbien von anderen Kriegs- und Krisenherden Lateinamerikas ab.

Im folgenden Kapitel wird es um eine Auseinandersetzung mit den internen Konfliktdynamiken und der strukturinhärenten Gewalt gehen, die unerlässlich für eine profunde Betrachtung und ein spezifisches Verständnis des kolumbianischen Falles ist. Dieses Kapitel dient der Hinführung zur Situierung des Gewaltkontextes in Altos de Cazucá, in dem sich auf signifikante Weise Parameter des nationalen Kontextes im lokalen Mikroraum widerspiegeln.

Theoretisch werde ich zunächst auf die Theorie der »Veralltäglichung der Gewalt« des Soziologen Peter Waldmann eingehen, da sie einige Elemente aufzeigt, inwiefern die Sozialisation in einem langwierigen Konfliktkontext die Bereitschaft auf Gewalt zu rekurrieren, fördert. Für die Untersuchung des komplexen Settings orientiere ich mich am Gewaltmarkt-Ansatz des Ethnologen Georg Elwert, da der systemische Charakter, der diesem Konzept unterliegt, meines Erachtens treffend die spezifischen Charakteristika des innerkolumbianischen Konfliktes entschlüsseln hilft und sich treffend auf meinen Forschungsort Altos de Cazucá anwenden lässt. Diese beiden Ansätze können hier natürlich nur stellvertretend[27] für die umfangreiche wissenschaftliche Diskussion über die Dynamiken von Bürgerkriegen stehen. Es sollen diejenigen Elemente und Faktoren ausgemacht werden, die zur Identifizierung, Ableitung und Diskussion von Gewaltmarkt zum Tragen kommen.

Veralltäglichung der Gewalt nach Peter Waldmann[28]

Der Soziologe Peter Waldmann sieht den Ursprung der spezifischen Gewaltsituation in Kolumbien durch ihre kontinuierliche (und alltägliche) Existenz in der kolumbianischen Gesellschaft verfestigt.

Für seine Argumentation sind vor allem zwei Stränge entscheidend: die überproportional hohe Mord- und Kriminalitätsrate in Kolumbien, die er auf eine »fehlende moralische Ächtung«[29] rückbezieht, sowie der historische Verlauf von Gewalt, der ihre Kontinuität in Kolumbien bedingt.

Durch das allgemeine Wahlrecht und die besondere Zwei-Parteien-Konstellation zwischen liberaler und konservativer Partei seit Mitte des 19. Jahrhunderts sei es zu

---

[27] Auf weitere einschlägige Literatur zur Diskussion der politischen Ökonomie von (Bürger-) Kriegen sei verwiesen: Orywal 1996, Labrousse/ Koutouzis 1996, Richani 1997, Jean/ Rufin 1999, Kaldor 2000, Collier/ Hoeffner 2001, Münkler 2002, Gonzales/ Bolívar/ Vázquez 2003, Kurtenbach 2004, u.a.

[28] Waldmann, Peter (1997): Veralltäglichung der Gewalt. Das Beispiel Kolumbien. In: von Trotha, Hg. (1997). Soziologie der Gewalt. Kölner Zeitschrift für Soziologie und Sozialpsychologie. Sonderheft 37/ 1997.

[29] Waldmann 1997: 157.

einem »eigentümlich ambivalenten politischen Sozialisationseffekt«[30] gekommen. Einerseits internalisierten die Kolumbianer die konstitutiven Möglichkeiten der Wahl, andererseits galt es, sich zwischen den rivalisierenden und polarisierenden Parteien zuzuordnen und Stellung zu beziehen. Durch diese historische Leitlinie, aus der Waldmann eine »Kontinuitätsthese« ableitet, folgert er, dass die kolumbianische Bevölkerung zwar nicht per se gewalttätiger als andere Gesellschaften sei,[31] jedoch erheblich schneller auf Gewalt als Mittel zur Interessensdurchsetzung rekurriere. Die Bevölkerung habe sich auf den Gebrauch der Gewalt einstellen müssen, um sich den Machtverhältnissen anzupassen und auf Situationen des Umbruchs flexibel reagieren zu können.

In gesondertem Maße sieht er die Veralltäglichung der Gewalt in ihrer systematischen Planung und der gleichsam skrupellosen wie kaltblütigen Ausführung, z. B. anhand der so genannten *Sicarios*.[32] Hieraus ergibt sich ableitend eine starke und ausgeprägte organisierte Gewalt, die durch die Ressourcen »Zeit und Einfluss« jederzeit geplant und ausgeführt werden kann.[33] Besonders fokussiert Waldmann die »Dreiecksbeziehung« zwischen den staatlichen Institutionen, den

---

[30] Waldmann 1997: 150.
[31] Waldmann unterscheidet zu seiner »*Kontinuitätsthese*« eine »*Diskontinuitätsthese*«, die laut Waldmann jedes Gewaltphänomen aufgrund der transformativen Konfliktgeschichte Kolumbiens einzeln betrachten wolle und der »Kontinuitätsthese« einen Verallgemeinerungscharakter zuweise. Diesen lehnt er aber, aus oben genannter Argumentation, ab. Ebd.: 155.
[32] Jugendliche bezahlte Auftragsmörder, die in den 80er und 90er Jahren vor allem in den Kokainhochburgen Calí und Medellín dramatische Berühmtheit erlangten.
[33] Waldmann 1997: 144.

Guerillagruppen und dem organisierten Rauschgiftbanden. Hieraus resultiere laut Waldmann »eine horizontale Kette an Gewaltaktionen und Gewaltreaktionen«, die zu einem komplexen Konfliktszenario führten und oftmals gegen die Zivilbevölkerung als schwächstem Teil dieser Kette gerichtet seien.[34]

Ein prioritär materielles Erklärungsmuster verneint Waldmann: Es überwiege die Gewalt, um eine moralische Ordnung herzustellen. Die Existenz einer »rationalen Sinnhaftigkeit« von Mord, eines »nachvollziehbaren Kalküls«, das sich hinter den systematischen Morden verberge, bezweifelt er. Materielle Gewinnmotive, so durchschlagend diese im Einzelnen auch sein mögen, schöpfen das Gewaltphänomen nicht aus.[35] Es seien auch nicht-ökonomische Handlungsfelder zu fokussieren, in denen Gewalt genauso dominant sei, z. B. im Fall des Rachemotivs des Einzelnen[36] oder auf der Ebene des Auftragsmordes.[37]

Waldmann weist ebenfalls auf einen interessanten Widerspruch hin: Zum einen sei Kolumbien ein wirtschaftlich stabiles und nicht rückständiges Land, wie man dies bei einem so gewaltbereiten Staat vermuten könnte. Dies erklärt sich seiner Meinung nach folgendermaßen: »Gesellschaften können ein weit höheres Maß an innerstaatlicher Gewalt ertragen, ohne auseinander zu brechen«[38]. Ein starker, repressiver Staat versucht, sich in den Machtkonstellationen, die ihm entgleiten, einzufügen durch Repression. Die »geringe funktionale Kapazität«

---

[34] Ebd.: 146.
[35] Ebd.: 147.
[36] Waldmann 1995: 357.
[37] Waldmann 1997: 153.
[38] Ebd.: 149.

wird hierbei jedoch ausgeglichen durch einen autoritären, repressiven Duktus.[39]

Zentral ist für Waldmann die Frage nach dem Versagen von staatlichen Kontrollmechanismen. Kolumbien besitzt eine hohe Straflosigkeit, was von einem Unvermögen staatlicher Macht zeuge und der Gewalt den Boden bereite. Den Rhythmus von Kriegs- und Friedenszeiten in Kolumbien erklärt er durch »sukzessive Gewaltschübe«, die auf die langfristig entstandenen staatlichen und strafrechtlichen Defizite hinweisen.[40] Aus dieser Logik erklärt sich für Waldmann die Persistenz des innerkolumbianischen Konfliktes: »Wahrscheinlich haben fünf Jahrzehnte fast ununterbrochener politischer und sozialer Auseinandersetzungen die Menschen derart an Gewalt als Durchsetzungsmittel gewöhnt, dass sie wie selbstverständlich erduldet und in Anspruch genommen wird«.[41] So seien letztlich alle gesellschaftlichen Sphären von Gewalt durchzogen, wodurch sich eine »Veralltäglichung der Gewalt« konstituiere.

Konzept des Gewaltmarktes nach Georg Elwert[42]

Gewaltmärkte im Elwertschen Sinne entstehen oftmals durch nicht-wirtschaftliche Faktoren, tragen jedoch durch profitorientiertes Handlungskalkül zur Langlebigkeit von

---

[39] Ebd.: 150.
[40] Waldmann 1997: 156.
[41] Waldmann 1995: 359.
[42] Elwert, Georg (1997): Gewaltmärkte. Beobachtungen zur Zweckrationalität der Gewalt. In: von Trotha, Hg. (1997). Soziologie der Gewalt. Kölner Zeitschrift für Soziologie und Sozialpsychologie. Sonderheft 37/ 1997.

Konflikten bei und bilden zur Verstetigung ihres ökonomischen Vorteils autonome sozio-politische Systeme aus, deren Ziel in der Stabilisierung von Gewaltmarkt besteht.

Hauptakteure im Modell des Gewaltmarkts sind Kriegsherren, Gewaltunternehmer oder auch Warlords genannt, die zweckrational und mit Hilfe eines organisatorischen Netzwerks oder durch Klientelismus das staatliche Gewaltmonopol durchbrechen bzw. »gewaltoffene Räume« nutzen und besetzen, in denen »keine feste Regeln den Gebrauch der Gewalt begrenzen«.[43] Dies ermöglicht und sichert ihnen wirtschaftlichen Gewinn, finanziellen Profit und territoriale Macht, mit der sie die staatliche Dominanz infiltrieren und aushebeln können, um sie durch die eigene Machtposition zu ersetzen. Die Akteure von Gewaltmärkten streben in diesem Sinne vor allem eine Gewinnmaximierung an und intendieren durch expansiven Charakter eine Ausdehnung der eigenen Machtzone zum Ziele weiterer Ressourcenausschöpfung. Diese spezielle Form des Wirtschaftens bringt ihnen denselben Nutzen ein wie andere legale wirtschaftliche Mechanismen.[44] Bedingung für einen idealen Gewaltmarkt ist hierbei das Zusammentreffen von gewaltoffenen Räumen, gewinnbringenden Ressourcen und Zugang zu Absatzmärkten.

Elwert betont bei seiner Darstellung den Zeitfaktor als wichtiges Element im Gewaltmarkt. Durch Planung und Planbarkeit verfestigt sich das systeminhärente Kalkül sowie die innewohnende Logik der Gewalt und widerspricht den oft heraufbeschworenen Emotionen von

---

[43] Elwert 1995: 126.
[44] Elwert 1997: 88f.

Rache und Hass, die laut Elwert von den Kriegsherren zu ihrem Nutzen instrumentalisiert werden. Der Faktor Zeit erklärt die Langlebigkeit von Konflikten, in dem er die ökonomischen Interessen, die auf einem Markt verhandelt werden, betont. Es geht also auch um die Organisation von Nachschub für die Konfliktparteien, z. B. die kontinuierliche Besteuerung auf Dienste oder Waren oder die Zeit, zu expandieren. Ebenfalls kann mit »Zeit« bei Verhandlungen »jongliert werden«, so dass hier die zeitliche Komponente psychologische Macht produziert und Nervosität bei anderen Akteuren provozieren kann:[45] Denn Markt basiert v. a. auch auf Vertrauen zwischen den einzelnen Gewaltunternehmern, die durch fehlendes Vertrauen den kalkulierten Griff zur Gewalt tätigen, um sich einen Vorteil zu verschaffen.[46]

Der wichtigste Faktor im Modell von Elwert ist der Handel, der jedoch nicht dem »normalen« Handel entspricht, sondern auf eine gesellschaftsdurchdringende Dimension abzielt und primär als Ort der Interaktion zu

---

[45] Elwert 1997: 91.
[46] Ebd.: 95, als Beispiel sei die Ermordung *Miguel Arroyaves* am 19. September 2004 genannt. Arroyave, Führer des *Bloque Centauros* der AUC, befand sich zusammen mit anderen führenden Paramilitärs in Santa Fe de Ralito, wo die »Friedensverhandlungen« zwischen Regierung und AUC geführt werden. *Arroyave* erhielt die Erlaubnis (gegen ihn lief ein Auslieferungsverfahren wegen Drogenhandels an die USA) sich aus Santa Fe de Ralito zu entfernen, um seine Männer zu versammeln und sie zu einer Demobilisierung zu bewegen. *Arroyave* wurde von kolumbianischen Sicherheitskräften bis zu dem von ihm dominierten und kontrollierten Territorium im Osten des Landes begleitet. Hier wurde er kurze Zeit später zusammen mit vier Leibwächtern umgebracht. Unter allen Mutmaßungen, die sich um seinen Tod ranken, scheint am wahrscheinlichsten, dass seine Gefolgsleute der offiziellen AUC-Linie nicht folgen wollten, und sich daher gegen ihren *Comandante* wandten.

sehen ist. Bei diesem Handel sind vor allem die natürlichen Ressourcen bedeutend, je leichter absetzbar diese sind und je größere Gewinne man damit erzielen kann, desto lukrativer der Handel mit diesen Ressourcen. Dieser Handel wird oftmals vor allem durch Wertgegenstände wie Diamanten, Smaragde oder Drogen und Waffen bestimmt, die leicht handhabbar sind und einen relativ günstigen wie unkomplizierten Transport erfordern. Auf diese Weise kann großer Gewinn mit minimalem Aufwand erzielt werden. Als Zwischenform zwischen Handel und Raub haben in vielen Gewaltmärkten das Kassieren von Schutzgeldern oder Zöllen als auch die Geiselnahme große Bedeutung erlangt.[47]

Die Auswirkungen des Gewaltmarktes bestimmen oftmals das Leben der gesamten betroffenen Bevölkerung innerhalb seines Wirkungskreises, so dass häufig keine anderen Wege und Alternativen für die Zivilbevölkerung offen stehen, als sich auf die eine oder andere Weise, in die Strukturen des Gewaltmarktes zu integrieren.[48] Dies kann in Form von Söldnertätigkeiten (direkte Gewalt, Spionage oder militärische Infrastruktur) oder durch Arbeitskraft (z. B. in Kolumbien durch Coca-Ernte) geschehen.[49]

Zusammenfassend sieht Elwert die dem Gewaltmarkt unterliegende Zweckrationalität als strukturbildende Kraft und somit als Persistenz fördernden Faktor.

---

[47] Elwert 1997: 88.
[48] Elwert 1995: 133.
[49] Elwert 1997: 92 f.

Synthese der beiden Ansätze

Auf die Frage an meine 15jährige Interviewpartnerin Tatjana, ob sie Parallelen zwischen brutalen Schulhofkämpfen und dem kolumbianischen Konflikt sehe, antwortet sie:

> »*Ja auch...in dieser Beziehung sind wir Ignoranten, wir denken nicht, manchmal glaub' ich, dass wir Masochisten sind...uns gefällt, dass man uns schlägt, das man uns schlecht behandelt, dass man Streit und Schlägereien sucht, anstatt an Lösungen zu denken.*« (Tatjana, 15 Jahre, kein Vertreibungshintergrund, 20.08.2004.)

Diese Aussage, die sich mir in vielen Interviews präsentierte, spiegelt »ein Werteklima der Ignoranz«[50] als einen Hauptpfeiler der kolumbianischen Gewalt wider und stützt Waldmanns These einer veralltäglichten, profanen Gewalt, die sich in allen gesellschaftlichen Schichten beobachten lasse. Waldmanns Deutungsmuster internalisierter Gewalterfahrung hat meines Erachtens jedoch wenig aussagekräftige Relevanz für die Ursachen des seit über vierzig Jahre währenden Krieges. Allerdings finden sich Elemente wie die rechtliche Folgenlosigkeit von Gewaltakten oder die »Ketten von Gewalt und Gegengewalt«, welche aus der staatlichen nicht verhinderten Selbsthilfe erwuchsen,[51] die die latente Gewaltbereitschaft erklären helfen. Unterstreichen möchte ich,

---

[50] Waldmann 1997: 157.
[51] Waldmann 1997: 150 f. »...Selbsthilfe sei erlaubt und gegebenenfalls geboten, was stets die Möglichkeit bewaffneter Gegenwehr durch die Gegenseite erlaubt.«

dass diese Faktoren nicht gleichbedeutend mit einer chronisch gewalttätigen kolumbianischen Gesellschaft sind. Sie geben jedoch Hinweise, welche Auswirkungen eine Sozialisierung im Konflikt beinhalten kann. Dieser Punkt ist für die folgende Untersuchung der Jugendlichen aufschlussreich, da diese in der Atmosphäre einer gesellschaftsdurchdringenden Gewalt aufwachsen.

Das Theorem des Gewaltmarktes nach Elwert scheint mir für eine Konfliktanalyse Kolumbiens adäquater. Die Frage nach ökonomisch motivierten Erklärungsmustern des innerkolumbianischen Konfliktes hilft in stärkerem Maße, die Anreize und das zweckrationale Kalkül, das hinter der Gewalt steht, zu entschlüsseln, sowie die Langlebigkeit des Konfliktes zu erklären. Bei Waldmann wird nicht deutlich, warum beispielsweise beim *Sicario*, der (meistens jugendliche) Profikiller »der für eine bescheidene Summe bedenkenlos Menschen umbringt«,[52] die staatlichen »Verbotsnormen und Kontrollmechanismen«[53] nicht gegriffen haben. Meiner Ansicht nach ist das moralisch verwerfliche Handeln des *Sicarios* nicht Ausdruck von fehlendem Feingefühl, das ihm sein gewaltsozialisiertes Umfeld nicht vermitteln konnte, sondern eindeutig ein Beleg für die soziostrukturellen Probleme der kolumbianischen Großstadt: Der Rekurs auf Gewalt bringt stärkeren ökonomischen Nutzen – auch durch bescheiden erscheinende Summen – als durch legale Arbeit zu erreichen wäre. Waldmann sagt zurecht, dass die Gewalt alle Gesellschaftsschichten treffen kann, doch die Tatsache, dass die scheinbar per se skrupellosen Killer fast ausschließlich den marginalisierten Schichten

---

[52] Ebd.: 155.
[53] Ebd.: 156.

entstammen,[54] sagt letztendlich mehr über die Verbindung von materiellem Anreiz und Gewalt als der Rekurs auf Gewalt durch Internalisierung.

Die beiden hier beispielhaft dargestellten Konzepte eines profitorientierten Gewaltunternehmers auf der einen Seite, auf der anderen Seite eines Akteurs, der durch kontinuierliche Internalisierung und Sozialisierung auf Gewalt zurückgreift, möchte ich in dieser Arbeit komplementär benutzen, da sie beide auf unterschiedlichen (Gewalt-) Ebenen angesiedelt sind. Der Ansatz Elwerts soll im Besonderen helfen, das komplexe Konfliktsetting in Altos de Cazucá zu entschlüsseln, wohingegen einige Elemente Waldmanns Hinweise auf das Verhalten der Jugendlichen im Bereich der alltäglich erfahrenen Gewalt geben können.

Die nachfolgende Darstellung von Konfliktgenese und strategischem Expansionsverhalten rekurriert auf die bei Elwert herausgearbeiteten Elemente von Gewaltmarkt (Gewaltmonopol, Ressourcen, Zeit). Entschlüsselt werden soll das rationale Kalkül, das hinter den oftmals ideologisch aufgewerteten Diskursen von für soziale Gerechtigkeit kämpfenden Guerilleros und antisubversiven Paramilitärs steht.

---

[54] z. B. sind aus emischer Perspektive die Geschichten von *Sicarios* im Buch »*No nacimos pa` semilla*« von Alonso Salazar (1990) wiedergegeben, die alle aus marginalisierten Barrios stammen. Leonardo Perea zeigt ebenfalls auf, dass Banden aus höheren Schichten eine Ausnahme bilden; Perea 2004: 32.

III. 2. Konfliktgenese

Die drei Millionen Kolumbianer, die im eigenen Land vertriebenen wurden, sind ausdrücklich nicht Nebenprodukt eines bewaffneten Konfliktes, sondern mehrheitlich eindeutiges Ziel der bewaffneten Akteure. Aus welcher Motivation heraus so viele Menschen gezwungen sind, ihre Heimat, ihr Hab und Gut, und oftmals ihre Familien zu verlassen, und welche externe Faktoren und Interessen ihrem Exodus unterliegen, wird nun in Verbindung mit der komplexen Struktur des innerkolumbianischen Konfliktes beleuchtet.

Kolumbien gilt trotz des internen Konfliktes als eine der ältesten und stabilsten Demokratien Lateinamerikas seit Erlangung der Unabhängigkeit im Jahre 1819.[55]
Doch wo von außen das Label »Demokratie« anhaftet, besteht zu erheblichen Anteilen ein von innen ausgehöhltes Machtvakuum, da sich ein staatliches Gewaltmonopol traditionell nicht etablieren konnte. Der seit Jahrzehnten währende bewaffnete Konflikt in Kolumbien ist in weiten Teilen des Landes zum Selbstläufer geworden, hat seit Mitte der 80er Jahre an Schärfe und Intensität zugenommen und schraubt sich weiter kontinuierlich hoch. »Krieg«[56] ist nicht mehr ideologisch motiviert und besetzt, sondern zum Selbstzweck und zur

---

[55] Waldmann 2000: 123.
[56] Die Diskussion, ob in Kolumbien ein Bürgerkrieg, ein interner Konflikt oder ein »terroristischer Akt« herrscht, soll an dieser Stelle vernachlässigt werden. Wenn ich vom bewaffneten innerkolumbianischen Konflikt spreche, orientiere ich mich dennoch an der Kriegsdefinition der AKUF (FN:4).

Eigenlegitimation der illegal bewaffneten Akteure geworden.[57]

Im Laufe der Dekaden hat der bewaffnete Konflikt in Kolumbien mehrere Metamorphosen durchlaufen, die die Vielschichtigkeit des Konflikts sowie die Existenz von Gewaltmärkten widerspiegeln: Faktoren wie Entführungen, Drogenhandel und Kindersoldaten sind nur einige der augenfälligsten Aspekte dieses Krieges, welche das Klima der alltäglichen Gewalt von Jahr zu Jahr verschärfen.

Die historische Verwurzelung des Konfliktes resultiert aus dem Machtkampf der traditionellen kolumbianischen Eliten, die sich nach der Unabhängigkeit von 1819 herausbilden konnten[58]. Die traditionellen Eliten – Konservative und Liberale – rekrutierten sich vor allem aus Großgrundbesitzern und anderen Vertretern der Oligarchie, die sich in den ressourcenreichen Territorien ansiedelten, mit der Ausbeutung der vorhandenen Rohstoffe begannen und somit die sozioökonomische Lage der kolumbianischen Bauern verschlechterten. Die Konservativen werden auch heute noch tendenziell als Vertreter oder Befürworter der Kirche, Anhänger eines zentralistischen Systems oder eines protektionistischen Handels definiert, die Liberalen als anti-klerikal, föderalistisch gesinnt und den Freihandel plädierend.[59]

---

[57] Ich möchte klarstellen, dass ich sowohl Guerilla, als auch paramilitärische Verbände unter dem Begriff der illegal bewaffneten Akteure subsumiere.
[58] Krauthausen 1996: 293, Fischer 2000: 290.
[59] Zelik 1999: 47, diese historische Zuordnung ist heute allerdings nicht mehr so scharf zu verstehen. Es gibt parteiübergreifende Ad-hoc-Koalitionen im Parlament.

Um die Wende zum 20. Jahrhundert kam es zu ersten bürgerkriegsähnlichen Zuständen, als sich die Repressionen der Großgrundbesitzer gegen die das Land bearbeitenden Bauern verschärften. Der in die Geschichte eingegangene »*Guerra de Mil Dias*« von 1899 – 1902 (Krieg der 1000 Tage) führte zur Vertreibung und zur Ermordung 100.000 Kolumbianer.[60] Im Wesentlichen ging es bei diesem Konflikt um die Verteilung der Gewinne aus dem Kaffeeanbau. Dieses originäre Motiv wurde allerdings durch die Auseinandersetzungen zwischen den beiden politischen Lagern überdeckt. Ergebnis dieses blutigen Konfliktes war eine verschärfte Stimmung und ein Auseinanderklaffen zwischen den verschiedenen gesellschaftlichen Gruppen, die sich latent steigerte. Als Gegenreaktion auf die Dominanz der traditionellen Eliten gründeten sich erste Arbeiterbewegungen und Gewerkschaften, die nach und nach an Einfluss gewannen.[61]

Der kontinuierliche Charakter dieser Auseinandersetzung entflammte ein zweites Mal 1948, als der populäre linksliberale Anwalt *Jorge Eliécer Gaitán* in Bogotá von Anhängern der konservativen Partei ermordet wurde. Mit dem charismatischen *Gaitán*, der sich für Landreform und weitgehende Arbeiterrechte einsetzte, war im Vorfeld eine neue Ära der Politik hereingebrochen. Aus dem bestehenden Zweiparteiensystem zwischen Konservativen und Liberalen konnte er durch seine Persönlichkeit hervorstechen und gewann schnell an Popularität, die zu einer starken Polarisierung sowohl auf politischer als auch auf sozialer Ebene führte. Mit der

---

[60] Waldmann 1997: 141; eine weitere Folge dieses Bürgerkriegs war die Abtrennung Panamas von Kolumbien.
[61] Zelik 1999: 49.

Ermordung *Gaitáns* am 9. April 1948 kam es in Bogotá zu einem urbanen Aufstand, dem so genannten *Bogotazo*.[62] Straßenkämpfe und Terror prägten das Bild. Dieser Moment zeichnet den Beginn der nun anbrechenden Epoche der »*La Violencia*« (die Gewalt) aus, die sich bis in die späten 1950er Jahre hineinzog. In diesem Bürgerkrieg zwischen Anhängern der liberalen und der konservativen Partei wurden nach Schätzungen mehr als 200.000 Kolumbianer und Kolumbianerinnen ermordet; die Zahl der Binnenvertriebenen (hauptsächlich einfache Bauern und Landarbeiter, die von ihren Parzellen fliehen mussten) wird ebenfalls auf rund 200.000 Personen geschätzt.[63] Das offizielle Ende dieses klassischen Bürgerkrieges wurde besiegelt durch einen Militärputsch, welcher nach vier Jahren durch die Schaffung der »*Frente Nacional*« (Nationale Front) zwischen liberaler und konservativer Partei bis 1974 abgelöst wurde. Beide Parteien verpflichteten sich, Präsidentenamt und Regierungsposten alternierend zu teilen.[64]

Dieses Abkommen führte jedoch keineswegs zum Frieden, sondern initiierte vielmehr die erste Transformation des kolumbianischen Konfliktes: Gerade unter den Anhängern der liberalen Partei spalteten sich viele vom Abkommen Enttäuschte ab und weigerten sich, ihre Waffen abzugeben, da sie sich verraten fühlten. Diese

---

[62] Waldmann beschreibt den »*Bogotazo*« als das »Tröpfchen auf dem Stein«, als »bang«, als Eklat und als Startschuss für eine »soziale Explosion«, Waldmann 1999: 66.

[63] Blumenthal 2000: 1.

[64] Diese »Nationale Front« schaffte zwar eine Befriedung der beiden politischen Lager, führte aber zu einer weitgehenden Monopolisierung von Machtressourcen sowie einer klientelistisch ausgeprägten Herrschaft durch beide Parteien; die politische Partizipation durch die Bevölkerung war stark begrenzt, Zelik 1999: 55.

kleinen Splittergruppen vereinten sich nun vielfach mit den Bauern und unterstützten diese in ihrem Kampf gegen die sie ausbeutenden Großgrundbesitzer. Diese griffen ihrerseits auf bewaffnete Banden, die so genannten *Pajaros* (Vögel), zurück, um die Opposition zu bekämpfen.[65]

Hier erkennt man, wie aus dem Zwei-Parteien-Konflikt ein Klassen-Konflikt entstanden ist, der zwar unterschwellig schon seit dem Krieg der 1000 Tage integraler Bestandteil des Systems war, aber nun durch einen anders gelagerten Anlass, dem Mord an einem Politiker, zum blutigen Ausbruch kam.

Der ungleiche Zugang zu Land und Ressourcen sowie das damit verbundene Streben bzw. Verhindern von umfassenden Agrarreformen, bildet somit einen elementaren Zugangspunkt zum Verständnis des kolumbianischen Krieges.

Dieser ursprüngliche Landrechtskonflikt hat seine Form ausgehend vom 19. Jahrhundert bis zum heutigen Tage vielfach gewandelt, sich verselbstständigt und intensiviert. Die Missverteilung des Ressourcenreichtums, die sich seit der Kolonisierung Kolumbiens durch die Spanier strukturell etablierte.[66] hat über Dekaden zu einem exkluierenden und marginalisierenden System geführt, das vor allem die indigene, die afrokolumbianische und die originär bäuerliche Bevölkerung von dem Reichtum des Landes ausschloss.[67] Auch heute noch herrscht in Kolumbien eine extreme Ungleichheit bei der Landverteilung: 0,4 Prozent der Landbesitzer

---

[65] Zinecker 2004: 25; Krauthausen 1996: 99.
[66] Gonzáles/ Bolívar/ Vázquez 2002: 45.
[67] Bello, M.N. 2004: 20.

verfügen über 61,2 Prozent Territorium.[68] Die herrschenden Eliten, die sich im Wesentlichen aus den Traditionscliquen der Liberalen und Konservativen rekrutieren, haben bisher jedem Versuch der sozialen Reformierung und insbesondere einer gerechten Agrarreform entgegengesteuert und so die Situation in Kolumbien weiter angeheizt und verschärft.

III.3. Die Akteure im bewaffneten Konflikt
Die Guerilla

Diese asymmetrische Verteilung von Ressourcen führte zunächst zu einem bäuerlichen Selbstverteidigungskampf der einfachen Landbevölkerung, die versuchte, gegen die sie ausbeutenden Großgrundbesitzer aufzubegehren. Durch von Landbesitzern bezahlte Banden wurden die aufständischen Bauern vertrieben oder getötet. Für die Entstehung der bekanntesten der verschiedenen existenten Guerillagruppen,[69] der FARC,[70] steht das Jahr 1964 als symbolisches Gründungsjahr. Die »unabhängige Republik Marquetalia«,[71] auf die sich 48 bewaffnete Bauern zurückgezogen hatten, wurde von 16.000

---

[68] Project Counselling Service (PCS), 22. Dezember 2004, PCS Internal September – Dezember 2004; Mondragon (09.01.2006): Freedom for Mother Earth! The struggle for land in Colombia. Download unter: www.chicagoans.net/node/69 (01.02.2006).
[69] Eine ausführliche Geschichte der verschiedenen Guerillas wie der EPL, der M-19, dem indigenen Movimiento Quintín Lame, etc. sind dargestellt u.a. bei Zelik 1999: 57ff.
[70] *Fuerzas Armadas de Colombia* = Revolutionäre Streitkräfte Kolumbiens.
[71] Siehe auch: Alfredo Molano (1994): »Trochas y Fusiles«, wo der Soziologe und Journalist Molano die Geschichte der ersten Erfahrungen bäuerlicher Selbstverteidigung wiedergibt.

kolumbianischen Soldaten angegriffen. Hieraus entstand der ideologische, von sozialrevolutionären Motiven beeinflusste Kampf nach marxistisch-maoistischem Selbstverständnis. Im Gegensatz zum Paramilitarismus, der hauptsächlich durch Großgrundbesitzer im konsolidierten Raum gefördert wurde, entstanden die FARC in Zonen, die rezent von Bauern kolonisiert worden waren. Erst danach folgte eine territoriale Ausdehnung auf Zonen, deren geostrategisches Potenzial günstiger schien und hauptsächlich durch soziale Ungleichheiten bestimmt war.[72] Ideologisch verknüpft mit der kommunistischen Partei Kolumbiens, nährte die FARC ihren revolutionären Ansatz für eine gerechte Agrarreform. Angestrebtes Ziel war die Übernahme von »Herrschaft im Zentralstaat«.[73] Militärisch rüsteten die FARC ab Anfang der 80er Jahre auf und konsolidierten ein erhebliches Territorium.[74] Heute schätzt man ihre Kämpferzahl auf 15.000 Milizionäre.

Ebenfalls 1964 gründete sich die ELN,[75] die Nationale Befreiungsarmee, die ihre Unterstützer und Sympathisanten vor allem aus dem stadtintellektuellen Milieu rekrutierte, deren Anhänger die Erfolge der kubanischen Revolution feierten und in Kolumbien wiederholen wollten. Mit der Frontfigur *Camilo Torres*, einem jungen Priester, der der Befreiungstheologie anhing und ein »revolutionäres Christentum« propagierte, schaffte die ELN einen Mythos, zumal sich *Torres* 1966 für den bewaffneten Kampf entschied und gleich in seinem ersten Gefecht fiel. In weiten Teilen Kolumbiens

---

[72] Gonzales, Bolívar 2002: 49.
[73] Nieto 2001: 20f.
[74] Echandía 1998: 35.
[75] *Ejército de Liberación Nacional de Colombia.*

(als auch Lateinamerikas) fungiert er als Symbol eines Kampfes »David gegen Goliath«.[76] Heute werden der ELN 5.000 Kämpfer zugerechnet, wobei sie weniger durch direkte Gefechte auffällt, als vielmehr durch Aufsehen erregende Sabotageaktionen, z.B. durch die Zerstörung von Pipelines in erdölreichen Gebieten, durch die sich ihrer Auffassung nach multinationale Firmen bereichern.[77]

Die Legitimation für »Aufstandsorganisationen« liegt laut Waldmann in der »Wahrnehmung quasi-staatlicher Funktionen«.[78] In diesem Sinne finden sich zahlreiche Fallstudien, in denen die Guerilla institutionelle Funktionen wie Gesundheitsversorgung oder Polizeiaufgaben an Staates statt übernimmt, da das Gewaltmonopol traditionell nicht im gesamten kolumbianischen Territorium durchgesetzt ist.

Die paramilitärischen Einheiten

Mit dem Paramilitarismus werden vor allem zwei Konzepte verbunden: zum einen wird seine Existenz als Mittel der staatlichen Aufstandsbekämpfung verstanden sowie als Methode zur Sicherung und Erhaltung des Status Quos.[79] Beide Konzepte sehen den Paramilitarismus als Ergänzung zum Staat.[80]

---

[76] Nieto, J.Z. 2004: 36.
[77] Zelik 2000: 40ff. von den Ressourcenreichtümern wie Erdöl und Gas profitieren oftmals transnationale Unternehmen, wogegen die Guerillas durch die Sprengung von Pipelines protestieren.
[78] Waldmann 1995: 356.
[79] Kurtenbach 2004: 15.
[80] Nieto 2001: 24.

Das Phänomen des Paramilitarismus ist strukturell in Kolumbien verankert und hat sich im Laufe der Jahrzehnte kontinuierlich gestärkt. Besonders in den 80ern exponierte sich der Paramilitarismus als autonomes Instrument und agierte vornehmlich zur Durchsetzung der Eigeninteressen von Großgrundbesitzern und Drogenhändlern.[81] Die militärische Schlagkraft nahm stark zu.[82] 1997 schlossen sich die verschiedenen »Selbstverteidigungsblöcke« zum paramilitärischen Dachverband AUC (*Autodefensas Unidas de Colombia*) zusammen. Die Betonung der Selbstverteidigung fungiert hierbei als ideologisch-legitimierender Rahmen: sie seien zu Verteidigung ihrer Landsleute verpflichtet gewesen, da der Staat nicht handlungsfähig war.[83] Seit 2002 steht die AUC mit der aktuellen Regierung unter Präsident *Álvaro Uribe Vèlez* in Friedensdialogen. Im Juni 2005 kam es zu einem Schlüsselereignis: Mit dem umstrittenen Gesetz »*Justicia y Paz*« (Gerechtigkeit und Frieden) schuf die ultrarechte Regierung unter *Uribe* die Möglichkeit,

---

[81] Die Paramilitärs werden ebenfalls bezichtigt, von transnationalen Unternehmen, wie Texaco, Nestlé, Coca Cola, etc. finanzielle Unterstützung für den Aufbau paramilitärischer Einheiten zu erhalten. Azzellini 2003: 252f.
Garcia Pena 2004: 4.
http://danielgarciapena.org/drupal/files/relacion-estado-colombiano-paramilitar.pdf;
(01.02.2006).
[82] Heute rechnet man, je nach Quelle, der AUC 10.000 – 20.000 Kämpfer zu (ai 2005: 5), wobei sich diese Schätzungen durch die stattfindenden Demobilisierungen reduzieren. Jedoch ist nicht außer Acht zu lassen, dass Beobachter des Demobilisierungsprozesses die abgegebenen Waffen kritisch als »Restbestände« betrachten, da die AUC mit viel modernerer Technik arbeitet.
[83] Homepage der AUC www.colombialibre.org; Das Selbstverständnis lässt sich z.B. in der Hymne ablesen (01.02.2006).

Amnestie- und Wiedereingliederungsregelungen für die paramilitärischen Gruppen umzusetzen, die jenseits der gewöhnlichen Strafgerichtsbarkeit liegen. Von Kritikern wird hierbei besonders der Versuch der Paramilitärs beanstandet, durch Vertreibungen illegal angeeigneten Besitz legalisieren zu wollen, Straffreiheit für schwere Verbrechen zu erwirken, eine Auslieferung der führenden Köpfe an die USA zu verhindern, was letztlich die Vergrößerung des Machtbereichs der AUC intendiert.[84]

Bei den letzten Kongresswahlen am 10. März 2002 sagte der heute demobilisierte paramilitärische Führer *Salvatore Mancuso*, dass schon ein Drittel aller Abgeordneten mit den Paramilitärs sympathisiere.[85] Diese starke Ausprägung eines Kriegsakteurs, dem mindestens 70 Prozent der schweren Menschenrechtsverbrechen in Kolumbien zugerechnet werden,[86] ist besorgniserregend. Es verdeutlicht darüber hinaus den steigenden Einfluss und das Machtgefüge des Paramilitarismus im soziopolitischen Raum, wie es im spezifischen Fall von Altos de Cazucá in Kapitel V noch zu zeigen ist.

Das kolumbianische Militär

Weiterer Akteur ist das kolumbianische Militär, dem häufig eine Nähe zum Paramilitarismus angelastet wird. Nach dem Motto »Die Feinde meiner Feinde sind meine

---

[84] Kurtenbach 2004: 16.
[85] »Rapanazo de los paras al erario público« http://historicos.elespectador.com/periodismo_inv/2004/septiembre/nota4.htm, (01.02.2006).
[86] Amnesty International 2004: 255ff.

Freunde«[87] lassen sich viele Fallbeispiele militärischer Duldung und Akzeptanz aufzeigen, die sowohl kolumbianische als auch internationale Menschenrechtsorganisationen anklagen. Die mutmaßliche und häufig nachgewiesene Interaktion von illegal bewaffneten und staatlichen Akteuren wie Polizei, Militär und Paramilitär erweckt ein starkes Misstrauen der Bevölkerung gegenüber den formellen Institutionen.[88] Vor allem in peripheren Zonen Kolumbiens, in denen das staatliche Gewaltmonopol traditionell schwach verankert ist und die Bevölkerung von staatlichen Institutionen vernachlässigt wurde, kommt es zu einer starken Skepsis gegenüber dem Staat und seinen Einrichtungen.

III.4. Voraussetzungen von Gewaltmarkt in Kolumbien

Der kolumbianische Konflikt betrifft hauptsächlich den rural geprägten Raum. Eine stete Front gibt es nicht, sie wandert und zentriert sich zumeist um die ökonomisch wichtigen Anbaugebiete mit fruchtbarem und ertragbringendem Boden. Signifikant ist hierbei, dass der bewaffnete Konflikt weniger zwischen Guerilla und Paramilitär direkt ausgetragen wird, sondern dass sich die Gewalt beider bewaffneter Akteure gegen die wehrlose Zivilbevölkerung richtet, die somit zum direkten Objekt der Kriegsführung wird.

---

[87] Romero 2003: 107.
[88] z. B. Human Rights Watch 2001: Dieser Artikel von HRW trägt den Titel »Die Sechste Division«. Das kolumbianische Militär besteht aus fünf Divisionen, so dass der Titel eine Anspielung auf die enge Kooperation von Militär und Paramilitär darstellt.

Längst haben sich Guerilla und Paramilitärs in ihren Methoden angeglichen. Sowohl FARC als auch AUC haben ein Interesse daran, den Konflikt am Leben zu erhalten. Es unterscheidet sie nur noch ihre vermeintliche »Ideologie« (rechts-links). Mit Willkür wird in den von ihnen beherrschten Gebieten dominiert, wer sich nicht unterordnet oder gegen die diktierten Normen verstößt, bleibt meist nur die Wahl zwischen Flucht oder Tod. Die peripheren Regionen, die der Staat lange vernachlässigt hat, gelten als Hauptgebiete des Krieges. Der Staat ist nicht präsent, so dass sowohl Guerilla als auch Paramilitärs Strukturen eines Parastaates[89] festigen konnten. Hierzu gehören vor allem Elemente wie Ausübung der Justiz, Festlegung der Werte und Normen, sowie eine wirtschaftliche Produktion zur Aufrechterhaltung und Stabilisierung des eigenen Systems, dessen Ziel eine gesamtgesellschaftliche Konsolidierung ist. In diesem Sinne operieren die illegal bewaffneten Akteure wie zweckrationale Unternehmer, die durch sekundäre Motivationen[90] ihr Gewaltsystem stabilisieren konnten. Die gewaltoffenen Räume ermöglichen den Gruppen ganzheitliche Systeme zu etablieren, die ich hier als Gewaltmärkte im Elwertschen Sinne bezeichne, und die sich durch Profitmaximierung auszeichnen. Ein dynamisierender Faktor dieses Gewaltsystems ist hierbei die Drogenökonomie, die in einem gesonderten Punkt dargestellt wird.

---

[89] Hiermit gehe ich von einem »Staat im Staate« aus, González/ Bolívar/ Vázquez 2002: 200ff.
[90] Wie Prestige, die Inszenierung von Angst und Schrecken oder eines (pseudo-) ideologischen Diskurses.

Defizitäres Gewaltmonopol in Kolumbien

Kolumbien ist ein Staat, dessen Landkarte man in vier verschiedene Kategorien von Gewalträumen einteilen könnte:[91] und zwar in jene Landkreise, die unter Kontrolle der Guerillagruppen stehen, zum anderen diejenigen unter Herrschaft der Paramilitärs, solche Räume, in denen der Staat sein Gewaltmonopol verwirklicht und letztlich Gebiete, die von mehreren dieser Gruppen umkämpft sind, also praktisch direktes Kriegsgebiet (oder so genannte rote Zonen) darstellen.

Auch wenn in Kolumbien ein staatliches Gewaltmonopol existiert, zeigt sich doch, wie sich durch konsequente und konstante Aushöhlung desselben, in ruralen, peripheren Gebieten Strukturen eines Gewaltmarktes nach Elwert bilden konnten.[92] Dies ist meines Erachtens der Hauptfaktor für die Existenz und das Fortleben der illegalen Akteure, die sich die staatliche Macht im lokalen Raum aneignen. Eine Para-Staatbildung lässt sich sowohl bei den Guerillagruppen (FARC, ELN) als auch bei den Paramilitärs (AUC) konstatieren. Tragende Elemente dieser Bürgerkriegsökonomien sind für beide bewaffneten Akteure ähnlich; der Ausbau einer hegemonialen Stellung sowie die Machtübernahme auf wirtschaftlich bedeutsamen Territorien wird durch die Weiterfinanzierung der eigenen Kriegsführung erreicht: direkt durch Besteuerung von Drogenanbau, Weiterverarbeitung und Handel oder indirekt als Schutz von Megaprojekten, also im Auftreten als Söldner. Da aus diesen Finanzquellen eine verstärkte

---

[91] Rangel 1999: 41.
[92] Elwert 1997: 88.

Aufrüstung der bewaffneten Gruppen als auch ein Ausbau eines nicht-rechtstaatlichen Gewaltmonopols intendiert ist, lassen sich deutliche Strukturen von Gewaltmarkt identifizieren. Wie prägnant sich auch diese Elemente und Muster auf den gesamtkolumbianischen Kontext übertragen lassen, manifestiert sich in der Manipulation durch die Gewaltakteure im politischen Raum. Es gibt deutliche Hinweise, dass bei den letzten Kongresswahlen, gezielt Abgeordnete instruiert wurden für diesen oder jenen den jeweiligen Gruppen Nahestehenden zu votieren unter Androhung von Mord gegen das Leben des betreffenden Politikers oder das Leben seiner Familie.

Wichtig ist zusammenfassend vor allem die zugrundeliegende Zweckrationalität im Handeln der Akteure. Es geht nicht um die Durchsetzung von Ideologien mit dem Mittel der Gewalt, sondern um gut kalkulierte Anwendung von Gewalt und Kriegsführung zum Zwecke des eigenen Machterhaltes und Profites. Zur weiteren Steigerung gehört auch die überregionale Konsolidierung des Machtapparates wie durch die oben erwähnten Kongressabgeordneten. Rechtstaatliche Elemente werden ausgehöhlt und in die Para-Staaten einverleibt, um dann im Interesse dieser zu agieren.[93]

---

[93] Besonders zwei kolumbianische Abgeordnete, *Rocío Arias* und *Eleonora Pineda,* sind in diesem Zusammenhang bekannt geworden. Sie protegieren die Paramilitärs und ihre Vorgehensweise und sprechen sich im Parlament offen für Straferlass, Friedensangebote und Immunität für die paramilitärischen Verbände aus. Ihre heimischen Wahlkreise sind paramilitärisch kontrolliert und dominiert.
Siehe z.B.
http://www.cambio.com.co/html/portada/articulos/4412/ (26.02.2006).

Geographische Voraussetzungen von Gewaltmarkt

Die geographischen Gegebenheiten sind bei der Betrachtung Kolumbiens als systemischer Gewaltmarkt ein entscheidender Faktor. Der innerkolumbianische Konflikt überzieht nicht gleichmäßig das gesamte staatliche Territorium sondern vermehrt sich dort, wo natürlicher Ressourcenreichtum vorherrscht.[94] Das staatliche Gewaltmonopol bedeckt in Kolumbien, wie erwähnt, nur einen Teil des Gebietes, hierbei vor allem das Hochland, wo sich die Hauptstadt Bogotá befindet. Die angrenzenden Kordilleren und Täler, Savannen und Llanos sind entweder traditionell vernachlässigte Gebiete des kolumbianischen Staates, oder der Staat hat sein Gewaltmonopol an andere bewaffnete Akteure verloren bzw. geht mit diesen eine symbiotische Beziehung ein.[95] Die zahlreichen innerkolumbianischen Grenzen[96] und die vielen verschiedenen Ebenen von regionalen Einflusszonen sind Indikator einer räumlichen Differenzierung. Die Fauna und Flora Kolumbiens bietet eine Vielzahl natürlicher Ressourcen, die zu einem guten Wirtschaftspotential führen, beispielsweise ein reiches

---

[94] Krauthausen 1996: 95.
[95] Waldmann 2000: 107 f.
[96] Grenzen gibt es in Kolumbien mehrere: Zum einen selbstverständlich die nationalen Grenzen, aber auch die »internen Grenzen«, die ein Machtterritorium, einen Mikrokosmos von einem anderen »abgrenzen«. Es gibt Kontrollpunkte und kleinere mobile »retenes« (ungefähr: Checkpoint). Sie dienen den illegalen Akteuren zur Kontrolle und regeln das Betreten der besetzten Gebiete, die nur mit deren Einverständnis durchquert werden können. Eine schöne dichte Beschreibung vom Passieren von internen Grenzen bietet Sanford 2004: 254ff; s.a. PNUD 2003, Taussig 2003:17.

Ölvorkommen, Nickel, Kaffee, Mohn, Gold als auch das zweitgrößte Aufkommen an Smaragden weltweit. Diese Bedingungen sind allerdings nicht zwangsläufig Erklärungen für den gewalttätigen Konflikt sondern infrastrukturelle Erleichterungen und Anreiz für die illegal bewaffneten Akteure. Ein großer geographischer Vorteil ist darüber hinaus die Mannigfaltigkeit an klimatischen Regionen, die die unkomplizierte Möglichkeit des (Waffen- oder Drogen) Schmuggels ermöglicht, sowie eine ideale Infrastruktur sowohl für Anbau und die Aufzucht von Drogen, insbesondere Koka, Mohn und Marihuana[97] erleichtert. Die zahlreichen und verschlungenen Flussläufe, die weitläufigen Savannen und der dichtbewachsene Regenwald,[98] dienen oftmals als versteckte Stützpunkte zur Rekreation der illegalen Truppen. Außerdem eignen sich diese zahlreichen isolierten Regionen als Verstecke für Drogenlaboratorien und Anbauflächen, die für die Drogenaufzucht bequem genutzt werden können.

Zur Transformation des Konfliktes kommt es vor allem durch die Nutzbarmachung natürlicher Ressourcen. Neben Smaragden, Öl, Mohn und anderen wertvollen natürlichen Rohstoffen, wie dem weltberühmten kolumbianischen Kaffee, nimmt vor allem die Kokapflanze eine prominente Stellung ein. Ihr Endprodukt, Kokain, bzw. der Handel mit ihm, subventioniert in Kolumbien die

---

[97] Godoy 2001: 77.
[98] Hier fassen auch die Faktoren der »Proxxi-Analyse« von Collier und Hoeffler (2001): Elemente wie Rückzugsgebiete zur Rekreation oder zur Ausbildung von Rekruten sind für illegal bewaffnete Akteure sehr bedeutsam und häufig nur durch günstige geographische Gegebenheiten realisierbar.

Gewalt. Der Drogenhandel wird in Kolumbien von allen Akteuren als strategisches Mittel des Konfliktes verwendet und hält die Existenz vor allem der illegal bewaffneten Akteure aufrecht. Der Handel mit Koka und Kokain unterliegt, wie oben dargestellt, einem rationalen Kalkül.

Beispiel von Gewaltmarkt: Die Drogenökonomie in Kolumbien

Kokain hat in Kolumbien alle Räume des gesellschaftlichen Lebens penetriert. Die Amalgamierung von Drogengeschäft und bewaffnetem Konflikt ist spätestens seit den 1980er Jahren prägend für den innerkolumbianischen Konflikt. Der Drogenhandel hat sich als maßgebliches Element der illegal bewaffneten Akteure etabliert und ist zum Selbstzweck geworden. Durch die vielfältigen Handelsrouten ist des weiteren der Zutritt zu den globalisierten Märkten erfolgt.[99] Dies führte zu einer weitgehenden Autarkie finanzieller und somit auch militärischer Art der illegal Bewaffneten, deren ursprüngliche Motivationen immer weiter in den Hintergrund traten.[100]

---

[99] Warum die Kokapflanze ausgerechnet Kolumbien weltweit den Ruf bescherte eine Drogenökonomie zu besitzen und nicht die beiden Andenländer Peru oder Bolivien, die mehr Koka anbauen als ihre nördlichen Nachbarn, liegt in der geostrategisch günstigen Lage Kolumbiens zwischen dem Atlantischen und dem Pazifischen Ozean begründet. Kolumbien bietet sich als Korridor zwischen den Erzeugerländern an und dient als Exportausgangspunkt an den Hauptabnehmer USA; Zinecker 2004: 5.

[100] Münkler 2002: 163: »Je länger ein Krieg dauert, desto stärker tritt die Ökonomie der Gewalt als eine das Handeln der Akteure bestimmende Macht hervor, und dabei verwandelt sie die

Sowohl FARC als auch die paramilitärischen Einheiten speisen sich und ihre Kriegsökonomie aus den Einnahmen des Drogengeschäftes, das eine bedeutende, wenn auch nicht immer die bedeutendste Säule ihrer Subsistenz darstellt[101][102]. Wie schon gesehen, sind für den Anbau der Kokapflanze die geographischen und klimatischen Bedingungen entscheidend. Vor allem die Unwegsamkeit des Gebietes muss den »Drogenökonomen« Schutz vor Zugriff der staatlichen Gewalt bieten sowie Verarbeitungslaboratorien oder versteckte Flugzeugpisten garantieren. In der Nähe der nationalen Grenzen bieten sich außerdem optimale Schmuggelrouten, um die Rohstoffe resp. Produkte zu exportieren. Ebenso müssen die Rahmenbedingungen wie vorhandene Arbeitskraft,[103] sowie sozialer Rückhalt gegeben sein, ebenso die Infrastruktur wie Beförderung und Schmuggel, um die Produkte zu exportieren. Das Kokain-Geschäft ist hierbei mit 85 - 90% aller Drogengewinne dominant.[104]

---

ursprünglichen Motivationen mehr und mehr in Ressourcen eines verselbstständigten Krieges.« Die Auffassung von Zelik und Azzellini, dass die Drogenökonomie nicht aus materieller Motivation am Leben gehalten werde, sondern vorrangig der Versorgung ihres politischen Kampfes diene, wird hier nicht geteilt.
[101] Z. B. wenn der Anbau von Koka nicht ertragbringend ist bzw. andere Ressourcen oder Strategien wie Entführung erfolgreicher sind.
[102] Die FARC stieg erst ungefähr 20 Jahre nach ihrer Gründung in den Drogenhandel ein. Hierbei ist die Transformation dieser Guerilla vom bäuerlich organisierten Selbstschutz hin zu einem wirtschaftlich rational handelnden Akteur zu beachten.
[103] Arbeitslose durchqueren oftmals halb Kolumbien, um als *raspachín* (Koka-Erntehelfer) zu arbeiten. Diese saisonale Arbeit bringt vergleichsweise viel Geld ein.
[104] Echandia 1996: 7.

Da sich der bewaffnete Konflikt hauptsächlich dort abspielt, wo wertvolle Ressourcen vorhanden sind, richten sich die illegal bewaffneten Gruppen mit passenden wirtschaftlichen Strategien an einer optimalen Ausschöpfung aus.

Im kolumbianischen Tiefland, wo der Kokaanbau gepflegt wird, kommt es mitunter zu einer Monokultivierung. Kokain dient in vielen Dörfern sogar als Zahlungsmittel und wird damit zur Subsistenzgrundlage. Seit den späten 1970er Jahren besteuert die Guerilla die Einnahmen und besorgt den Handel gen USA und Europa. Aus diesem Geld folgt die Finanzierung des Krieges, Waffen, Munition und militärische Infrastruktur werden gekauft und etabliert. Es konstituiert sich ein Staat im Staate mit eigenen Gesellschaftsmustern: Die einzelnen Gruppen handeln wie Firmen oder Fabriken: Sie haben eigene Anwälte, kontrollieren per Waffengewalt ganze Territorien und besteuern öffentlichen Transport auf weiten Strecken dieser Gebiete. Außerdem üben sie ihre eigene Justiz aus, bestimmen Codes und Normen, regeln den Zugang zu den Gebieten, sorgen für Sicherheit, sind Gesetz.[105]

---

[105] Deutlich wird dies am Beispiel Anas. Egal, wer momentan das Gebiet kontrolliert, sowohl Guerilleros als auch Paramilitärs sind bereit, gegen Geld bei Familienangelegenheiten zu intervenieren: »... *wenn man bei uns ein Problem hat, dann geht man zur Guerilla und sagt, ich möchte, dass ihr mir helft, diese Angelegenheit zu regeln...*« (Ana, 17 Jahre, vertrieben aus Putumayo, 02.10.2004). Die auftretenden FARC-Guerilleros schienen schon ein Urteil gefällt zu haben und kamen mit expliziten Tötungsabsichten zu Señora Emma. Durch die Präsenz ihrer Kinder agierten sie dann im Folgenden wie Anwälte, die Anas Mutter mit Aussagen ihres Vaters konfrontierten und sich letztlich gegen eine Ausführung entschieden.

Hieraus ergibt sich eine politische Positionierung und die Intention, auch politisch und administrativ Einfluss zu nehmen, um wirtschaftliche Ziele effizienter verfolgen zu können.

In Kolumbien kann man den Anbau und den Handel von und mit Kokain nicht als Ursprung, jedoch als Katalysator des heutigen Konfliktes bestimmen. Vom vornehmlichen Klassen-Konflikt der 60er Jahre kam es über die wertvolle, besonders aber um die leicht transportable Ressource zu einer neuen Transformation der Gewaltdynamik in Kolumbien. Die weitergehende Verstetigung des Konfliktes ist durch einen florierenden Absatzmarkt in Übersee prognostizierbar.[106]

Soziale Konsolidierung im Gewaltmarkt

Durch die institutionelle Schwäche des kolumbianischen Staates ergab sich für rational kalkulierende Akteure die Möglichkeit, sich der natürlichen Reichtümer zu ihren Gunsten zu bedienen, um diese dann im Folgenden gewinnbringend auszuschöpfen. Die Zuspitzung und Eskalation des Konfliktes ergibt sich aus der bewaffneten Auseinandersetzung verschiedener Gewaltakteure um den Einfluss in bestimmten Zonen. Dieser Einfluss ist hierbei nicht mehr nur rein ökonomisch motiviert, sondern verfolgt seit ungefähr einem Jahrzehnt einen militärisch-politischen Anspruch sowie das Streben nach sozialer Einflussnahme. Nicht selten wird die Bevölkerung einer eroberten Zone benutzt und instrumentalisiert als Rekrutierungsbasis oder als

---

[106] Días/ Sánchez 2004: Download unter:
http://www.crisisstates.com/download/wp/wp47.pdf (01.02.2006).

Arbeitskraft, um die eigene Position zu festigen und zu konsolidieren. Das Rekurrieren auf die soziale Basis und vor allem der Versuch, die sozialen Verbindungen zu bestimmen, können als Einstellen auf einen langen Konflikt aufgefasst werden. Gezielt werden in den *Comunidades*[107] Gerüchte gestreut und durch die Hand des Terrors die Bevölkerung gezielt eingeschüchtert. Dieses ist die Phase der sozialen Eingliederung. Der Wirkungsraum und die Indikatoren für die Handlungsmöglichkeiten und Dominanzmechanismen der Akteure wird hier sehr klar: eine völlig konsolidierte und »befriedete« Gruppe kann zugunsten des bewaffneten Akteurs arbeiten und weiteren Gewinn akkumulieren. Um diese Stufe jedoch zu erreichen, muss ebenfalls ein sekundärer, ideologischer Anreiz[108] vorhanden sein, der die Zivilisten einbindet oder durch Gewalt jede Opposition ausschaltet.

Fazit

Der kolumbianische Politologe Carlos Vidales bezeichnet das Phänomen des kolumbianischen Konfliktes sehr treffend mit dem einer »internen Expansion«.[109] Auf den ersten Blick befremdlich, enthüllt dieser Terminus jedoch den Kernpunkt des fehlenden staatlichen Gewaltmonopols in Kolumbien, der verschiedene nicht-staatliche Akteure motiviert, diesen gewaltfreien Raum zu »erobern«, um dort die eigene Macht zu etablieren. Zweckrational handelnde Akteure sehen den Anreiz

---

[107] Auf *Comunidad* wird im Folgenden rekurriert als heterogene Barrio-Gemeinschaft.
[108] Elwert 1997: 95.
[109] Vidales 1997;
http://members.tripod.com/~Vidales/VIOLEN02.HTM; (01.02.2006).

natürlich erst bei verlockenden Ressourcen, geostrategisch günstigen Regionen oder infrastrukturellen Verbindungen gegeben. Daher kann man bei den beiden exponiertesten illegalen Akteuren, sowohl der Guerilla als auch den Paramilitärs eine Verschiebung vom ideologisch motivierten Handeln hin zur ökonomischen Realität erkennen.[110]

Die räumliche Differenzierung des Territoriums wird vor allem durch die verschiedenen regionalen Eliten und deren Einflussbereiche geprägt. Die in Kolumbien (ko)existierenden verschiedenen Mikrokosmen beinhalten oftmals ein eigenes Gesetz, eigene Werte und eine autonome Wirtschaft. Diese Mikro-Zonen zentrieren sich auf geopolitisch und strategisch günstige Territorien, vor allem aber in peripheren, ruralen Gebieten, in denen der Staat keine umfassende Infrastruktur und Logistik[111] etablieren konnte oder wollte. Die geographische Differenzierung des kolumbianischen Staates anhand der verschiedenen vorkommenden Ressourcen und Standortvorteile haben zu einer Auffaserung des Landes geführt. Der Staat hat es aus traditioneller Schwäche nicht geschafft, sein Gewaltmonopol durchzusetzen und die staatlichen Institutionen in schwer zugänglichen Regionen zu etablieren, was dazu geführt hat, dass viele illegale Akteure expandierend diese Räume erobert und das

---

[110] Wobei ich die »ideologischen« Ursprünge der Paramilitärs ganz klar in der Vertretung von Eigeninteressen (sowohl ihrer eigenen als auch als Erhaltung des Status Quo der politischen und der Narco-Elite) und keinesfalls in einem altruistischen Kampf für das Vaterland sehe (s. a. Oldenburg/ Lengert 2006). Der Legitimierungsdiskurs der Paramilitärs lässt sich als »Rechtfertigungsmythos der Gewalt-Unternehmer« erkennen, s. a. Elwert 1997: 99.

[111] »Wenn Staat zerbricht, hören Institutionen wie Justiz, Verwaltung, Polizei und Gefängnisse auf zu existieren«, Eppler 2002: 35.

Gewaltmonopol in ihre Hände überführt haben, die dort originär ansässige Bevölkerung dominieren und ihre Ressourcen ausbeuten.[112] Zuverlässige Arbeitskräfte sind sowohl für die optimale Ausnutzung der Rohstoffe als auch für die Verrichtung der anfallenden Arbeitsschritte notwendig.

Hier wird deutlich, welche zentrale Rolle der Zivilbevölkerung im strukturellen Gefüge des Gewaltmarktes zuteil wird: »*Der Krieg respektiert niemanden, es ist ein Krieg ohne Grenzen.*«[113]

III.5. Kontrolle der Zivilbevölkerung

Welche besondere Rolle der »Grenze« bzw. den »Grenzen« zukommt, offenbart sich sowohl in der staatlichen Politik als auch in der Situation der Binnenflüchtlinge an den Grenzen.[114]

An den staatlichen Grenzen operieren Militärs besonders zum Schutz von Territorium und Ressourcen. Die dort lebende Bevölkerung steht dabei unter dem permanenten Verdacht der Kollaboration mit dem

---

[112] Pizarro 2003: 8.

[113] Interview mit Mitarbeiter von *Médicos sin Fronteras* in Altos de Cazucá, 01.09.2004.

[114] Im Gegensatz zu den intern Vertriebenen gibt es auch nach internationalem Recht anerkannte Flüchtlinge, die die staatlichen Grenzen in die Nachbarländer hinein überschreiten, um den Folgen des Konflikts zu entfliehen, Schätzungen von ICG zufolge seien dies in Venezuela 130.000, in Ecuador zwischen 70.000 und 250.000 Kolumbianer, von denen aber nur ein sehr geringer Teil Asyl beantragt. Hierauf soll im Weiteren jedoch nicht weiter eingegangen werden.

»Feind«.[115] Zum geflügelten Wort ist die Wendung »*En medio del conflicto es dificil ser neutral*«[116] geworden. Zivilisten werden hier a priori zu Verdächtigen stilisiert, entweder durch ihre Verweigerung zur Zusammenarbeit oder durch ihre Kooperation mit einem der bewaffneten Akteure im kolumbianischen Konflikt. Die Bevölkerung hat kaum andere Handlungsoptionen als die Dominanz eines Akteurs zu akzeptieren, zu rebellieren oder zu fliehen.[117]

Für die illegal bewaffneten Akteure ist es dringend notwendig, die Bevölkerung der von ihnen dominierten Zonen zu kontrollieren, um ihre »humane Infrastruktur« zu sichern. Denn an den »inneren Grenzen«, die die Machtzonen der illegalen Akteure untereinander oder gegen den Staat abgrenzen, gilt: Hier versuchen die illegalen Akteure, Raum und Ressourcen zu schützen und sich der Loyalität und Arbeitskraft der Bevölkerung durch Waffengewalt zu versichern. Letztlich geht es also um reelle machtökonomische Relationen, bei denen die Zivilbevölkerung von allen bewaffneten Akteuren als potenzielle Bedrohung wahrgenommen wird: entweder als Verräter[118] und Störfaktor oder aber als

---

[115] »*Nachdem die Paramilitärs in unser Dorf kamen, brachten sie drei Personen um...sie sagten uns, wenn wir nicht wollen, dass uns dasselbe geschieht, müssten wir mindestens hundert Kilometer gehen. Die Begründung von ihnen war, dass sie niemanden wollen, der die Guerilla unterstützt hat.*« (Raul, 32 Jahre, vertrieben aus Córdoba, Interview vom 2.10.2004, geführt in der *Unidad de Atencion a la Población Desplazada*).

[116] Ungefähr zu übersetzen mit »*zwischen den Schusslinien ist es schwer, neutral zu bleiben*".

[117] Lair 2004: 160; Ortiz 2004: 14.

[118] Als interessanter Exkurs lässt sich hier der Essay »*Zur Theorie des Verrats*« von Enzensberger (Enzensberger 1968: 50) an. »*Jede*

auszubeutende Arbeitskraft. Aufgrund der Schwäche des Staates gibt es keine Mechanismen, um der Bevölkerung dauerhaft Schutz zu gewähren, andererseits wird deutlich, dass auch dem Staat der Schutz von Ressourcen und Territorium prioritär ist.

Die Binnenvertreibung ist demzufolge dort am größten, wo das staatliche Gewaltmonopol am schwächsten und die Ressourcen am lukrativsten sind.[119]
»Es gibt keine Vertriebenen, weil es Krieg gibt, sondern es gibt Krieg, damit es Vertriebene gebe.«[120]

Hierin zeigt sich eindeutig, dass Übergriffe auf die Zivilbevölkerung kein »Kollateralschaden«[121] sind, sondern in Kauf genommene Opfer. Es verdeutlicht sich abschließend sehr eindrücklich die Korrelation von Gewaltmarkt und Binnenvertreibung in Kolumbien. Es geht um den Kampf und die Dominanz in ressourcenreichen und geostrategisch wichtigen Regionen

---

radikale Veränderung der Herrschaftsverhältnisse macht...Menschen zu Verrätern..., zum potenziellen Verräter wird, wer es vorher nicht war, und umgekehrt...Gleichgültig, welche Regierung jeder Einzelne als die seine ansah, es war jeweils eine andere vorhanden, in deren Augen er Verrat beging. Ähnlich spiegelbildende Zwangs-Situationen ergeben sich in allen geteilten Ländern.« Kolumbien ist zwar kein geteiltes Land, wohl aber hochgradig fragmentiert. Durch Änderungen der Herrschaftsverhältnisse befindet sich die Zivilbevölkerung immer im Dilemma, als Verräter oder Sympathisant der anderen Gruppe ermordet zu werden.

[119] Bello, M.N. 2004: 20.
[120] *»No hay desplazados porque hay guerra, sino que hay guerra para que haya desplazados«.* Héctor Mondragón, »Relatifundización, megaproyectos y campesinos en Colombia, In: Codhes, 2000, Seminario Internacional »Desplazmiento, conflicto, paz y desarrollo« (ponencias en mimeo y fotocopia). Zitiert nach M.N. Bello 2004: 25.
[121] Azam 2004: 1ff.

zum Zwecke der Profitmaximierung. Dies impliziert zusammenfassend zweierlei:

Zum einen die Notwendigkeit der illegalen Akteure, sich Arbeitskräfte in den von ihnen dominierten Zonen, wo sie das staatliche Gewaltmonopol übernommen haben, zunutze zu machen. Wichtig für eine erfolgreiche Produktion und Kommerzialisierung ist hierbei vor allem die Implementierung von soziopolitischen Regeln, Werten und Normen, denen sich die Zivilbevölkerung unterzuordnen hat. Um den illegalen Gruppen eine loyale »Basis« zu gewährleisten, müssen Mechanismen wie Rekrutierung und Ausbildung von neuen Kämpfern reibungslos funktionieren sowie die Repression derjenigen, die von Anbau und Aufzucht von Narkotika ihre Subsistenz sichern müssen.

Zum anderen wird auf eine Bevölkerung, die Widerstand leistet und sich weigert, mit den illegal bewaffneten Akteuren zusammenzuarbeiten, oder diejenige, die in Gefahr vermutet wird, mit dem Feind zu kollaborieren, die für ihre Rechte kämpft und ihr Territorium nicht verkauft (z. B. an multinationale Firmen) Druck ausgeübt. Und in vielen Fällen wird diese Bevölkerung vertrieben. Dies wird häufig durch den Diskurs, der Guerilla ihre soziale Basis entziehen zu wollen, von staatlicher Seite legitimiert.[122] Welche Personengruppen hierbei besonders betroffen sind, wird im folgenden Kapitel IV ausführlicher geklärt.

Einen enormen Einfluss auf diese Entwicklung hat und ein forcierendes Element in diesem Zusammenhang

---

[122] Dies wird häufig als »*quitarle el agua al pez*« (dem Fisch das Wasser entziehen) bezeichnet. Download unter:
http://www.rebelion.org/Sociales/emanuelsson270801.htm
(01.02.2006).

ist die Globalisierung. Die Bedeutung von Territorien und die Notwendigkeit von Produktion und Distribution verstärken die beschriebene Tendenz. Um dem Wettbewerb im globalen Markt standhalten zu können, muss eine entsprechende Infrastruktur vorhanden sein. Vielfach leben indigene oder bäuerliche Gemeinschaften in einer Zone, die potenziell reich an natürlichen Rohstoffen ist. Hier möchte die Regierung Kapital schlagen und größtmöglich profitieren. Da die Indigenen oftmals den Zugang zu ihren kulturellen und traditionellen identitätsstiftenden Orten verweigern, muss eine andere Strategie gefunden werden: die Strategie der Vertreibung.

Zusammenfassend wird deutlich, dass nicht ausschließlich die illegalen Akteure ein Interesse an Territorium und Ressourcen haben wie es schon bei der Untersuchung von Gewaltmarkt und der ihm innewohnenden Korrelation von natürlichen Ressourcen, Territorium und Gewalt zu sehen war.[123] Auch der Staat hat Interesse an bisher unbeachteten, rohstoffreichen Territorien, die er gewinnbringend verkaufen oder ausbeuten kann. Hier lässt sich auch die Existenz des Paramilitarismus in seiner ursprünglichen Form entdecken: als Garant des Status Quo und zur Herrschaftssicherung der Eliten.

---

[123] Die Logik der territorialen Expansion der einzelnen bewaffneten Akteure in den verschiedenen Regionen wird an dieser Stelle nicht gesondert aufgeschlüsselt, sondern erst am empirischen Beispiel Altos de Cazucás wieder aufgenommen werden. (Eine gute Darstellung der jeweiligen Interaktionsräume am Beispiel von Putumayo und Urabá findet sich u.a. in der Monografie von González/ Bolívar/ Vázquez 2002).

III.6. Jugendliche im kolumbianischen Konflikt

In Kolumbien gibt es momentan um die 11.000 Kindersoldaten.[124] Ihre Zahl ist im Laufe der vergangenen Jahre stark gestiegen, und Jugendliche spielen im Zusammenhang von Gewaltmarkt und Binnenvertreibung eine erhebliche Rolle. Jeder vierte irreguläre Kämpfer in Kolumbien ist jünger als 18 Jahre,[125] die Rekrutierung von Kindern von Seiten der Guerillas und der Paramilitärs ist in den letzten Jahren gleichermaßen gestiegen, und eines der Hauptmotive für Binnenflucht ist die versuchte Zwangsrekrutierung von Kindern und Jugendlichen.[126]

Die Involvierung von Jugendlichen in den Konflikt zeigt am eindrücklichsten das Versagen des Staates auf, der seinen schwächsten Gliedern keinen Schutz bieten kann. Auch wenn sich die illegal bewaffneten Akteure gegen den Einsatz von Kindersoldaten ausgesprochen haben, instrumentalisieren sie Jugendliche in vielerlei Hinsicht. Die direkte Eingliederung in die bewaffneten Reihen geschieht vor allem durch den Umgang mit Antipersonen-Minen und Kleinwaffen. Die Kinder und Jugendlichen stellen hierbei vor allem günstiges »Kanonenfutter« für die sehr gut ausgebildeten Kämpfer der illegalen Einheiten dar. Abgesehen vom direkten Kampfeinsatz an der Front werden Jugendliche aber auch durch

---

[124] Human Rights Watch 2003: 6.
[125] Human Rights Watch 2003: 5.
[126] »*Sie haben mir gesagt, dass mein 15jähriger Sohn jetzt alt genug sei, bei der Guerilla mitzumachen. Sie luden ihn ein, um ihn über den bewaffneten Kampf aufzuklären und sagten ihm, er solle sich vorbereiten. Er sagte mir aber, dass er sehr viel Angst habe und nicht mit der Guerilla ziehen will. Daher haben wir beschlossen, wegzugehen...*« (Haidy, 43Jahre, vertrieben aus Casanare, 19.09.2004).

andere indirektere Mechanismen mit dem Konflikt verbunden, z. B. als Spione, Informanten, als »Haushälter« und Köche, Mädchen werden häufig auch zu sexuellen Diensten herangezogen. Außerdem stellen Kindersoldaten eine personelle Nachschubbasis für alle illegal bewaffneten Akteure dar.

Zwangsrekrutierung

Jugendliche gliedern sich in die Reihen entweder durch freiwillige oder durch Zwangsrekrutierung ein. Das häufige Nicht-Vorhandensein von Alternativen zum Krieg, von Perspektiven für die Zukunft lässt einige ein Leben in den Einheiten wählen, um selber Schutz zu finden,[127] eine Waffe zu führen, regelmäßige Nahrung zu erhalten, eventuell ein Gehalt zu verdienen,[128] bei den Mädchen durch Uniform attraktiv und erfolgreich zu sein. Das Leben an der Front klingt verheißungsvoller als ihr bescheidenes und eingeengtes Leben, verspricht Abenteuer und Geld, Respekt und Prestige.

Ana: »Es herrscht Angst und wer Geld hat, geht besser, weil er die Hoffnung hat, sein Leben in einer anderen Gegend besser gestalten zu können. Aber, der, der weder Geld noch eine Familie hat, wo er hingehen kann, das einzige, was der vielleicht

---

[127] Elwert 1997: 91; laut Elwert ist Angst eine besonders »kostengünstige Form der Mobilisierung von Arbeitskraft«. Dies lässt sich meines Erachtens auch auf die Rekrutierungsproblematik übertragen.

[128] Die Milizionäre der Paramilitärs erhalten einen in Kolumbien schwindelerregenden Lohn von 500 Dollar monatlich; Azzellini 2003: 244; Human Rights Watch 2002.

denkt...also ich habe in meiner Klasse gerne die anderen gefragt, was sie nach ihrem Abschluss machen wollen, und viele haben gesagt »weiß nicht, vielleicht gehe ich zu diesen Typen.« »Und warum, habe ich gefragt.« »Weil dort, hat man alles, hier muss man eine Arbeit suchen, Geld für den Bus ausgeben und im Gegensatz dort, gibt es alles, sie haben Häuser, alles«....Sie sagten mir auch, dass sie gerne gut gekleidet sein würden, die Paras sehen sie ja durch die Stadt laufen, die sind immer gut angezogen...und wenn sie den Abschluss haben, unterstützen sie die Eltern nicht mehr, alles geht dann auf die eigene Rechnung, also sagten sie, es scheint nicht schlecht zu sein bei denen. Dort hat man ein Motorrad, man hat eine Waffe. Und ich habe sie gefragt: Und das ist das, was ihr wollt? Nein, das ist nicht das, was wir wollen, aber das ist das, was uns bleibt.«[129]

Sich einer bewaffneten Gruppe anzuschließen, kann Vorteile bringen, wo sonst nur Armut und Perspektivlosigkeit herrschen. Die Jugendlichen sehen daher die freiwillige Eingliederung in die Truppen der Paramilitärs oder der Guerilla häufig als einzige Option.

Oftmals werden die Jugendlichen jedoch entführt, betrogen, verlockt und bedroht, um mit den kriegsführenden Parteien mitzuziehen:[130]

---

[129] »*No es lo que queremos, pero eso es lo que nos toca.*«
[130] Manchmal ist die wirtschaftliche Not so groß, dass Eltern ihr Kind auch freiwillig in die illegalen Einheiten senden, damit es wenigstens versorgt sei oder sie verkaufen es im Gegenzug für Vieh; Human Rights Watch 2003: 9.

I: »*Ja, hier ist es problematisch, wie es auch meinem Bruder passiert ist, betrügen sie die Jungen, indem sie ihnen sagen, dass sie ihnen Arbeit geben, wenn sie nur mitkommen.*«
F: »Und was haben sie deinem Bruder genau gesagt?«
I: »*Meinem Bruder haben sie gesagt, dass er in tierra caliente (einer Zone nördlich von Bogotá) arbeiten kann. Ich erinnere mich nicht genau, was für einen Job sie ihm genau angeboten hat, aber ich weiß, dass er erzählt hat, dass sie gesagt hat, dass sie ihn mitnimmt, dass er dort mehr Geld verdienen wird...*
Mein Bruder hat der Frau vertraut. Er ging gerne in diese Disko, und sie wurden bald Freunde... Keiner wusste, dass die Frau mit der Guerilla arbeitete.«
(Tatjana, 15 Jahre, kein Vertreibungshintergrund, 15.09.2004)

Der staatliche Militärdienst

Die Angst vor dem Krieg ist eins der zentralen Themen der Jugendlichen. Neben der Zwangsrekrutierung der illegal bewaffneten Akteure fürchten die jungen Männer vor allem den obligatorischen Militärdienst, der in Kolumbien laut Gesetz 48 von 1993 zwei Jahre dauert und verpflichtend bei Vollendung des 18. Lebensjahres von allen Männern zu leisten ist. Seit zwei Jahren besteht ebenfalls die Möglichkeit seinen Militärdienst bei der Polizei abzuleisten, was äußerst beliebt und darum auch nur sehr begrenzt möglich ist. Viele junge Kolumbianer fürchten den Militärdienst, da sie auch als Wehrdienstleistende direkt an die Front versetzt werden können, was nicht wenigen das Leben kostet. Durch Korruption kann man sich allerdings vom Wehrdienst freikaufen, was gerade den Jugendlichen aus armen Bevölkerungsteilen nicht möglich, bei den reichen Klassen aber gang und gäbe ist. Nach diesen zwei Jahren (oder durch Kauf) bekommt man die »*Libreta Militar* (Militärausweis)«, ohne deren Nachweis, die Aufnahme eines Studiums oder einer Arbeit (außer im NGO-Bereich) nicht möglich ist.

Ebenfalls gibt die aktuelle kolumbianische Regierungspolitik Anlass zur Besorgnis: Zum Beispiel werden seit 2002 im Rahmen des Programmes »*Soldados por un día*«[131] Kinder an den Militärdienst herangeführt.[132] Problematisch ist auch der Schutz von demobilisierten Kindersoldaten vor der Rekrutierung durch das Militär. Dies ist deutlicher Indikator der zunehmenden Militarisierung des zivilen Lebens.

Fazit

Die strukturellen Ursachen des innerkolumbianischen Konfliktes wurden in dieser Darstellung thematisiert: Neben dem asymmetrischen Zugang zu Land und Ressourcen, spielt vor allem die traditionelle Schwäche des kolumbianischen Gewaltmonopols eine wichtige Rolle. Der Staat hatte keine Möglichkeiten das expansive Verhalten der Kriegsakteure zu unterbinden, die ihrerseits im Raum lokale, quasi-staatliche Funktionen auf sich konzentriert haben. Hierdurch ist die politische Partizipation der Gesellschaft von vornherein extrem beschränkt. Auch unter Anbetracht der Tatsache, dass sich Kolumbien mit dem Etikett, eine der »ältesten

---

[131] »Soldaten für einen Tag«.
[132] Coalico 2004: 22, Download unter:
http://www.coalico.org/archivo/InformedeDHdeNi%F1osyNi%F1asen el2004enColombia.pdf (01.02.2006).

Demokratien« Lateinamerikas zu sein, schmückt, hat sich gezeigt, dass die politische, aber vor allem klientelistische Konstellation der Nationalen Front der Einbindung der Bevölkerung in demokratische Prozesse nicht förderlich war. Die wichtigsten konstitutiven Elemente von Gewaltmarkt »gewaltoffener Raum, Ressourcen und Absatzmarkt« wurden identifiziert. Die Existenz und die Verschärfung von Gewaltlogiken und Gewalträumen im lokalen Raum wird in Kapitel V anhand meines Forschungsortes Altos de Cazucá erneut aufgegriffen und fokussiert.

IV. Binnenvertreibung:
IV.1. »Dejar el Pueblo por la Guerra«[133]
Problematik

Vorab ein kurzer Hinweis auf die Terminologie. Ich spreche von (Binnen-) Vertriebenen oder (Binnen-) Flüchtlingen. Der spanische Begriff »desplazado interno« als auch der englische Begriff der »*internally displaced person*« (kurz: IDP) sind allgemein akzeptierte Termini und auch unter Fachleuten wenig diskutiert. Von Betroffenen und Nichtregierungsorganisationen werden sie hingegen als unzureichend und stigmatisierend bezeichnet. Sowohl im Spanischen als auch im Englischen gibt es Begriffe für gewaltsame Vertreibung, »*desplazarse*« bedeutet lediglich den Ort wechseln und wirkt stark euphemistisch und verharmlosend. Vertreter von Vertriebenenverbänden in Kolumbien kämpfen daher für eine Neufindung des Begriffs, da die damit zusammen

---

[133] »*Das Dorf (die Heimat) gegen den Krieg austauschen.*« (Dora Estella, 17 Jahre, vertrieben aus Cesar, 02.10.2004)

hängenden Implikationen ein Label für die Betroffenen bedeuten. Nach ihrer Meinung suggeriert der Begriff »desplazado« einen Status und damit verbunden eine Stereotypisierung, die jedes Individuum als reaktives Opfer und als Problem zeichnet, ohne Option auf Wandel: deplaziert. Gerade dies ist ein wichtiger Punkt: Kolumbianische Nichtregierungsorganisationen bedienen sich mittlerweile einer anderen Terminologie und zwar der »*persona en situación de desplazamiento*«, hier wird das Transitive und Prozesshafte in den Vordergrund gebracht. Opfer werden zu Akteuren, zu handelnden Subjekten, die ihr Leben »neuerfinden« können, denen vielfältige Handlungsoptionen offen stehen, und die kreativ und selbstbewusst ihren Weg fortsetzen. Es zeigt auf, dass Binnenvertreibung ein temporäres Phänomen ist, jede Person die Möglichkeit hat, sich dieser neuen Herausforderung zu stellen, und aktiv eine Rekonstruktion ihres Lebensentwurfes zu entwickeln.

Eine völkerrechtlich anerkannte Definition der internen Vertreibung existiert nicht. Im Kriegsvölkerrecht werden Binnenvertriebene zur Gruppe der »zivilen Bevölkerung« zusammengefasst. Erst in den vom UN-Sonderbeauftragen Francis Deng vorgelegten »Richtlinien über interne Vertriebene« von 1998 findet sich eine heute von Experten akzeptierte Definition:

»Persons or groups of persons who have been forced to flee or to leave their homes of habitual residence, in particular as a result of or in order to avoid the effects of armed conflict, situations of generalized violence, violations of human rights or natural human-made disasters, and who have not crossed an internationally recognized State border.«[134]

Hierin spiegelt sich der bisherige Umgang mit der Binnenvertreibung wider. Erst 1998 wurde diese Richtlinie vorgelegt, die darüber hinaus keine bindenden Wiesungen gibt.

In Kolumbien ist die Kategorie des intern Vertriebenen erst seit 1995 gängig. Vorher wurden die von Vertreibung Betroffenen subsumiert unter die Arbeitsmigranten, die aufgrund der ökonomischen Verhältnisse ihre Heimat verließen. Unter der Regierung von César Gaviria Trujillo (1990 – 1994) wurden sie mit Opfern von Naturkatastrophen gleichgesetzt. Erst im Jahre 1997 wurde das Gesetz Nr. 387 verabschiedet, das als eines der genauesten Regelwerke der Welt in Bezug auf Binnenvertriebene gilt. Von Kritikern wird oft zynisch angemerkt, dass es nicht nur das modernste, sondern auch das unbeachtetste Gesetz Kolumbiens sei.[135]

---

[134] z. B.: http://www.idpproject.org/training/nrc_modules/new/module_1.pdf, (15.05.2005).

[135] Bello, M.N 2004: 29; Die Definition ist sehr rigide und lässt kaum Spielraum für Interpretationen. In einem so komplexen Konfliktkontext wie in Kolumbien führte dies zu mehreren Klagen vor dem Verfassungshof, der die Regierung zu mehr Präzision aufforderte.

IV.2. Status von Binnenflüchtlingen

Aus Angst vor erneuten Angriffen und Stigmatisierungen an ihrem neuen Aufenthaltsort lassen sich viele kolumbianische intern Vertriebene nicht von den staatlichen Behörden registrieren. Dies drückt sich anschaulich in der starken Divergenz zwischen Schätzungen von Nichtregierungsorganisationen und der offiziellen Regierungsstatistik aus.[136] Ohne Registrierung jedoch stehen den Flüchtlingen lediglich Arbeitsmöglichkeiten im informellen Sektor offen, ohne offizielle Papiere verläuft ihr Leben also in sehr eingeschränktem Rahmen. Der Zugang zum öffentlichen System bleibt ihnen verwehrt. Dies zeigt gleichzeitig, wie wenig Vertrauen die Bevölkerung in den Staat hat. Die Betroffenen ziehen es eher vor, auf Hilfe zu verzichten, als sich an die staatlichen Einrichtungen zu wenden. Oftmals leiten Mitarbeiter von NGOs dies aus der Gewalterfahrung binnenvertriebener Personen ab, die aus der direkten Zusammenarbeit staatlicher Organe mit paramilitärischen Gruppen resultiere. Als weiterer Faktor wurde ebenfalls die Korruption in kolumbianischen Ämtern ausgemacht: Fast alle meiner Interviewpartner kannten einen Fall oder eine Variation eines Falles, in der ein Mitarbeiter einer staatlichen Behörde angeblich die Zeugenaussagen und persönlichen Daten an einen illegalen Akteur verkauft habe. Welche Konsequenzen dies bedeuten kann, ist evident. Bei der Registrierung muss genau angegeben werden, wann man wie von welchem Akteur wo vertrieben wurde. Interessant ist hierbei weitergehend die steigende Anzahl an »unbekannten« Tätern. Dies lässt

---

[136] Siehe Anhang 1.

entweder auf eine Vertreibung von Militär und/ oder in Kooperation mit Paramilitär schließen, die von den Betroffenen zur Befürchtung führen könnte, ihre Situation zu verschlechtern; oder es liegt den Akteuren etwas daran, ihre Identität zu verschleiern und die eigenen Spuren zu verwischen. Letztendlich ist impliziert, dass von den zuständigen Stellen für die Sicherheit der Daten und Aussagen keine Garantie gegeben wird.

IV.3. Das Phänomen der Binnenflucht

Nach Schätzungen der größten mit Vertriebenen arbeitenden Organisation CODHES[137] liegt die Zahl der Binnenflüchtlinge seit 1985[138] bei drei Millionen Personen. Hiermit belegt Kolumbien hinter dem Sudan den zweiten Platz in Bezug auf Binnenvertriebene. Ursache der Binnenflucht sind vor allem direkte Todesdrohungen, Attentate oder Entführungen, die sich gegen Einzelpersonen, ganze Familien oder auch gegen ganze Dörfer richten, die den »Prinzipien« einer oder mehrerer der verschiedenen Gewaltakteure im Wege stehen.

Die Fluchtbewegung vollzieht sich hierbei generell vom ruralen Raum in die Stadt.[139] Besonders wichtig für die Struktur der Flucht sind Migrationsnetzwerke, da die meisten der Vertriebenen schon vorhandene Kontakte in

---

[137] Consultoría para los Derechos Humanos y el Desplazamiento (Beratungsstelle für Menschenrechte und Vertreibung), www.codhes.org.
[138] Seit 1985 führt CODHES eine Statistik bzgl. der Vertriebenenzahlen, die kolumbianische Regierung erst seit 1997, hieraus lassen sich auch die stark unterschiedlichen Statistiken erklären.
[139] Palacio 2002: 2ff.

die Städte nutzen, um dort einen leichteren Neubeginn zu finden. Außerdem erhoffen sich die Vertriebenen durch die Anonymität der Städte besseren Schutz vor weiterer Verfolgung, den ihnen der Staat nicht bietet.

Aus der Vertreibung resultiert eine sehr »schnelle soziale Mobilität«,[140] die auch für die wirtschaftlichen und sozialen Entwicklungen langfristige Folgen hat: Die Auswirkungen der alltäglich erlebten Gewalt bestehen hauptsächlich in der Fragmentierung von sozialen Netzen, dem Zerfallen von Kernfamilien sowie dem Auseinanderklaffen der sozialen Kohäsion aufgrund der direkten Situation der Verfolgung. Willkür, Anpassung und Wegschauen dominieren in weiten Strecken das gesellschaftliche Klima in Kolumbien, in dem fast jede Familie Geschichten von verschwundenen, vertriebenen oder ermordeten Familienangehörigen zu berichten hat.

Aber auch in den Städten erwartet die Vertriebenen meist keine Verbesserung der Lebensqualität. Analog zu der sich immer weiter verschärfenden wirtschaftlichen Situation in Kolumbien[141] verändert sich auch die Bevölkerungsstruktur der Städte, große Teile der Bevölkerung verarmen und werden an die Peripherie verdrängt. Gerade diese Marginalisierungen belasten das Familienleben enorm. Besonders bei traditionell patriarchalisch geprägten Familien belastet die Arbeitslosigkeit des Mannes oftmals das Zusammenleben, und intrafamiliäre Gewalt ist ein häufig genanntes Problem.

---

[140] Martínez/ Ramírez 2001: 91.
[141] Zwischen 1997 und 2002 ist der Anteil der Bevölkerung, der unterhalb der Armutsgrenze lebt von 50 % auf 62 % gestiegen, der Prozentsatz der Personen, die in extremer Armut leben von 18 auf 23 % (Kurtenbach 2004: 20).

IV.4 Charakteristika der Binnenflüchtlinge

Hervorzuheben ist die Heterogenität der Binnenvertriebenen. Ein Drittel der Vertriebenen sind Indígenas und Afrokolumbianer,[142] also die von jeher von den kolumbianischen Reichtümern ausgeschlossenen Personengruppen, Personen die in der Geschichte des Landes ausgeklammert und kulturell unsichtbar gemacht wurden.

Die Opfer des bewaffneten Konflikts sind also zum Großteil diejenigen, die durch Staat und Gesellschaft vergessen wurden und sich auch heute noch hauptsächlich durch Subsistenzwirtschaft ernähren. Sie sind nicht repräsentiert in der Gesellschaftsstruktur und leben marginalisiert von dieser. Oftmals rücken sie lediglich dann in den Blickpunkt des Interesses, wenn sie sich auf geostrategisch wichtigem Territorium befinden. Traurige Berühmtheit erlangen diese Gruppen in den Medien lediglich durch das Stattfinden der größten Massaker[143] der kolumbianischen Geschichte (z. B. 1997 in Mapiripán (Meta) oder 2002 in Bojaya (Chocó).)[144]

Die große Mehrzahl der vertriebenen Bevölkerung ist jung. UNHCR beziffert die Altersklasse der unter 28jährigen auf 80 Prozent der Gesamtbevölkerung, wobei von diesen 80 Prozent wiederum 65,5 Prozent minderjährig sind. Der Prozentrest verteilt sich auf die

---

[142] Global IDP Project 27.05.2006: 6, diese Zahl sticht umso mehr heraus, als dass Indigene Gruppen und afrokolumbianische *Comunidades* zusammen elf Prozent der kolumbianischen Bevölkerung ausmachen.
[143] Bello, M.N. 2004: 22.
[144] ACNUR 2003: 24.

Erwachsenen, wobei hier lediglich 3 Prozent älter als 61 Jahre sind.[145]

Ethnisch lassen sich die Binnenflüchtlinge zu 5 Prozent auf Indígena-Ursprung zurückführen. Dies ist in Anbetracht der Tatsache, dass die Indigenas heute gerade mal 2 Prozent der Bevölkerung darstellen, frappant.[146] Mit 33 Prozent der Vertriebenen stellen die afrokolumbianischen Gemeinschaften ebenfalls eine stark betroffene Gruppe dar. Normalerweise sind diese Vertriebenen bildungsfern, wenn sie vom ruralen Raum in den urbanen Kontext fliehen. Binnenvertreibung trifft also die Schwächsten der Schwachen.[147]

Als Urheber von Vertreibung werden Paramilitärs mit 56,5 Prozent, Guerilla mit 24,1 Prozent und das Militär mit 1,1 Prozent identifiziert, 9,9 Prozent der Täter sind unbekannt, 22 Prozent verteilen sich auf zwei oder mehrere Akteure, der Rest gab an, nicht zu wissen, welcher Akteur die Vertreibung verschuldete.[148]

IV.5. Flucht und Vertreibung in den urbanen Raum – am Beispiel Bogotás

Schon historisch stellt Bogotá den attraktivsten Anziehungspunkt dar. Zu Beginn und vor allem mit der einsetzenden Industrialisierung und Urbanisierung sowie der jahrelang anhaltenden Welle der Gewalt, entfacht durch die Epoche der »Violencia« in den 1950er Jahren, emigrierten zahlreiche Bauern Richtung Bogotá, um ihre

---

[145] CODHES 2000 Boletín Nr. 30.
[146] taz, Dilger 11.12.2003.
[147] PNUD: 2003: 131.
[148] PNUD 2003: 127, Statistik 5.15, hierbei wurde der Mittelwert der drei verschiedenen Daten gewählt (vgl. Anhang 2).

Lebensbedingungen- und qualität zu verbessern. Um einige statistische Zahlen anzuführen, lebten in Bogotá Anfang der 50er 715.000 Einwohner, im Jahre 1973 waren es schon 2.900.000. Die Zahl verdoppelte sich für das Jahr 1993 auf 5.500.000 Einwohner und für das Jahr 2004 nimmt man um die 8 Millionen Einwohner für Bogotá an.[149] Unter diesen befinden sich viele Migranten mit unterschiedlichen Motiven und unterschiedlichen Hintergründen. Die Zahl der durch den bewaffneten Konflikt ansiedelnden Flüchtlinge steigt weiterhin kontinuierlich an.

Bogotá vereinigt die größten Zuwachsraten auf sich. Ungefähr 16 % der Bevölkerung sind im Laufe der Jahre 2001 bis 2003 in die Hauptstadt eingewandert[150].
Diese Migrationsbewegung umfasst weitreichende Konsequenzen: Die ländliche Wirtschaft verkümmert, die Infrastruktur auf dem Land bricht langsam zusammen, Arbeitslosigkeit und ein damit einhergehender Zustand allgemeiner Unsicherheit greift um sich, Niedergang der sozialen Sicherung in Bereichen der Gesundheit, Bildung, Wohnungsstand, die sozialen Netze fallen auseinander, Identitäten verschieben sich, definieren sich neu, grundsätzliche Gewohnheiten des Zusammenlebens generieren sich in Anpassung an die neuen, unwirtlichen und feindlichen Lebenszusammenhänge, die nun oftmals durch mehr Gewalt und eine allgemeine, diffuse Bedrohung wahrgenommen werden.
Entscheidend ist bei den Implikationen der Flucht in den urbanen Raum der Übergang von einer politisch-

---

[149] Perez, M (2004): 23.
[150] Perez, M. 2004: 35ff.

militärischen Gewalt hin zu einer alltäglichen Gewalt, produziert durch die Stigmata, mit denen viele Vertriebene in ihrer neuen Umgebung konfrontiert werden. Aus dem Blickwinkel vieler »Alteingesessener« im Elendsgürtel sind Vertriebene in einer diffusen Weise direkt mit dem Konflikt verbunden, »*wegen irgendetwas werden sie schon vertrieben worden sein*«, heißt es häufig. Die emotionalen Auswirkungen der Vertreibung, die Arbeitslosigkeit und das sich nutzlos fühlen, der Verlust der Heimat, der Identität und der Traditionen erschweren vielen Vertriebenen die Eingewöhnung und Assimilation in den neuen Kontext.

Es ist ein Schwellenbereich, ein Zwischenstadium zwischen Überleben, Armut, Hoffnungslosigkeit und Hoffnung.

IV.6. Kolumbiens aktuelle Politik

Interne Vertreibung ist ein großes humanitäres Desaster. Daher werde ich kurz darstellen, in welcher Weise die kolumbianische Regierungspolitik das gesellschaftspolitische Klima prägt.

Álvaro Uribe Vélez wurde im August 2002 als Präsident vereidigt. Nach dem Misserfolg und dem Scheitern der Friedensgespräche der Regierung Pastrana (1998 – 2002) mit der größten Guerillagruppierung FARC konnte Uribe mit seinem Wahlslogan »starke Hand und großes Herz« den Großteil der kolumbianischen Bevölkerung gewinnen.[151] Durch seine

---

[151] Der Bruch der Friedensgespräche der Regierung Pastrana mit der FARC, die eine »zona de distensión« (»Entspannungszone«) von 40.000 m^{2,} der Größe der Schweiz, bekam, führte Uribe zu seinem

autoritären Stil schaffte der Hardliner Uribe, dessen Vater von FARC-Guerilleros ermordet wurde, die Politik der »Demokratischen Sicherheit«. Diese Politik besteht darin, die illegal bewaffneten Akteure durch ein großes Informantennetzwerk (ca. eine Million bezahlte Informanten gibt es derzeit) und bewaffnete Bauernsoldaten (ca. 150.000 Jugendliche galten 2003 als Bauern-soldaten)[152] zu bekämpfen. Offensichtlich wird hier das internationale humanitäre Recht verletzt, indem Zivilisten zu Kämpfern gemacht werden. Proteste gegen diese Politik lässt Uribe nicht gelten und suggeriert, dass seine Kritiker mit der Guerilla sympathisieren würden.

Vor allem mit dem Plan Colombia,[153] wurde in eine breite Militarisierung investiert, und der »Krieg gegen den Terror«, angepasst an die Rhetorik des Finanziers, gestartet.

Wahlerfolg, da er seit jeher gegen politische Verhandlungen mit den FARC positionierte; Pizarro 2003: 4.

[152] Pútchipu 2003: 2, Pizarro 2003: 6 Die Bauernsoldaten gelten nach Pizarro als »*medio adicional de penetración territorial*« (als zusätzliches Mittel der territorialen Durchdringung).

[153] Der Plan Colombia wurde 1999 unter der Regierung von Andrés Pastrana eingeführt, um den internen Konflikt zu beenden und die Drogenbekämpfung zu forcieren. Finanziert wird dieser Plan durch die USA, den Hauptabnehmer des kolumbianischen Kokains. Eine der zentralsten und umstrittensten Punkte ist die Bekämpfung des Kokaanbaus v.a. durch die Besprühung der Kokafelder mit dem Herbizid Glyphosat, da hierbei nicht nur Koka sondern auch andere Kulturen mit dem Pflanzengift zerstört werden und möglicherweise Krebs und Missbildungen bei Menschen verursachen. Da die Besprühungen vielen Bauern ihre Subsistenz nehmen, kommt es auch in diesem Zusammenhang zu Vertreibungen. Durch die Zuwendung von 1,3 Mrd. US-Dollar gehört Kolumbien mit Afghanistan, Israel und dem Irak zu den größten Empfängern von Militärhilfe durch die USA.

Uribe ist in weiten Teilen mit seiner Politik scheinbar erfolgreich: Die Statistiken belegen, in welcher Weise die Zahl der Massaker, terroristische Anschläge und Entführungen zurückgegangen ist, publikumswirksam werden Statistiken und Fotos über getötete Paramilitärs oder Guerilleros über die Medien verteilt[154.] Auch in den aktuellen Friedensverhandlungen mit den paramilitärischen Gruppen der AUC werden stolz demobilisierte Kämpfer präsentiert und quasi mit einer Straflosigkeit[155] in die Gesellschaft entlassen – ohne Gerechtigkeit für die Opfer realisiert zu haben und ohne Gewähr, ob sie nicht doch aus Mangel an Arbeitsmöglichkeiten wieder in den bewaffneten Kampf zurückkehren, wie zahlreiche Menschenrechtsorganisationen anzweifeln.

Erfolg der »demokratischen Sicherheit«?

Doch trotz dieser scheinbar voranschreitenden »Befriedung«, dieses tatsächlichen Rückgangs an Morden und Entführungen,[156] bleibt die Zahl der

---

[154] Hinweisen möchte ich auf die mir gegenüber häufig vermutete Manipulation der Medien. Viele Vertreter von NGOs vertraten die Ansicht, dass im Kampf getötete Soldaten als Guerilleros verkleidet würden, um so die Statistiken aufzupolieren.

[155] Bei einer Aufklärung von nur 3 % aller Verbrechen kann man schon fast von einer generellen Straflosigkeit sprechen, die Verletzung von Menschenrechten wird kaum »gesühnt«. Hieraus entwickelt sich ein Teufelskreis, da die eingeschüchterte Bevölkerung Verbrechen kaum mehr anzeigt, da sie dem ohnehin ineffizienten und korrupten Justizwesen kein Vertrauen entgegen bringt. Dies zeigt den Beitrag der institutionellen Dysfunktionalität des kolumbianischen Staates im Sinne Waldmanns.

[156] Pizarro 2003: 7;
http://www.derechoshumanos.gov.co/observatorio/indicadores/2004/n
oviembre/homicidiosnov.pdf

Binnenvertriebenen gleich, ja sie steigt. Waren im ersten Halbjahr 2004 724 Personen am Tag aufgrund von Bedrohung, aufgrund des internen Konfliktes aus ihrer Heimat geflohen, stieg diese Zahl im ersten Halbjahr 2005 auf 848 Personen täglich.[157]

Die oben genannten Zahlen sind Ausdruck der täglich erlebten Unsicherheit und der fortlebenden Abwesenheit des Staates, der fehlenden Institutionalität, die nicht den Exodus so vieler Kolumbianer verhindert. Das Geld, das für militärische Operationen aufgewandt wird, fehlt vor allem im sozialen Sektor, so dass die Würde und die wirtschaftlichen, sozialen, kulturellen und politischen Rechte der kolumbianischen Zivilbevölkerung systematisch verletzt werden.

Wenn die Politik der demokratischen Sicherheit, also tatsächlich soviel »Sicherheit« bringt, wie es die Statistiken suggerieren sollen, warum fliehen dann die Menschen?[158] Es wird deutlich: die vermeintliche Sicherheitsdemonstration des Staates betont seine Schwäche, da er seine eigene Bevölkerung nicht schützen kann oder will.

IV.7. Binnenvertreibung und Jugendliche
Nestor – »Zwangsrekrutierung im Paradies«

Nestor ist der Älteste von drei jüngeren Geschwistern und lebt seit vier Jahren in Altos de Cazucá. Aufgewachsen ist er in der Provinz Tolima, wo sein Vater als Ingenieur arbeitete und hauptsächlich im Häuserbau beschäftigt war.

---

[157] CODHES 2005: 1.
[158] »Y Entonces...Por Qué se Van?« fragt CODHES 2005 zynisch in der Überschrift seines Boletín Nr. 60.

Begeistert schildert Nestor die Gegend, in der er groß geworden ist und beschreibt ein Paradies. Bei Ausflügen »ins Grüne« mit *Taller de Vida*[159] zeichnet ihn seine Kenntnis von Flora und Fauna aus. Er erzählt von den Früchten und Pflanzen in seinem Heimatdorf, benennt viele Vogel- und Tierarten, die dort am und um einen See herum leben. Eine perfekte Idylle. So schön, dass sogar die Elite der Drogenhändler dorthin zog, um sich an diesem See ebenfalls in einer *Finca* niederzulassen. Dies brachte Nestors Vater einigen Wohlstand und mit Stolz erzählt Nestor, dass sie eine der drei reichsten Familien am Ort waren »*Wir hatten immer alles, ich hatte ein Moped, ein Fahrrad, jeden Tag haben wir Coca Cola getrunken, und immer gab es Fleisch, wir hatten zwei große Autos und ein großes Haus.*« Doch eines Tages wird dieses Idyll zerstört. Erst gab es einen Großeinsatz gegen die Narcoelite,[160] so dass deren Rechnungen bei Nestors Vater offen blieben. Das Geld, das Nestors Vater

---

[159] *Taller de Vida* (www.tallerdevida.org) versteht sich als soziale Organisation der Menschenrechtsbildung und der Friedenspädagogik, die ausgehend von einem psychosozialen Ansatz, Individuen ganzheitlich wahrnehmen will. Der Fokus von *tdv* liegt im Besonderen auf der künstlerisch-spielerischen Auseinandersetzung mit dem innerkolumbianischen Konflikt und dessen Folgen. Die zwei Hauptpfeiler von *tdv* bestehen 1) in der Aufarbeitung von Vertreibungsgeschichten sowie 2) in der Prävention der Involvierung von Jugendlichen in den bewaffneten Konflikt. Das Team von *tdv* umfasst mehrheitlich PsychologInnen, sowie KünstlerInnen, die die Jugendlichen in Theater, Fotografie, Video, Capoeira und Tanz unterrichten. Die inhaltliche Arbeit, in Form von Workshops, findet in unregelmäßigen Abständen in marginalisierten Schulen statt. Jeden Samstag liegt der Schwerpunkt auf der praktischen und künstlerischen Auseinandersetzung mit Gewalt im Büro von *tdv* in Bogotá.
[160] Die Darstellung des komplexen Konfliktszenarios in Tolima soll an dieser Stelle nicht weiter vertieft werden.

schon im Vorhinein in die Projekte gesteckt hat, waren von einem zum anderen Tag zu Schulden geworden.

Ein halbes Jahr später tauchen plötzlich »komische Zeichen« allenthalben auf. Erst dachten die Dorfbewohner, es würde sich um Schmierereien von Kindern, Verrückten oder Verliebten handeln – doch dann kam die Guerilla und nahm das Dorf gewaltsam ein, kurze Zeit später folgten die Paramilitärs und vertrieben die Guerilla. Der damals vierzehnjährige Nestor und seine ein Jahr jüngere Schwester sollten für die paramilitärische Gruppe zwangsrekrutiert werden. Über Nacht floh daher die gesamte Familie schließlich zum Großvater nach Altos de Cazucá. Mit sich trugen sie nur die wichtigsten persönlichen Dinge wie Fotos, Geburtsurkunde und warme Kleidung.

Die erste Zeit in Cazucá empfand er als fremd und bedrohlich.

»Als ich nach Cazucá kam, wollte ich es allen beweisen. Ich wollte nicht, dass man mich komisch anguckt, mit den Fingern auf mich zeigt, dass man sich lustig über mich macht. Bei jedem Rempler habe ich zugeschlagen. Ich wollte allen zeigen, dass ich stark bin, dass man auf mir nicht rumtrampeln kann…Die erste Zeit war ich sehr allein, aber je mehr Kämpfe ich gewonnen habe, desto mehr Respekt hatte ich. Dann waren wir 13 Jungs und ich der Chef…«

Gemeinsam haben sie viel Streit angezettelt und die Leute »*terrorisiert*«, wie er sagt. Nach einem dreiviertel Jahr wird es Nestor zu langweilig, so dass er sich völlig ausklinkt. Am Wochenende hilft er seinem Onkel beim Kassieren im Kleinbus. Die Arbeit im informellen Sektor ist anstrengend, aber Geld und Konsum sind wichtige Faktoren, die in Altos de Cazucá unter den Jugendlichen soziales Prestige bedeuten. Bildung ist für ihn bedeutend, auch wenn ihn das niedrige Niveau in der Schule von Altos de Cazucá genervt hat. Er fühlte sich nicht gefordert und fiel »als Rebell« auf. Seinen Schulabschluss hat er seit zwei Jahren in der Tasche, ein Job ist nicht in Aussicht. Auf der Suche nach einer Beschäftigung schließt er sich *Taller de Vida* an. Beim Capoeira-Training lernt er mit seinem Körper umzugehen und schafft es auf diese Weise, seine gesammelten Aggressionen spielerisch unter Kontrolle zu bekommen. Besonders stolz ist er auf sein selbstgedrehtes Video, welches er im Videoworkshop von *tdv* gedreht hat und bei dem er für die Regie verantwortlich war. Die Autonomie in diesem Prozess hat ihm viel Selbstvertrauen gegeben. Wie bei Hitchcock tritt er kurz im eigenen Film auf und setzt seine geliebte Hündin Tania ebenfalls in Szene. In diesem Zusammenhang ereignete sich auch Nestors bisher schönstes Erlebnis in Bogotá: Sein Video wurde im Rahmen eines »Vertriebenenfestivals« im Nationalmuseum von Bogotá aufgeführt. Zur Präsentation des etwa 10-minütigen Streifens kam auch seine Mutter, die vor lauter Stolz und Freude weinte, was ihn tief gerührt hat. Ein bisschen belastet es ihn, dass er als Ältester und Einziger nichts zum Familienhaushalt beiträgt. Doch seine Mutter steht hinter ihm, hält es für sinnvoller, dass Nestor sich bei *Taller de Vida* kreativ engagiert, anstatt auf die schiefe Bahn zu gelangen und ein »Gammler oder Räuber« zu werden.

Nestors letzte Nachricht erreichte mich im Januar 2006. Sein Vater, der aus beruflichen Gründen vor zwei Jahren die Rückkehr nach Tolima gewagt hatte, wurde von Paramilitärs ermordet.

Fazit

Hier wurde veranschaulicht, in welcher Weise interne Vertreibung stattfindet, welchen Mechanismen und Strukturen sie folgt, wer die Betroffenen sind, und welche Probleme durch ihre Vertreibung impliziert sind. Es ist offensichtlich geworden, dass der Staat, trotz groß angelegter militärischer Operationen, nicht in der Lage ist, Sicherheit und Schutz für die Zivilbevölkerung zu garantieren. Betont werden soll noch einmal, dass auch der Staat Interesse an Vertreibungen hat, beispielsweise um Bedürfnisse von multinationalen Unternehmen zu befriedigen. Von der Zusammenarbeit oder einer tolerierenden Haltung zwischen Militär und Paramilitär wird durchweg berichtet. Es geht also um eine Vertreibung, die direktes Kriegsinstrument ist, um geostrategische wichtige Positionen von jedem (potenziellen) Widerstand zu »säubern«.

V. Urbanisierung des kolumbianischen Konfliktes – Der Mikrokosmos Altos de Cazucá
V.1. Urbanisierung als rezenter Trend

War der kolumbianische Konflikt traditionell auf den ruralen Raum beschränkt, so bewegt sich seine »wandelnde Front« stetig weiter auf die urbanen Zentren zu, die zu neuen umstrittenen Zonen werden.

Altos de Cazucá definiere ich als Mikrokosmos des kolumbianischen Konfliktes, da sich hier eine Vielzahl von Faktoren manifestieren, die auch für den innerkolumbianischen Konflikt prägend sind. Wie in Kapitel III bereits dargestellt, begann die Geschichte der illegalen Akteure Kolumbiens in ländlichen Gebieten. Durch das allgemeine Konfliktszenario, die Auswirkungen der Binnenvertreibung und eine Landflucht aus ökonomischen Motiven, ergab sich vor allem für die Guerillas das Problem einer fehlenden potenziellen »revolutionären Basis«. Durch die Entvölkerung großer Landstriche setzten interne Transformationsprozesse ein, Taktiken mussten reorganisiert und auf den urbanen Raum umgelenkt werden. Tendenzen zur Urbanisierung des innerkolumbianischen Konfliktes setzten Anfang der 1980er Jahre ein und zeichnen heute aufgrund seiner komplexen Machtkonstellationen ein bedrohliches Szenario für den Verlauf des Konfliktes.[161]

---

[161] Ramos 2004: 160ff. Ramos skizziert anhand dreier Beispiele das Scheitern der Bewaffneten Linken im urbanen Raum. Als Hauptursachen identifiziert er zum einen eine Friktion innerhalb der verschiedenen linken Organisationen sowie die systematische und straflos bleibende Verfolgung der linken Gruppen durch Militär und Paramilitärs.

Stadt und suburbane Räume sind im Laufe der Konfliktgenese für die bewaffneten Akteure geostrategisch wichtige Territorien geworden. Die Strategien sowohl von Guerilla als auch paramilitärischen Verbänden liegen hier in der Ausübung der politischen und institutionellen Kontrolle. Im Unterschied zu ihrer Präsenz im ruralen Raum, gelten die illegalen Gruppen im urbanen Raum eher als Hintermänner, die die Öffentlichkeit weitestgehend meiden. Die Omnipräsenz des Konfliktes manifestiert sich jedoch in den zahlreichen Graffitis und spiegelt sich in den Ängsten und Erfahrungen der Bewohner von Altos de Cazucá wider.

Am empirischen Fall von Altos de Cazucá, einem *Barrio* südlich von Bogotá, gebe ich ein Beispiel vom Mikrokosmos des kolumbianischen Konfliktes im urbanen Raum, der sich, wie im Folgenden dargestellt wird, über mehrere Gewaltmärkte konstituiert.

V.2. Geschichte und allgemeines Setting von Altos de Cazucá

Heute leben in Altos de Cazucá nach Schätzungen von »Ärzte ohne Grenzen« ungefähr 63.000 Einwohner[162] in prekären Verhältnissen. Die Grundversorgung ist in nahezu allen Bereichen rudimentär.

Mit der stetigen Verschärfung des innerkolumbianischen Konfliktes flüchten immer mehr Menschen aus allen Regionen Kolumbiens in dieses periphere Gebiet, in welchem nur die minimalsten Lebens-

---

[162] Die Erhebung exakter Daten sei nahezu unmöglich, wie ein Mitarbeiter von Ärzte ohne Grenzen im Interview (29.07.2004) sagte. Die Daten von Médicos Sin Fronteras wurden durch einen »experimentellen Zensus« erhoben, s.a. MSF 2004: 3.

bedingungen und unzureichendsten Konditionen gegeben sind: Die Territorien dieser Zone, in denen mehrheitlich Binnenflüchtlinge versuchen, sich eine neue und vor allem sichere Existenz aufzubauen, sind illegale Siedlungen.[163] Die höchst prekäre Grundversorgung verdeutlicht sich unter anderem in der Nicht-Präsenz staatlicher Institutionen, z. B. liefert erst seit 2000 eine private Firma Strom und Elektrizität ins *Barrio*.[164] Ein Arztbesuch wird nur durch eine NGO ermöglicht. Die Arbeitslosenquote lag 2002 bei 64,4%.[165] Fälle intrafamiliärer Gewalt belasten den Zusammenhalt innerhalb der *Comunidad*.

Diese soziale Marginalisierung wird durch den fehlenden (ignorierenden) Staat weiter forciert, der hier weder politische noch wirtschaftliche Anerkennung anstrebt.[166] Durch die marginale Präsenz staatlicher Strukturen, kommt es kaum zur Aufklärung von Verbrechen, so dass die Straflosigkeit in Cazucá sehr hoch ist.

Die geographische Lage unterstützt zudem diese marginale Präsenz, denn Altos de Cazucá liegt auf der

---

[163] «*...las zonas de Altos de Cazucá y Ciudadela Sucre no se contemplan como áreas de planeación ni se tienen registros de población para esta zona*" (die Zonen von Altos de Cazucá und Ciudadela Sucre werden weder als Planungsgebiet betrachtet, noch gibt es eine Registratur für die Bevölkerung), Perez, M. 2004: 42.

[164] Aussage basiert auf Gesprächen mit NGO-Mitarbeitern.

[165] ACNUR 2003: 31.

[166] Ausgehend von einem *Plan de Ordenamiento Territorial para Soacha* (Besiedlungsplan für Soacha) (1998 - 2010) ist die *Comuna 4* sogar als *área de conservación de bosques* (Gelände zur Erhaltung von Wald) vorgesehen. Seltsam mutet dieser Plan jedem an, der die staubigen und verödeten Straßen und Berghänge von Cazucá betreten hat, auf denen nichts wächst. Die Bevölkerung von Altos de Cazucá wird in diesem Plan nicht erwähnt (Pérez, M 2004: 42).

Grenze der beiden Municipios (Landkreise) Bogotá und Soacha und gehört nach offizieller Einteilung zu Soacha, wobei diese Schlafstadt als geografische Verlängerung von Bogotá beschrieben werden kann.[167] Soacha ist ein typisches Resultat der Migrationsströme in die Hauptstadt Bogotá, ihrer Ausdehnung im Zuge des Zustroms von arbeitssuchenden Landarbeitern sowie vom Konflikt vertriebener Familien.[168] Altos de Cazucá bildet zusammen mit Ciudadela Sucre die Comuna 4 in Soacha,[169] einem so genannten urbanen Elendsgürtel, die Ärmsten der Hauptstadt absorbierend. Rund 65 Prozent aller Binnenflüchtlinge, die in Bogotá ankommen, ziehen weiter nach Soacha und von dort nach Altos de Cazucá, das damit zu einem jener Orte Kolumbiens aufgestiegen ist, der den Großteil an binnenvertriebener Bevölkerung aufnimmt.[170] Vom Zentrum Soachas ansteigend, verteilen sie sich auf die umliegenden Berghänge und Anhöhen, wo sie sich ansiedeln und versuchen, ein neues Leben aufzubauen. Die Auswahl des Ortes wird hierbei besonders durch die Präsenz von Freunden, Familie und alten Nachbarn gefördert.

---

[167] Médicos sin fronteras 2004: 3.
[168] CODHES 1999: 56.
[169] insgesamt gibt es sechs »*Comunas*«, die man als administrative Einheiten verstehen kann.
[170] Médicos sin fronteras 2004: 4, auch wenn in Cazucá keine eindeutigen Statistiken über den Anteil an binnenvertriebener Bevölkerung vorliegen (vgl. Kap. IV.2.), geht Médicos Sin Fronteras von einem Anteil von über 50 Prozent aus, MSF 2004: 8.

Schon die Fahrt nach Cazucá gleicht einem Rodeoritt, öffentliche Verkehrsmittel gibt es keine. Die Straßen bestehen nur aus Lehm und Sand, und bei Regen hilft für die Bewohner oftmals nur der beschwerliche Fußweg. Neuankömmlinge siedeln in immer unwirtlicheren Regionen. Das Gebiet ist stark erosionsgefährdet und klassische natürliche Ressourcen gibt es keine. Die Überreste eines längst verseuchten und ausgetrockneten Sees sind Abbild der verdorrten Natur. Weit und breit sieht man nur einen Baum; der »Baum der Erhängten« wird er genannt.

Unwirtlich sind also die Gegebenheiten für die Besiedlung dieser Zone. Sie setzte vornehmlich Ende der 80er bzw. Anfang der 1990er Jahre ein, als die populäre Stadtguerilla M-19[171] nach Friedensverhandlungen mit der Regierung eine Amnestie erhielt und sich einige Mitglieder der unteren Hierarchie am Stadtrand von Bogotá ansiedelten.[172] Sie initiierten einen Besiedlungsprozess, der durch die Vertriebenen des soziopolitischen Konfliktes und die Arbeitsmigranten weitergeführt wurde. Diese staatlich nicht gelenkte, illegale Besiedlung führte zu den großen strukturellen Problemen Altos de Cazucás.

Im großstädtischen Bogotá gilt das Viertel wahlweise als »Nest von Verbrechern« oder als Auffangbecken für

---

[171] Die Guerilla Gruppe M-19 war eine Stadtguerilla, die mit spektakulären Aktionen auf sich aufmerksam machte, z. B. mit dem Raub des Schwertes von Simon Bolívar am 19. April 1974 oder der Einnahme des Justizpalastes bei dem mehr als 100 Personen starben. 1990 konnte die Guerillabewegung durch eine Amnestie zur offiziellen Partei werden: »*Alianza Democrática M-19*«.
[172] Paredes 2003: 219; Interview mit Mitarbeiter von FEDES, 28.08.2004.

die Ärmsten der Armen. Es ist eine Gegend, unbeachtet von der hauptstädtischen Presse, ein Viertel, das man gerne ignoriert im modernen Bogotá.

Altos de Cazucá ist ein gewaltoffener Raum und bietet besonders durch seine geostrategische Lage eine reizvolle Basis für die illegal bewaffneten Gruppen.

V.3. Handlungsspielräume der Konfliktakteure und mafiöse Strukturen

Der große Zustrom nach Soacha im Laufe der letzten fünf Jahre spiegelt den allgemeinen Kontext der Gewalt in Kolumbien wider. Hier befinden sich die neuen umkämpften Zonen, die für die illegal bewaffneten Akteure eine geostrategisch bedeutende Basis darstellen.

Interessant sind diese städtischen Randgebiete für die illegal bewaffneten Gruppen aus vielerlei Hinsicht: Das große staatliche Machtvakuum dient hierbei als Katalysator der Attraktivität. Zum einen bietet Altos de Cazucá direkten Kontakt und ein Einfallstor zum »Zentrum der Macht«, kurze Wege und direkteren Einfluss (z.B. bietet Cazucá neben seiner symbolischen Nähe zum staatlichen Gewaltzentrum auch eine Infrastruktur für Handelsblockaden), die direkte Reichweite zur Stadt bietet darüber hinaus aber auch eine wirtschaftliche Vorteile eröffnende Infrastruktur für die illegalen Akteure, z.B. als Nachschubbasis, als Drehscheibe für Drogenhandel, Geldwäsche und Waffenschmuggel.[173] Den Kriegsakteuren präsentieren sich problemlose Schmuggelrouten über die naheliegende Autobahn (autopista sur) hinein in die bergigen Regionen des

---

[173] Paredes 2003: 219.

Sumapaz. Vom Staat nur schwach geschützt, entspricht Altos de Cazucá daher einem potenziell günstigen Gefüge für die illegalen Akteure.

Wie im theoretischen Teil bereits verdeutlicht wurde, basieren Gewaltmärkte vor allem auf den Rohstoffen, die sich rational kalkulierende Akteure zum Zwecke der Profitsteigerung und Akkumulation zu Eigen machen.

In Cazucá kreuzen sich die Interessen verschiedener bewaffneter Akteure. Es herrschen unterschiedliche mafiotische Strukturen (Wasser, Territorium, Besteuerung von Geschäften), die laut Gustavo Duncan von den Kriegsgruppen finanziell und logistisch abhängig seien und von diesen soweit und solange geduldet werden, wie sie ihnen nützlich sind.[174] Natürliche Rohstoffe bietet der erosionsgefährdete Boden[175] von Altos de Cazucá nicht, kompensiert wird dieses jedoch durch eine große Anzahl an lukrativen »humanen Ressourcen«: Viele junge Männer und Frauen ohne Ausbildung und ohne Perspektiven auf eine Arbeit, aber auf der Suche nach Respekt und einer gesicherten Existenz, werden oftmals als Kanonenfutter für die Reihen der illegal bewaffneten Akteure, als Prostituierte, als Informanten und/ oder Spione wahrgenommen.

---

[174] Duncan 2005 1ff. »Nutzen« bezieht sich in diesem Sinne auf den rein ökonomischen Vorteil bzw. durch Erhaltung des Status Quo.
[175] Diese Erosionen werden durch Steinbrüche verschärft, aus denen Baumaterial für Bogotá gewonnen wird.

Beispiel »Bodenmafia«

Innerhalb der mafiösen Strukturen ist die wichtigste, die der *Terreros*, der »Bodenmafia[176]«, die den ankommenden MigrantInnen (Landflucht und Binnenvertriebene) die Lebensbedingungen diktiert.

Die Invasion[177] Cazucás begann, wie gesehen, in den 1980er Jahren. Mit Verschärfung des internen Krieges suchten mehr Menschen Zuflucht im urbanen Raum. Anfang der 90er traten als Akteure die *Terreros* auf, die ein schonungsloses Geschäft mit den Binnenflüchtlingen betrieben, die in der Mehrzahl aus Angst ihre Heimat verlassen haben und keine andere Möglichkeiten sahen, als die Konditionen der *Terreros* anzunehmen. Die *Terreros* gelten als besonders zwielichtig. Sie leben nicht im Viertel, sondern kommen und gehen hochbewaffnet.[178] Durch die Knappheit an Boden sind die Binnenvertriebenen für sie ein gutes Geschäft. Die *Terreros* sind bekannt dafür, durch Einschüchterungen,

---

[176] Mafia und mafiöse Gewalt wird hier nicht im Sinne Susanne Krasmanns (1997) verwandt, die die sizilianische Mafia untersucht hat und sie als komplexes soziales Phänomen darstellt, sondern in diesem Fall wird Mafia als illegales, organisatorisches Netzwerk von »Gewaltunternehmern« verstanden. Nach Krauthausen (Krauthausen 1996: 43ff.) sind Mafiosi »Spezialisten für die Anhäufung und Umsetzung von Macht«, die sie über eine Territorialkontrolle, die z.B. Erpressung ermöglicht, ausüben. Die Mafia muss jedoch ihr Territorium und damit auch ihren »Handlungsraum« mit »lokalen staatlichen Machtzentren abstimmen« (ebd: 47). Die mafiösen Strukturen Cazucás charakterisieren sich in diesem Sinne vor allem durch eine paramilitärische »Rückendeckung«.

[177] Mit dem Begriff der »Invasion« beziehe ich mich hier auf eine nicht-staatlich geplante Besiedlung.

[178] Pérez, M. (2004): 43.

Bedrohungen und Morden *ihren* Boden zu »verteidigen«, der für sie ein lukratives Geschäft ist.

In Altos de Cazucá war die vorherrschende Bodenmafia eine Familie, die »*Los Chiquinos*« genannt wurde, und die Anfang der 90er aus dem Gebiet des *Magdalena Medio kam*, eine traditionell paramilitärisch geprägte Region, und den Verkauf sowie die Verpachtung von Boden gewinnbringend vorantrieb. Unterstützt wurden sie hierbei durch die traditionelle Elite von Politikern aus Soacha, die am Gewinn anteilig beteiligt wurden. Ein anderer Akteur war ein Mann namens *Forero Fetequa*, der in Bogotá lebt und ebenfalls auf bewaffnete Gruppen zurückgriff, um seinen Boden illegal zu verkaufen und zu besteuern. Es entstand auf diese Weise ein para-staatliches Geflecht, das den Verkauf mit Mitteln bewaffneter Macht monopolisierte. Die Bevölkerung gerät in eine tiefe Abhängigkeit zu den *Terreros*, die das Land so teuer verkaufen, dass sich die nahezu mittellose Bevölkerung auf Lebenszeit verschuldet.

Durch Verknappung der Ressource Boden bringt man die Bodenmafiosi häufig mit intraurbaner Vertreibung in Beziehung, da sie oftmals die Miniparzellen mehrmals verkaufen. Da viele Pächter nicht freiwillig gehen, wird mit Gewalt, Einschüchterungen und Terror vorgegangen und dem Entschluss der Bewohner nachgeholfen.[179]

---

[179] Interview mit einem Mitarbeiter von FEDES, 20.09.2004; Perez, M (2004): 43f. Durch den Mord am jugendlichen Sohn lassen sich für die *Terreros* auf effektive Weise mehrere Interessen auf einmal bedienen: Die Familie verlässt oft schockiert und unter weiteren latenten Drohungen das Barrio und liefert dem *Terrero* eine freie Parzelle, (das Phänomen von intraurbanen Vertreibungen in Kolumbien steigt sehr stark seit einigen Jahren und ist logische Konsequenz der Verlagerung

Beispiel Wassermafia

Neben der Bodenmafia ist auch eine Wassermafia in Altos de Cazucá präsent, die den Handel mit Wasser kontrolliert. Da es in Cazucá keinen staatlichen Anschluss ans Wassernetz gibt, werden Wasserschläuche aus Soacha oder Bogotá angezapft, welche illegal nach Cazucá umgeleitet werden. Diese Aktivitäten werden von der so genannten »*mafia de agua*« besteuert. Diese Mafias stützen sich ebenfalls auf bewaffnete Gruppen, um sich in dem *Barrio* etablieren zu können.[180]

Beispiel Prostitution

Wie in Kapitel III dargestellt, sind natürliche Ressourcen für den Aufbau eines Gewaltmarktes einer der dominantesten Faktoren. Sind diese jedoch nicht in lukrativem Ausmaß vorhanden, so ist auch der Menschenhandel bzw. die Prostitution ein gewinnbringendes Geschäft. Hier manifestiert sich ein besonderes Paradox: zum einen verbietet das System der so

---

des bewaffneten Konfliktes); gleichzeitig verschleiern Gerüchte über die Zugehörigkeit des Jungen zu einer Gang die eigenen unternehmerischen Interessen, Motivationen und Intentionen an diesem Mord. Beispiel: Die Familie eines beim Massaker vom 19. August 2004 überlebenden Jungen war in der Kommunalpolitik von Cazucá stark engagiert. Das Risiko weiter im Barrio zu leben, wurde durch die Ereignisse jenes Abends zu groß, es folgte die zweite interne Vertreibung. Dies zeigt wie oppositionelle Kräfte zum Schweigen gebracht werden und das soziale Netz fragmentiert wird.

[180] Interessant ist die Intervention von Ärzte ohne Grenzen in Cazucá, die dort versuchen, neben einem Zugang zum Gesundheitssystem, v.a. auch sauberes Wasser den Bewohnern von Cazucá zugänglich zu machen. In welcher Weise bzw. ob dies für Konflikte zwischen MSF und den Mafias sorgt, habe ich jedoch nicht erfahren.

genannten sozialen Säuberung Prostitution, gleichzeitig ist sie aber wichtiges konstituierendes Segment des Gewaltmarktes in Altos de Cazucá. Die allgemein schlechten Perspektiven der Jugendlichen begünstigen ihre Bereitschaft sich einer der Kriegsparteien gegen Geld (und nicht Ideologie!) anzuschließen: Während junge Männer sich hauptsächlich mit der Rekrutierung durch die illegalen Akteure konfrontiert sehen, bleibt vielen jungen Mädchen keine andere Option als die Prostitution.[181]

Paramilitärische Dominanz

Seit der zweiten Hälfte des Jahres 2000 ist es in Cazucá zu einem Stellungswechsel gekommen. Die traditionell in den peripheren Bereichen Bogotás starke Guerilla[182] wurde durch die Paramilitärs vertrieben und marginalisiert. Hier – wie in den meisten urbanen Randzonen – dominieren nun die Paramilitärs.[183] Vielschichtig präsentiert sich die Situation in Cazucá, wenn man von den ohnehin schwierigen und prekären Prämissen eines solch marginalisierten *Barrios* absieht, durch die komplexen Interessen, die in Cazucá verschiedene Akteure durchsetzen und verwirklichen wollen. Die Zivilbevölkerung stellt für die Handlungslogiken und Aktionsradien der bewaffneten Akteure einen nützlichen Nährboden dar.

---

[181] Münkler 2003: 172.
[182] Pena 1997: 81, über die Anwesenheit von Guerillaverbänden kann ich keine verlässliche Ausage machen. Sie spielen vermehrt an den Ausläufern des Suma Paz, zum Beispiel in Usme, eine Rolle. Auf die Frage, welche Akteure in Cazucá eine Rolle spielen, wurden fast ausnahmslos die Paramilitärs und die Mafias benannt.
[183] Pérez, B. 2004: 7.

Die paramilitärische Dominanz zeichnet sich in Altos de Cazucá durch Graffitis symbolträchtig auf Häuserfronten, Autos, Felsen und Plakaten unverhohlen ab. Die bewaffneten Gruppen lassen ihre Präsenz spürbar werden. »¡*Ojo Luis! Objeto Militar*«[184] war das erste Graffiti, das mir auffiel, unterzeichnet war es nicht. In Zeiten von Friedensverhandlungen mit der kolumbianischen Regierung und der AUC, dem paramilitärischen Dachverband, ist jedoch die Existenz einer kriegsführenden paramilitärischen Einheit für beide Seiten nicht vorteilhaft.[185]

Hieraus entwickelte sich ein komplexes Aktionsnetz der Paramilitärs. In Altos de Cazucá agieren sie derzeit verdeckt und greifen auf die Mafias und Jugendbanden zurück, um an ihrer statt zu operieren. Diese indirekte Anwesenheit ermöglicht ihnen zum einen, eine politische Legitimierung für den offiziellen Friedensdiskurs ihrer führenden Kommandanten, zum anderen lässt sie aber die Bewohner von Cazucá in der bedrohlichen Gewissheit ihrer Präsenz. Ihre zunehmende Verankerung im soziopolitischen Sektor, lässt sich durch die Existenz einiger sozialer und Nichtregierungsorganisationen manifestieren, die den Paramilitärs als Fassade von Zivilgesellschaft dienen.[186]

---

[184] Sinngemäß: »Pass auf dich auf, Luis, ab jetzt bis du militärisches Ziel!«

[185] Die kolumbianische Regierung wird von lokalen Menschenrechtsorganisationen scharf kritisiert, da die AUC u.a. wiederholt Waffenstillstandsgebote gebrochen haben.

[186] Diese Anschuldigung wurde von mehreren NGO-Mitarbeitern erhoben. Diese »para-militärischen NGOs« lassen sich nach ihren Aussagen durch zwei wesentliche Diskurse »enttarnen«: zum einen sei dies erkennbar durch Uribe-freundliche Kommentare, dessen Regierungszeit von vielen Menschenrechtsorganisationen als

Laut Einwohnern von Cazucá und MitarbeiterInnen von Nichtregierungsorganisationen begann Ende 2001 die Phase der verstärkten Präsenz der Paramilitärs, v.a. des *Bloque Capital*. Die Paramilitärs versuchen sich vornehmlich dort zu etablieren, wo es schon eine Milizenentwicklung gab, mit dem Ziel die Kontrolle über die Bevölkerung zu erlangen und ihre Kontrolle in ökonomischen Nutzen umzuwandeln.[187] In einem illegal besiedelten Gebiet wie Altos de Cazucá stoßen sie hierbei auf keinerlei militärische Intervention.[188]

Ihre Herrschaft etablieren sie vor allem über die Strategie der »*Limpieza Social*«, sie beginnen also, die Zone zu »säubern«. Zunächst werden systematisch diejenigen ermordet, die dem Viertel schaden oder die den geregelten Ablauf stören, wie Diebe und Drogenabhängige, Straßenkinder oder auch Prostituierte und

---

besonders ernüchternd empfunden wird, da er statt einer politischen Lösung des Konfliktes eine militärische sucht (u.a. Romero 2003: 73), zum zweiten einem pro-paramilitärischen Diskurs, in dem offen mit paramilitärischen Aktionen sympathisiert und diese legitimiert werden.

[187] Ramos 2004: 94, hierbei kooptieren sie vor allem die mafiösen Strukturen.

[188] Allgemein werden drei Phasen der Konsolidierung der paramilitärischen Aktion ausgemacht; diese spiegeln sich in Phase 1 durch Terror (wie die willkürlichen »sozialen Säuberungen«), Phase 2 Institutionalisierung (offene physische Präsenz und Übernahme administrativer Einheiten, schrittweise schon durch die paramilitärischen NGOs etabliert), Phase 3 Übernahme der politischen Macht, um Einfluss auf alle Geschehnisse in der Bevölkerung und auf das Territorium zu erlangen (González et al. 2002: 62). Das Streben nach politischer Macht darf hierbei jedoch m.E. nicht als ideologischer Faktor, sondern als Begünstigung des zweckrationalen Wirtschaftens betrachtet werden.

Homosexuelle.[189] Durch Ermordung dieser Personengruppen, die im öffentlichen Wahrnehmen der Bevölkerung als Belastung wahrgenommen werden, versuchen die Paramilitärs, sich einen Zugang zur Bevölkerung zu schaffen, sie wollen um Sympathie werben, indem sie delinquentes oder sozial deviantes Verhalten bestrafen. Ein Vorgang, der vielfach von Seiten der Bevölkerung legitimiert wird.[190] Berichtet wird oftmals, dass paramilitärische Einheiten Geschäftsinhabern ihre Dienste anbieten, sozusagen als privater Sicherheitsservice. Haben sie sich etabliert, agieren die paramilitärischen Einheiten oder andere bewaffnete Gruppen, die durch die Paramilitärs infrastrukturell versorgt werden, mit selektiven Morden gegen die sozialen Kräfte, die sich formieren, um ihre sozialen Grundrechte einzufordern. Oftmals sind die Getöteten Führer von kommunalen Vereinigungen, alternativen zivilen Bewegungen, die durch ihren sozialen Protest auf ihre prekäre Situation aufmerksam machen wollen.

Auf diese Weise entsteht ein weitverzweigtes Netz an Banden, Pandillas und Informanten, auf die die Paramilitärs zurückgreifen können, und die auf klaren, hierarchischen Abhängigkeitsverhältnissen basieren.[191] Das System stabilisiert sich aufgrund der ökonomischen

---

[189] Perea 2004: 27.
[190] Der bewaffnete Konflikt fördert die Akzeptanz von Gewalt als generellem Mittel der Konfliktlösung in weiten Teilen der Bevölkerung, vgl. Waldmann 1997.
[191] Wie im Kap. VI.3.2. gezeigt wird, zeichnet sich diese Abhängigkeit z.B. durch Dienstleistungscharakter und asymmetrischen Gütertausch aus.

Anreize, so unattraktiv diese auf den ersten Blick auch scheinen mögen.[192]

Die führenden Köpfe der Paramilitärs selbst leben nicht in Cazucá, sondern haben ihre Mittelsmänner vor Ort installiert. In unregelmäßigen Abständen patrouillieren zwei Wagen mit verdunkelten Scheiben durch das *Barrio*. Unter den Einwohnern Cazucás besteht kein Zweifel, dass die Besitzer dieses grünen und braunen Wagens Paramilitärs seien.[193] Diese Machtdemonstration verstärkt die Einschüchterung der Bevölkerung.

Die strategische Transformation des paramilitärischen Projekts in Cazucá besteht in der Aneignung profitorientierter Geschäfte wie dem illegalen Verkauf von Wasser, der Besteuerung von Geschäften und Bussen, dem Schmuggel, Waffen- und Drogenhandel bzw. der Kooption und Vernetzung mit Gruppen, die in diesen Sektoren schon vorher organisiert waren.[194] Nicht zu unterschätzen ist des Weiteren das vorhandene Rekrutierungspotenzial in der jugendlichen Bevölkerungsmehrheit.[195] Durch die strukturellen Probleme, deren eklatantestes Auswüchse das praktische Nicht-

---

[192] Martha Ruiz bezieht sich in einem Zeitungsartikel (Semana 13.05.2005) auf Aussagen der Polizei, die in Altos de Cazucá wenigstens dreißig Drogenbanden, Waffenhändler und Autoschmuggler ausmachen.

[193] Autos mit verdunkelten Scheiben dürfen nur Staatsmänner und Prominente fahren. Und: die Mitglieder der illegalen Gruppen, die sich über solche Gebote hinwegsetzen.

[194] Ramos 2004: 94; Semana, Ruiz 13.05.2005.

[195] *Heute habe ich mit drei Jugendlichen den Film Fahrenheit 9/ 11 von Michael Moore geguckt. In einer Szene, wo ein US-Marine einen Afroamerikaner vor einem Einkaufszentrum anspricht, um ihn zu rekrutieren, springt Leonardo auf »Genauso machen es die paracos in Altos. Sie versprechen alles Mögliche, um dich zu kriegen.«* (Tagebucheintragung, 6.10.2004).

Vorhandensein sozialer und wirtschaftlicher Perspektiven der Jugendlichen sind, erleichtert sich für die bewaffneten Akteure die Suche nach neuen Kämpfern für die eigenen Reihen und somit für die Kontinuität von Profit und Gewaltherrschaft.

Hierzu passt die Mutmaßung, dass es in Cazucá auf einer Anhöhe ein großes Territorium gebe, von dem man annimmt, dass es den Paramilitärs als Ausbildungslager diene. Diese Annahme ist hauptsächlich unter NGO-Mitarbeitern verbreitet und wird durch Aussagen der Bewohner gestützt. Laut ihren Angaben gehöre dieses Grundstück Victor Carranza, einem ehemaligen Smaragdbaron und Anführer einer der bedeutendsten Smaragdmafias im Norden Kolumbiens, der sich in den 90ern den Paramilitärs angeschlossen hat. Unter der Regierung Pastrana (1998 – 2002) kam er ins Gefängnis. Doch unter Präsident Uribe (seit 2002), dem u. a. von Menschenrechtsorganisationen immer wieder eine Protegierung des Paramilitarismus nachgesagt wird, wurde Carranza sofort amnestiert.[196] Das riesige Areal wird von Polizei und Militär weitgehend ignoriert, obwohl die Anwohner hin und wieder Schüsse hören.

Staatliche Kräfte

Die Existenz und Dominanz des Paramilitarismus in Cazucá wird offiziell verharmlost und inoffiziell geduldet durch Militär und Polizei. Bedeutsam ist bis auf den heutigen Tag hin die enge Verbindung zwischen Militär

---

[196] Jaramillo 2005: 2, 6 nennt Carranza »*zar de las esmeraldas*« und mutmaßlichen Führer von paramilitärischen Einheiten in Boyacá; Interview mit zwei Mitarbeitern der NGO FEDES, 16.08.2004, die ihren Arbeitsschwerpunkt in Altos de Cazucá hat.

und Paramilitär bzw. zwischen Polizei und Paramilitär, die oft von internationalen Organisationen kritisiert wird.[197]

Diese Verbindung wird ebenfalls häufig von den Bewohnern Cazucás angedeutet. Die Polizei hat zwar einen kleinen Stützpunkt, jedoch kommt es vor, dass bei Übergriffen am helllichten Tag oder bei Massakern direkt neben der Polizeiwache die Schüsse nicht gehört werden.[198] Da Altos de Cazucá ein traditionell von der Guerilla besetztes Territorium war, die den strategisch wichtigen Korridor um Bogotá herum nutzte, sehen die kolumbianischen Streitkräfte eine Niederschlagung der Guerilla als ein prestigewürdiges militärisches Projekt an. Auf der öffentlichen Anhörung über die schwerwiegende Menschenrechtssituation in Altos de Cazucá am 19. August 2004 im kolumbianischen Kongress wurde von Vertretern der Polizei und Sprechern des kolumbianischen Militärs referiert, dass man die Lage um Bogotá im Griff habe, die Guerilla abdrängen und ihren Einfluss fast völlig beschränken konnte.[199]

In ihrem Diskurs blenden die staatlichen Kräfte jedoch die strukturellen Probleme der Gewaltsituation in Altos de Cazucá sowie die Dominanz des Paramilitarismus aus. Die soziale, humanitäre Krise in Cazucá wird von Seiten der Regierung und Verwaltung

---

[197] Müller 1998: 65; amnesty international 2002: Download unter: http://www.amnestyusa.org/spanish/countries/colombia/document.do?id=E45D3E52EDFB0B8C85256D3B0073ADB7; (31.01.2006).

[198] Diese Aussage basiert auf den Angaben von interviewten Bewohnern von Cazucá. In diversen Anzeigen durch NGOs wird dieser Eindruck ebenfalls verbreitet.

[199] Eigene Beobachtung als Teilnehmerin der öffentlichen Anhörung, 19.08.2004.

zugunsten der Bekämpfung und Niederwerfung des »ideologischen Feindes« Guerilla in den Hintergrund gedrängt.

Dies zeigt sich weiterhin in der Militarisierung der Zone: Um die Situation in Altos de Cazucá zu bessern, übernimmt die Militärpolizei in 13 Schulen edukative Funktionen. Rund 3.000 SchülerInnen werden von Polizisten betreut, die mit den Kindern u. a. Kriegslieder einstudieren.[200]

V.4. Die »Limpieza Social« als Instrument der Repression

Bei Cazucá kann man noch nicht von einem völlig konsolidierten Bereich sprechen.[201] Obwohl einiges dafür spricht: Dies sind zum einen bestimmte Nichtregierungsorganisationen, die mit den Paramilitärs sympathisieren oder offen mit oder durch sie arbeiten; zum anderen gilt als Hauptinstrument der sozialen Kontrolle die so genannte »*Limpieza Social*« (soziale Säuberung), deren Hauptziel die Befreiung Kolumbiens vor »ideologischen Feinden« ist. Im Klartext bedeutet dies die Neutralisierung sozialer Bewegungen, die sich für ihre Rechte einsetzen und sich gegen die Dominanz der bewaffneten Gruppen auflehnen. So fallen der »*Limpieza*«, die sich in systematischen Ermordungen ausdrückt, sowohl Prostituierte, Homosexuelle, Straßenkinder als auch soziale

---

[200] NGO-Mitarbeiter FEDES, 16.09.2004 und FEDES 2004: 33.
[201] Die Paramilitärs agieren nicht wie in militärisch, wirtschaftlich und sozial erschlossenen Gebieten offen. Im ruralen Raum tragen die Paramilitärs hauptsächlich Uniform, in urbanen Zentren kennt man sie entweder, oder erkennt sie an der guten Kleidung und meistens einem Revolver am Hosenbund.

Führer der *Comunidad*, linke Intellektuelle und Gewerkschafter zum Opfer.[202]

Seit 1979 wird das Phänomen der »*Limpieza Social*« in Kolumbien verortet:[203] Ursprünglich wurde die »*Limpieza*« als »sozioökonomischer Genozid«[204] an »sozial unwertem Leben«[205] definiert, bis diese Definition durch die soziopolitische Gewalt in

---

[202] Fischer 2000: 294f.; Alonso Salazar, der den Klassiker »*No nacimos pa` semilla*« schrieb und hierin zum ersten Mal die Gefühls- und Lebenswelt, sowie das Denken der Bandenmitglieder, Sicarios und Ausüber der »*Limpieza*« plastisch machte, definiert Bandenkriege als »*Autolimpieza Social*«. Diese ist nachempfunden der originären »*Limpieza Social*« durch Teile der Polizei, umgewandelt auf das Ziel, alle Personen einer anderen *Pandilla* zu töten. Salazar 1998: 110.

[203] Zitat aus Jan Wehrheim: »*Am 5. Dezember des Jahres 1979 tauchte erstmals auch in Kolumbien das Phänomen der so genannten »sozialen Säuberungen« auf. Eine bis dahin unbekannte Gruppe überfiel in der Stadt Pereira mutmaßliche Diebe und markierte ihre Gesichter und Hände mit nichtabwaschbarer roter Farbe. Es sollte das Ziel sein, potentiell »unsoziale« Personen zu brandmarken, um so der Kriminalität vorzubeugen. Die Reaktionen auf diese Vorfälle waren sehr konträr, von blankem Entsetzen bis hin zu der grotesken Äußerung, dass dies ja für die Diebe positiv sei, da sie nicht ins Gefängnis müssten und es zudem noch kostengünstiger sei. In der Folgezeit starben in Pereira innerhalb weniger Wochen 62 Personen, alles vermeintliche Diebe. Verantwortlich zeigte sich hierfür eine paramilitärische Gruppe namens Mano Negra (Schwarze Hand). Seit diesem Tag wurden in über 200 Städten Kolumbiens Tausende Menschen von über 60 verschiedenen Gruppen, die sich der so genannten »sozialen Säuberung« verschrieben haben, ermordet.*«

[204] Rojas 1994: 9.

[205] Schon 1993 weist *amnesty international* alarmierend in einer »*urgent action*« auf die brutalen und tödlichen Übergriffe auf Straßenkinder in Bogotá hin, die von der »*Limpieza Social*« als »unwertes Leben« gebrandmarkt und systematisch ermordet werden. Amnesty verweist auch auf die enge Verwebung der Polizei mit den ausübenden Todesschwadronen. Siehe auch: ai 1994: »Violencia Política en Colombia: Mito y realidad.«

Kolumbien erweitert wurde. Für systematisch geplante Morde stehen meistens *Sicarios* oder »Kapuzenmänner«[206] als Ausführende im Vordergrund. Deutlich wird aber auch, dass die logistische Leistung (Fahrzeuge, Waffen) eine spezifische Organisation erfordert.[207] Das nahezu ausschließlich urbane Phänomen der »*Limpieza Social*« versucht laut Carlos Rojas Identitäten auszulöschen, sowohl individuelle als auch kollektive, die von den Gewaltausübenden als bedrohlich für die soziale Ordnung und die bürgerliche Moral deklariert werden.[208]

Die »*Limpieza Social*« ist ein eindrückliches Beispiel für die Verankerung des Paramilitarismus in Altos de Cazucá. Sie implementiert Normen und Werte und bemächtigt sich der Privatsphäre, jeder weiß, wie er sich zu verhalten hat. Bestimmte Codes bestimmen die Regeln und Verhaltensmuster. Ungeschriebenes Gesetz ist das Verbot für junge Männer ab 20 Uhr auf die Straße zu gehen. »Gute Jungs« sollten brav bei ihren Familien sitzen, nur die »bösen Jungs«, *Pandilleros* und *Marijuaneros,*[209] gehen ihren zwielichtigen Geschäften nach und sind im wahrsten Sinne des Wortes zum Abschuss freigegeben.

---

[206] Bezeichnend für die »Kapuzenmänner« ist ihre Anonymität. Die Kapuze verdeckt ihre Identität, die Täter sind somit nicht nur unbekannt, sondern erhöhen noch den Grad des Schreckens und der latenten Bedrohung.
[207] Rojas 1994: 9.
[208] Rojas 1994: 26ff.
[209] Angehörige von *Pandillas* (also Banden) und Drogenkonsumenten.

V.5. Auswirkungen von Gewaltmarkt auf das soziale Netz

Das soziale Netz in Cazucá ist fragmentiert. Die Menschen haben kein Vertrauen in die staatlichen Organe. Bei einer Aufklärungsrate von drei Prozent aller Verbrechen verwundert dies kaum.[210] Argwohn und Misstrauen prägen die Atmosphäre, in dem jeder Nachbar ein von der Mafia oder den Paramilitärs bezahlter Spitzel sein könnte. Oftmals sind die Einwohner von Cazucá so eingeschüchtert, dass sie keine Meinung mehr kundtun oder selbst die Morde an ihren eigenen Söhnen legitimieren.[211] Hier zeigt sich schon eine schrittweise Verinnerlichung der von der »*Limpieza Social*« diktierten Regeln. Ebenfalls haben Gerüchte eine starke Auswirkung auf den Zusammenhalt der *Comunidad*. Gerüchte können hierbei als effiziente kommunikative Katalysatoren beschrieben werden, die ein Ambiente der Angst unter den Einwohnern von Cazucá schüren, und auf diese Weise die soziale Kontrolle der bewaffneten Akteure erleichtern. Die Einwohner Cazucás versuchen, kein Aufsehen zu erregen und vermeiden, ihre Meinung öffentlich zu äußern. Die Willkür und Beliebigkeit von Morden führt über diese Einschüchterungen hinaus zu

---

[210] Fischer 2000: 295f.
[211] Die Aussage »*por algo será*« wurde mir in diesem Zusammenhang häufig als Erklärungsmuster präsentiert. Der Junge sei erschossen worden, da er irgendetwas angestellt habe. »*por algo será*«. »Wenn man um 20.30 auf der Straße ist, kann man auch kein guter Jugendlicher sein« usw. Dieses Motiv zeugt m.E. von dem Versuch, sich selbst zu schützen und sich zu beruhigen. Wenn es »wegen irgendetwas war«, gibt es einen gewissen Grund, wenn dieses »*por algo será*« entfällt, ist man der Willkür und Beliebigkeit der Mörder ausgeliefert.

einer Verschleierung der zugrundeliegenden Systematik der »*Limpieza Social*«.

V.6. Fazit

Die Darstellung der verschiedenen Interessen im gewaltoffenen Raum Altos de Cazucás zeigt eindeutig rational handelnde Akteure, die sich, um ihre Ziele zu erreichen, systematisch der Gewalt bedienen. Auch wenn in Cazucá keine lukrativen Ressourcen wie Koka, Smaragde oder Kaffee zur Ausbeutung taugen, sind doch Drogen- und Waffenhandel sowie Schmuggel und Prostitution entscheidende Faktoren für die Kommerzialisierung von Gewalt.

Diese verschiedenen Interessen, die in Altos de Cazucá diverse illegale Akteure auftreten lassen, sind typisch für Kolumbien. Das Entstehen und die symbiotische Verbindung der Paramilitärs mit den klassischen Drogen-Mafias aus Calí und Medellin in den 80er Jahren[212] lassen sich in jedem Gebiet adäquat der dortigen Gegebenheiten transformieren. Die Paramilitärs tolerieren daher diese illegalen Geschäfte zum einen, da sie den Mafias Schutz bieten und deshalb Steuern einfordern, zum anderen dient dies der Verheimlichung ihrer eigentlichen Präsenz. Denn auch wenn die Paramilitärs im ruralen Raum ihre ganze Macht demonstrativ betonen, soll gerade in Zeiten von Friedensprozessen die kontinuierliche, profitorientierte Arbeit ungestört weitergehen.

212

http://www.derechos.org/nizkor/colombia/doc/cepeda8.html, (12.01.2006); Nieto 2001: 23.

Altos de Cazucá liegt an der Peripherie Bogotás und somit scheinbar im Einflussbereich urbanen Fortschritts und staatlicher Institutionalität. Warum trotz dieser Nähe zum zentralen Gewaltmonopol ein parastaatlicher Akteur die Zone von Altos de Cazucá dominiert, lässt sich durch die Interdependenz verschiedener Akteure erklären sowie die zweckrationalen Strategien bestimmter Gruppen, die ihre jeweiligen Interessen zu bestmöglichen ökonomischen Bedingungen durchzusetzen versuchen. Die Substitution von Rohstoffen ist je nach Absatzmarkt wichtigster Faktor des urbanen Gewaltmarktes. Man sieht hier deutlich: Der Handel mit Kokain ist vielleicht der augenscheinlichste Faktor des Gewaltmarkts in Kolumbien. Aufgrund seines Wertes und seiner leichten Absetzbarkeit im Ausland ist Kokain das größte Geschäft. Fehlen aber natürliche Ressourcen, so wie im Falle von Altos de Cazucá, passen sich die Gewaltakteure den Gegebenheiten an und maximieren ihren Gewinn durch andere Waren und Dienstleistungen.[213]

---

[213] Diese These lässt sich mit einer Interviewpassage von Ana in Putumayo untermauern:
F: »Gab es in deinem Dorf denn auch wie in Cazucá Pandillas?«
I: »*Also, wenn man Pandillas als Diebe und Angreifer sieht, dann gab es die eigentlich nur im Dezember.*«
F: »*Warum denn im Dezember?*«
I: »*Weil im Dezember alle Leute wegfahren, sie fahren nach Nariño, überall hin, also gehen die Pandillas an die Zufahrtswege und rauben die Autos aus. Deshalb Dezember, weil da am meisten Leute mit dem meisten Geld das Dorf verlassen. Aber, wenn die Paracos das mitbekommen, dann löschen sie alle aus (»acaban a todos«), deswegen gibt es auch fast keine Pandillas. Einmal wollten wir auch im Dezember wegfahren, als die Paracos einen bewaffneten Streik machten, so dass niemand wegfahren konnte...* «
F: »Aber weißt du, warum die Paramilitärs immer noch im Dorf sind, wenn es doch kein Koka mehr gibt?«

Um dieses System aufrecht zu erhalten und weiteren Profit zu akkumulieren, ist die gewaltsame Einschüchterung aller, die nicht konform gehen, ein wirkungsvolles Instrument der Dominanz. Die umfassende Konsolidierung der paramilitärischen Gruppen in Altos de Cazucá ist weit vorangeschritten. Sowohl auf wirtschaftlicher, aber auch auf sozialer Ebene (paramilitärische NGOs als Fassade von Zivilgesellschaft, »*Limpieza Social*«) haben die Paramilitärs die Kontrolle übernommen, ohne dass die staatlichen Institutionen gezielt intervenierten. Ihnen gilt nach wie vor die hohe Rate an Kriminalität als Zeichen von hochgradiger Jugenddelinquenz. Am Beispiel von Altos de Cazucá lässt sich abschließend also veranschaulichen, wie die Konfliktdynamiken der traditionell umkämpften Gebiete auch im urbanen Raum Anwendung finden, um eine territoriale Kontrolle mit implizitem geostrategischem Potenzial auszuüben.

Ausblick

Aufgrund seiner nicht nur für die bewaffneten Akteure geostrategisch günstigen Lage scheinen sich in Zukunft

---

I: »*Aber sie versuchen, den Leuten Geld abzuziehen, bei was es geht, wenn jemand Empanadas verkauft, dann soll er eben auch Steuern dafür zahlen, die Läden müssen Steuern zahlen, die Bäckerei, alle...*«
F: »Was hältst du davon? Was für eine Art der Gewalt ist das?«
I: »*Es ist vor allem eine Unterwerfung des Dorfes unter ihre Herrschaft. Und es immer ein Krieg um Territorium, weil sie nicht wollen, dass die Guerilla zurückkommt, so dass sie quasi nichts haben hier, aber sie sagen trotzdem, dass ihnen das Territorium gehört, weil sie das Dorf kontrollieren wollen, dass man macht, was sie sagen. Das machen sie wegen der Macht.*« (Ana, 17 Jahre, vertrieben aus Putumayo, 30.09.2004)

auch profitable Megaprojekte in und um Altos de Cazucá herum zu errichten. Ein Mitarbeiter der NGO FEDES sagte hierzu, dass diskutiert werde, Altos de Cazucá zu einem verkehrstechnischen Knotenpunkt zu etablieren. Hierfür sollen eine Straße, aus dem Westen kommend mit einer Straße von Buenaventura im Süden Kolumbiens nach Maracaibo in Venezuela vernetzt und gebaut werden. Eine andere Planung bezieht laut seiner Angaben Cazucá in die Entstehung eines Industrieparks mit ein, da in Cazucá u.a. Baumaterial aus Steinbrüchen abgebaut wird. Welchen Einfluss diese Veränderungen auf die derzeitige Situation haben werden, bleibt abzuwarten.

VI. Jugendliche Binnenvertriebene in Altos de Cazucá
VI.1. Ein Einblick in die Jugendforschung

Binnenvertriebene Jugendliche sollten zu Beginn meiner Feldforschung das Zentrum meiner Untersuchung darstellen, da ich davon ausging, dass gerade binnenvertriebene Jugendliche durch Gewalt sozialisiert seien. Durch das schon dargestellte Konfliktsetting in Altos de Cazucá wurde aber deutlich, dass *alle* Jugendlichen im Fokus der verschiedenen Akteure und ihrer sich überkreuzenden Interessen stehen. Durch meine Mitarbeit bei *FEDES* und vor allem bei *Taller de Vida* kam ich mit beiden Gruppen von Jugendlichen zusammen: denen, die in prekären Verhältnissen leben und eben denjenigen, die zudem noch direkte Gewalt- und Vertreibungserfahrungen besaßen.

Der Großteil der folgenden Zitate[214] stammt von Jugendlichen aus Altos de Cazucá, die jeden Samstag am Theaterworkshop von *Taller de Vida* in Bogotá[215] teilnahmen. Konkret habe ich in diesem Theaterworkshop mit 20 Jugendlichen zusammengearbeitet, wobei ich hier den Terminus »jugendlich« auf die Altersgruppe der 13- bis 20jährigen spezifiziere. Der Altersdurchschnitt lag bei 16 bis 18 Jahren, die Gruppe bestand zu gleichen Teilen aus Jungen und Mädchen; einen Vertreibungshintergrund hatten hierbei elf Jugendliche aus verschiedenen Regionen Kolumbiens.

Bevor ich nun die Lebensverhältnisse und Zukunftsentwürfe der Jugendlichen darstelle, möchte ich eine kurze Darstellung jugendethnologischer Ansätze geben:

»Beim Entwurf einer Ethnologie der Jugend handelt es sich vielmehr um die Suche nach den Stimmen der Jugendlichen selbst.«[216]

Denn lange Zeit sprach man in den Wissenschaften von und über die Jugendlichen, selten kamen jedoch ihre eigenen Ansichten zum Tragen.

Historisch wurden Jugendliche in der Ethnologie auf exotische Initiationsriten reduziert. Der Hauptaugenmerk

---

[214] Da *Taller de Vida* ebenfalls in Usme, einem *Barrio* im Südwesten Bogotás arbeitet, in denen ähnliche Strukturen herrschen, habe ich einige Zitate mit übernommen und an entsprechender Stelle kenntlich gemacht, wenn ich der Meinung war, dass sie den Sachverhalt gut illustrieren und auch adäquat auf Altos de Cazucá zu übertragen seien.
[215] *Taller de Vida* besitzt kein Büro in Altos de Cazucá. Die Jugendlichen bekommen das Geld für die Fahrt in die Stadt entweder im Voraus bezahlt oder zurückerstattet. Teilnehmen kann wer will, und die Jugendlichen betreiben untereinander Mundpropaganda.
[216] Dracklé 1996: 19.

lag auf Ritualen, die den Übergang zwischen Kindheit und Erwachsenenleben symbolisch markieren, und fixierte damit die Zeit der Adoleszenz als Übergangsphase, die bestimmten naturbedingten Entwicklungsprozessen unterlag.[217] Vielfach wurde die vom Alter abhängige Zeitspanne der Pubertät in »anderen« Gesellschaft romantisiert[218] oder unter Anbetracht des in den 90er Jahren diskutierten »Generationenkrieges« zum kritischen Vergleich herangezogen. Jugendliche wurden demnach diskursiv entweder als passive Wesen wahrgenommen, die kulturelle Referenzen durch ihre Sozialisation adaptieren oder aufgrund eines normativ devianten Sozialverhaltens stigmatisiert und als problematisch für die gesellschaftliche Kohärenz empfunden.

Durch die Heterogenität von jugendlichen Lebensweisen und Stilformen wird eine allgemeingültige Definition von Jugend schwer greifbar. Orientieren möchte ich mich am Ansatz Luigs/ Seebodes 2003,[219] bei dem Jugend als soziokulturelles Phänomen angesehen wird, das ein bestimmtes Lebensalter umfasst, von einer soziokulturellen Prägung der jeweiligen Gesellschaft ausgeht und auf bestimmte Parameter wie zeitliche und regionale Aspekte dezidiert eingeht. Wesentlich ist bei Luig und Seebode die Zuerkennung einer sozialen Interaktion: Jugendliche sind als soziale Akteure eingebunden in

---

[217] z. B. Arnold van Gennep mit seinen berühmten »*Les Rites de Passage*«.
[218] in diesem Zuge wird häufig auf den von Margret Mead in »*Coming of Age in Samoa*« entworfenen »Sturm und Drang« verwiesen.
[219] Luig/ Seebode 2003: 10ff.

bestehende gesellschaftliche Machtkonstellationen und eben nicht a priori ausgegrenzt.

Die Lebenssituationen von Jugendlichen sind komplex und soziokulturell verschieden. Gerade im urbanen Kontext entwickeln sich kontinuierlich neue Stile und Jugendsubkulturen[220], mit eigenen kulturellen Codes, Ritualen und Artikulationsmöglichkeiten. Erste Studien zu Jugendgangs in Chicago zeigten Jugendliche als Opfer von zivilisatorischen Prozessen wie Marginalisierung und Armut, denen Jugendliche teilweise mit Gewalt und Rebellion begegnen. Im Rahmen der »Cultural Studies«, die marxistisch beeinflusst den Jugendlichen im Besonderen »Widerstandspotenzial gegen die hegemoniale Kultur«[221] zuschrieb, wurde Devianz positiv umgedeutet, was sich aber seit den 1980er Jahren als brüchig erwies.[222]

Ein wichtiger Richtungswechsel in dieser Auseinandersetzung besteht in der Erkenntnis des Jugendlichen als eines rational handelnden sozialen Akteurs, der mit seiner Umgebung aufgrund der bestehenden Machtkonstellationen interagiert und sich vor allem über komplexe Elemente wie Gender, Konsum und Identität gesamtgesellschaftlich situiert.

In Kolumbien spielt häufig die Differenzierung von Jugendlichen als »Opfer« oder als »Täter« eine besondere Rolle. Sie werden dämonisiert und stigmatisiert, oder aber gleichzeitig als »Opfer«, welche aufgrund eines spezifischen Settings keine weiteren Handlungsoptionen hatten, verstanden. Es wird also häufig auf ihre Fähigkeit

---

[220] Dracklé 1996: 13.
[221] Dracklé 1996: 32.
[222] Luig/ Seebode 2003: 15.

zur Negation oder zur Anpassung angespielt ohne zu berücksichtigen, dass die Jugendlichen eigenständig Handlungsstrategien entwerfen und auf Erfahrungen zurückgreifen, um sich und ihr Leben selbst zu bestimmen.

Der folgende empirische Teil zeigt die Begrenzungsmechanismen für das Handeln der Jugendlichen in Altos de Cazucá und beleuchtet die Erfahrungen und Auseinandersetzungen der Jugendlichen in diesem Mikrokosmos des kolumbianischen Krieges. Neben Darstellung dieser täglich erlebten Ausgrenzung und Marginalisierung werden die Ideen und Wünsche der Jugendlichen als elementare Faktoren ihres Lebens sichtbar gemacht. Dies wird vor allem unter Rückbezug auf meine begleitende Arbeit bei *Taller de Vida* geschehen, bei der ich die meisten meiner Interviewpartner traf. Die künstlerisch-spielerische Arbeit dieser Organisation zeigt beispielhaft, welche Hoffnung und Kreativität den Jugendlichen, die im öffentlichen Diskurs größtenteils als Arme, Delinquente oder Drogensüchtige wahrgenommen werden, trotz aller Gewalterfahrungen geblieben ist, und vor allem auf welchen Wegen sie als Protagonisten versuchen, die Begrenzungen des Krieges zu konfrontieren und zu überwinden.

WILLIAM RIVAS PINO[223]

Foto: Taller de Vida

William (2.v.l.) auf einem von Taller de Vida organisierten Ausflug 2003. William trägt sein »Capoeira-Outfit« und präsentiert eine Collage. Die Gesichter der anderen Jugendlichen wurden aus Sicherheitsgründen unkenntlich gemacht.

---

[223] Siehe Anhang 3.

William Rivas Pino wurde nur 15 Jahre alt. Vor sechs Jahren kam er, von der Atlantikküste Kolumbiens vertrieben, mit seiner Familie nach Altos de Cazucá. Dort wurde er am Donnerstag, den 19. August 2004 um 20.50 getötet, mit einem »Gnadenschuss« aus nächster Distanz. Er ging zusammen mit fünf Freunden aus, um Zutaten für die Bäckerei zu besorgen, bei der zwei seiner Freunde am nächsten Morgen arbeiten sollten. Sie bemerkten vier schwer bewaffnete Männer, die verdeckt in einer Ecke standen, sie bekamen Angst und wählten einen anderen Weg. Die Männer trennten ihnen den Weg ab. Die Jungen wurden gezwungen, sich auf den Bauch zu legen. Einer der Männer legte seine Waffe an und in kurzer Abfolge wurden vier der sechs Jungen mit Kopfschüssen exekutiert. Die beiden Jungen, die am äußersten Ende lagen, konnten noch reagieren, ließen sich den Abhang hinunterrollen und schafften die Flucht. Ihre Familien mussten aus Sicherheitsgründen noch in der Nacht Altos de Cazucá verlassen. Der Vater eines der Jungen war einer der führenden »Líder de Comunidad«.[224]

William Rivas Pino wurde nur 15 Jahre alt. Von seinen Freunden wurde er »*Moreno*«, der Dunkelhäutige ge-rufen. Er war allseits beliebt wegen seines Humors, we-gen seiner absurden Witze. »*Mit Ziegelsteinen wollte*

---

[224] Ein »Führer der *Comunidad*« zu sein, bedeutet zivilgesellschaftliches Engagement auszufüllen und eine Multiplikatorenstelle zwischen NGOs und dem Viertel einzunehmen. Impliziert ist ein sozialer Status und Respekt von Seiten der Gemeinschaft. Durch ihr Engagement, das vor allem mit der Vermittlung und Forderung von Rechten korreliert, sind diese *Líder* potenziell durch die bewaffneten Akteure gefährdet. Auch viele Jugendliche engagieren sich in sozialen Projekten, um ein »*Líder Joven*« zu werden, und damit als Lautsprecher für ihre Gruppe zu fungieren. Motivationen hierfür finden sich unter VIII.4.

er jonglieren...total bescheuert«, erzählen seine Freunde oder »*Erzfaul*« sei er gewesen, keinen Finger hat er gerührt, wenn er nicht musste, aber er war ein »*guter Kerl*«, auch wenn die Lehrer fast an ihm verzweifelt seien. Die Mörder von William Rivas Pino wurden nie gefasst.

Es ist Samstag, der 21. August 2004. Heute soll mein Raptheaterworkshop anfangen. Ich bin schon sehr aufgeregt und ärgere mich, wenig von Rap und Hip Hop zu wissen. Doch als ich *Taller de Vida* betrete, lähmt mich sofort die betretene Stimmung. »*Die Kinder sollen dir erklären, was passiert ist...*« ruft Stella, die Chefin, von der Treppe herunter. Die beiden Ältesten, Leonardo und Fernando, geben mir einen kurzen Bericht über die Geschehnisse des letzten Donnerstag ab. Es sind so viele Kinder da wie nie zuvor. Vielen steht die Angst und Fassungslosigkeit direkt ins Gesicht geschrieben. Viele kannten »Moreno« persönlich, er war ja ein Teil von *Taller de Vida*. Seit zwei Jahren schon nahm er am Capoeira-Training teil, da »*sei er endlich mal aus seiner Lethargie aufgewacht*«, scherzen sie. Den meisten ist aber nicht zum Spaßen zumute; William ist einer von mehr als 261 Jugendlichen, die der so genannten sozialen Reinigung in Altos de Cazucá zum Opfer gefallen sind.[225]

---

[225] Perez, B. 2004: Diese Zahlen stammen aus einer Auswertung gerichtsmedizinischer Daten und beziehen sich auf den Zeitraum 2000 bis 2003. Die Anzahl von 261 Toten ist spezifiziert auf die Altersklasse der 15 bis 17jährigen, in der Altersklasse der 18 bis 24jährigen wird dieses Ergebnis noch einmal gesteigert auf 508 ermordete Jugendliche, vgl. Anhang 4.

VI.2.
Jugendliche im Fadenkreuz der bewaffneten Akteure

2004 gab es eine Untersuchung der privaten *Universidad Externado de Colombia*, die das Phänomen der systematischen Morde an Jugendlichen anhand von Daten der Gerichtsmedizin fokussierte. Ziel war die Charakterisierung von 319 Mordopfern im Alter von 10 bis 24 Jahren, die im Zeitraum von 1999 – 2003 getötet wurden. Einige Parameter dieser Untersuchung waren Geburtsort und Geburtsjahr, Beruf, Schulausbildung, die Umstände der Tat (Wochentag, Uhrzeit, Ort) sowie eine toxikologische Examinierung, um zu überprüfen, ob die Toten alkoholisiert waren oder psychoaktive Substanzen zu sich genommen hatten.[226]

Das Ergebnis dieser Studie ist sehr aussagekräftig: 24 weibliche und 295 männliche Tote wurden untersucht. Bemerkenswert ist hierbei, dass die jugendlichen Opfer immer jünger werden und ein höheres Bildungsniveau als der Altersdurchschnitt erreichen. Diese Charakteristika widersprechen deutlich dem offiziellen Diskurs, die Schuld für die hohe Rate an Jugendlichenmorden auf Bandenkriege und sinnlose Destruktion von perspektivlosen Delinquenten zu verlagern. Die Aufschlüsselung der Tages- und Uhrzeiten belegt ebenfalls, dass es sich nicht, wie die offizielle Darstellung suggeriert, um außer Kontrolle geratene Wochenendschießereien nach ausgelassenen Feiern handelt. Weiteres Indiz hierfür ist die Identifikation der Wochentage, da sich viele Morde nicht am Wochenende (= mutmaßliche Alkoholgelage),

---

[226] Perez, B. 2004: 23.

sondern unter der Woche ereignen.[227] Auffällig ist, dass sich die Massaker und Morde an Jugendlichen mehren, die zur Schule gehen, die sich für ihre Gemeinschaft, für ihre Arbeit engagieren.

Daher stellt sich die Frage: Welchen Grund haben die systematischen Morde an Jugendlichen in Altos de Cazucá, wenn nur wenige Indizien für die von den Autoritäten viel beschworenen Bandenkriege unter Drogenabhängigen vorliegen?

Jugendliche als potenzielle Bedrohung für das Gewaltmarkt-System

Seit April 2005 gibt es laut Informationen der Internetzeitung *»vanguardia liberal«* wieder Einschüchterungskampagnen im *Barrio*: »*Acuesten a los niños temprano o nosotros los acostamos!*«[228] steht auf Schildern geschrieben, wie Einwohner von Cazucá angaben. In den letzten vier Monaten wurden 92 ermordete Jugendliche aufgefunden.[229] Im Tathergang, der in Anhang 5 angefügten Anzeige wird das Vorgehen in Punkt eins und sieben aufgezeigt: Mutmaßliche Paramilitärs besuchen die Schulen und wollen die Lehrer dazu bewegen, ihren Schülern ab 20 Uhr die Straße zu verbieten.

---

[227] Perez, B. 2004: 49-52; der Nachweis von Stimulanzmitteln und Alkohol ließ sich bei knapp 50 Prozent der Opfer erbringen, was deutlich dem Stereotyp eines drogenabhängigen Opfers widerspricht.
[228] *»Bringt Eure Kinder früh zu Bett, oder wir machen das!«*; (20.05.2005).
[229] www.vanguardia.com; (20.05.2005).

Warum und für wen sind Jugendliche also eine Bedrohung?

Die Strategie der »sozialen Säuberungen« durch die Paramilitärs ist in ganz Kolumbien verbreitet und implementiert, um Gegner mundtot zu machen und jede Opposition von vornherein einzuschüchtern.[230] Die Kriminalisierung von Jugendlichen, die einen eigenen Stil prägen und sich zum Reden an Straßenecken treffen, weil sonst keine Freizeiträume vorhanden sind, funktioniert relativ effektiv: Die schwächsten Mitglieder der Gemeinschaft sind leicht zu stigmatisieren und zu marginalisieren. Akte der Gewalt, die ohne Zweifel die Handschrift der »*Limpieza Social*« tragen, werden in der Öffentlichkeit als jugendliche Bandenkriege dargestellt. Auf diese Weise kann eine bequeme Art der Kontrolle ausgeübt werden, und gleichzeitig kommuniziert man den Bewohnern von Altos de Cazucá auf drastische Weise, wer die Kontrolle in diesem Gebiet hat bzw. mit welchen Sanktionen jegliche Art von Protest bestraft wird. Die Instrumentalisierung von Jugendlichen als Sündenböcke der Gemeinschaft ist offensichtlich. Man spricht nicht *mit* den Jugendlichen, sondern macht sich vor allem ein Bild *über* sie.

Untersucht man Altos de Cazucá offenbart sich also eine Kriegsstrategie, die die Jugendlichen in ihr Fadenkreuz nimmt. Ihre politische und soziale Aktivität ist von den illegal bewaffneten Akteuren gefürchtet, stört sie doch den reibungslosen Ablauf, den sie versuchen, gewaltsam in Altos de Cazucá zu etablieren. Durch die Weigerung der Jugendlichen, sich für und von den illegal bewaffneten Akteuren vereinnahmen zu lassen, komme

---

[230] FEDES 2004: 31.

es zu den systematischen Ermordungen, so lautet der Tenor der in Cazucá arbeitenden Menschenrechtsorganisationen. Sie untergraben die Dominanz der bewaffneten Akteure, indem sie für die kampfbereiten Gruppen zum Risiko werden wegen ihrer jugendlichen Dynamik, wegen ihres Engagements in zivilgesellschaftlichen Organisationen, ihrer Hoffnung auf eine andere Zukunft, auf ein Leben ohne Gewalt.

Die Jugendlichen haben also eine Schlüsselstellung im Gesamtgefüge des Konfliktsettings inne: Einerseits dynamisieren sie den Konflikt, in dem sie Teil des Gewaltmarktes werden, sich von den Paramilitärs anwerben lassen, nach (Klein-) Waffen streben, als Informanten dienen, andererseits zeigt sich die Macht, die von denjenigen Jugendlichen ausgeht, die sich zusammenschließen, die sich engagieren, und die nach einer gewaltfreien Zukunft streben. Ihre Macht wird von den bewaffneten Akteuren so hoch eingestuft, dass die Jugendlichen bewusst kriminalisiert und häufig systematisch ermordet werden.

Jugendliche – »Nacen muchos, pero se crian pocos«[231] Problematik der »Limpieza Social«[232]

Jugendliche sind das schwächste und verletzlichste Glied der kolumbianischen Bevölkerung. Ihnen widerfährt

---

[231] Zitat einer Mutter, die aus Caquetá geflohen ist: »Es werden viele (Kinder) geboren, aber nur wenige aufgezogen«, Interview am 28.07.2004 in Altos de Cazucá.
[232] Die Menschenrechtsaktivistin und Hochschuldozentin Lilia Solano bezeichnete die »*Limpieza Social*« in einem Interview am 5.10.2004 zynisch als »*Limpieza de Masas*« also als »*Massensäuberung*«.

kaum soziale Anerkennung, Wertschätzung und Respekt durch ihre *Comunidad*, im Gegenteil: Jugendliche gelten in Altos de Cazucá als gefährlich, als »soziale Bedrohung« und sind teilweise mehrfach stigmatisiert: weil sie jung sind, weil sie vertrieben und daher potenzielle Unruhestifter sind, weil sie »*Campesinos*« sind, also vom Land kommen, weil sie möglicherweise schwarz sind,[233] und vor allem, weil sie einen anderen, eigenen, jugendlichen Stil[234] verkörpern.

I: »*Wir haben keinen Ort, wo wir uns treffen können, wo wir uns zerstreuen können. Und weil uns die Erwachsenen so wenig helfen, glaube ich, dass viele Jugendliche rebellieren.*«
F: »Was meinst du denn genau mit rebellieren?«
I: »*Ach, also, dass man sich seine Gruppe sucht, in der man stark ist...Wir sind hier doch alle unsichtbar, nur das Schlechte wollen die Erwachsenen sehen, und sie finden es schon gefährlich, wenn wir Rastas tragen und rappen, aber das hat doch gar nichts mit Drogen zu tun, aber die sehen das gar nicht.*«
F: »Und stimmt es, dass die Erwachsenen Jugendliche, die so aussehen häufig mit Pandillas in Verbindung bringen?«

---

[233] Es sind viele Afrokolumbianer nach Cazucá geflohen.
[234] *Stil* wird hier nach Hebdige als *Bricolage* definiert, als eine aus dem Kontext improvisierte Neukombination von verschiedenen kulturellen Elementen, die zur eigenen Identitätsstiftung, aber auch zur »empörenden« Ausgrenzung gegen »orthodoxere Kulturformen« geeignet ist. Download unter
http://www2.hu-berlin.de/fpm/texte/subcult.htm (01.02.2006).

I: »*Ja, ach, die haben doch keine Ahnung, für die sind wir doch alle gleich.« (Alexis, 17 Jahre, kein Vertreibungshintergrund, 15.10.2004)*

Die Jugendlichen werden in Cazucá als gefährliche Bevölkerungsschicht wahrgenommen und marginalisiert. Es existieren keine kulturellen Zentren und Freizeitangebote, ihnen bleibt nur die Straße. Da sie eventuell lange Haare haben, sich anders kleiden, weil sie Rapmusik mögen, assoziieren die Erwachsenen mit ihrem Stil oftmals Gammlertum, Drogenabhängigkeit und Pandillazugehörigkeit. Im Vordergrund steht also nicht die prekäre Lebenssituation der Jugendlichen oder ihre schlechten Möglichkeiten auf dem Arbeitsmarkt, sondern ihre angeblich latente Bedrohung für die Bevölkerung. Es werden letztlich Bilder geprägt und konstruiert, die durch ihre ständige Wiederholung zum komunitären Allgemeinwissen werden.

Alexis bezeichnet den Versuch, anders sein zu wollen, als »Rebellion«, als einen Versuch, sich durch seine Kleidung, seine Frisur, also seinen Stil, gegen die Welt der Erwachsenen abzusetzen und sein individuelles Selbstverständnis nach außen zu profilieren. Es belastet ihn, dass alle Jugendlichen gleichgesetzt werden mit Pandilleros. Denn: In einem konfliktiven Setting wie Cazucá führen diese generalisierenden Zuschreibungen und Stereotypisierungen von Jugendlichen zu einem bedeutenden Problem: Die dramatische Zunahme von Morden an Jugendlichen im Rahmen der berüchtigten »*Limpieza Social*« zeugt von dieser Brisanz:

F: »Kannst du mir auch etwas über die »*Limpieza Social*« erzählen? Mir wurde gesagt, dass die *Limpieza* letzte Zeit in Usme[235] zugenommen hat.«
I: »*Ja, vor kurzem haben sie vier Jungs in den Randbezirken von Usme umgebracht.*«
F: »Genau, dort habe ich auch einen Jungen kennen gelernt, den sie kürzlich angeschossen haben, wahrscheinlich die Paramilitärs, sagt man.«
I: »*Ja, vor vier Jahren, machten sie viel Limpieza, das war schlimm, da konnten die Leute nicht auf die Straße gehen. Wir hatten ein Eckhaus, die Leute mussten ihre Kleidung ausziehen, egal ob es Frauen oder Männer waren, und dann mussten sie sich mit dem Gesicht nach unten auf den Boden legen, und dann schossen sie...*«
F: »Und warum?«
I: »*Weil sie um diese Uhrzeit nicht außerhalb des Hauses zu sein hatten. Damals gab es viele Tote.*«
F: »Wie muss man sich denn verhalten, wenn man im Barrio kein Risiko eingehen will?«
I: »*Man darf sich nicht mit den falschen Leuten einlassen, schlechte Freundschaften und so*[236]«
F: »Was bedeutet das?«
I: »*Also, es gibt hier so einen Mann, also eigentlich mehrere, und die machen manchmal Limpieza auf ihre*

---

[235] *Taller de Vida* arbeitet neben Altos de Cazucá auch in Usme, einem Barrio am südwestlichen Stadtrand von Bogotá, in dem vornehmlich die Guerilla Einfluss hat. Durch die großen Wasserreserven kommt es letzte Zeit häufiger zu Übergriffen von Paramilitärs.
[236] der spanische Begriff der »*malas amistades*« ist ein sehr prägnantes Legitimierungsmotiv und begegnete mir häufig in Gesprächen.

eigenen Rechnung. Manchmal geben Leute denen auch Geld, damit sie Personen umbringen...«
F: »Kennt man diese S*eñores* denn?«
I: »*Klar*«
F: »Kennst du die persönlich? Also, wenn sie durch die Straße laufen, weißt du wer das ist?«
I: »*Klar.*«
F: »Krass, und wie alt sind die? Sind das erwachsene Männer oder Jugendliche?«
I: »*Das sind schon Señores, so um die 45. Einer heißt Siméon, den anderen nennen sie »Das Hühnchen«. Manchmal töten sie Jungs, aber manchmal bringen sie auch Personen um, die anderen Leuten Schlechtes wollen, also, es gibt da eine Gegend, da gibt es viele Diebe, die bringen sie manchmal um.*« (Tatjana, 15 Jahre, kein Vertreibungshintergrund, 15.09.2004).

An diesem Beispiel werden zwei Faktoren der »*Limpieza*« deutlich: Zum einen eine Implementierung von Werten und Normen, die festlegt, bis wann man sich »außerhalb des Hauses« aufhalten kann oder welche Freundschaften »schlecht« sind. Andererseits wird deutlich, dass die »*Limpieza*« auch von einigen Seiten der Bevölkerung legitimiert wird, wenn sie sich gegen Diebe richtet, also gegen diejenigen, »die anderen Leuten Schlechtes wollen«.

Die Jugendlichen werden in der kollektiven Wahrnehmung zu einem Sicherheitsproblem stilisiert, das es zu lösen gelte.[237]

---

[237] Häufig gibt es auch Graffitis, wo den »Faulen« und den »Marijuaneros« der Tod angedroht wird. Hierin zeigt sich, wie weit der Rahmen der sozialen Kontrolle und der gewaltsamen Implementierung von Werten und Normen greift.

Da staatliche Kräfte in Altos de Cazucá jedoch nur schwach präsent sind, mobilisieren sich andere Akteure, um der Bevölkerung »Schutz« zu bieten: Dies zeugt häufig von der Ohnmacht der Bevölkerung, ihre eigenen Kinder in die Gemeinschaft zu integrieren. Einige Anwohner des *Barrios* übernehmen die Initiative und schließen sich zu »Säuberungsgruppen« zusammen[238] und heuern externe Sicherheitsdienste an.[239]

In Altos de Cazucá bringt man, wie erwähnt, häufig die paramilitärischen Gruppen mit der *»Limpieza«* in Verbindung:

> F: »Kannst du mir erklären, wie die *»Limpieza Social«* funktioniert in Altos de Cazucá?«
> I: »*Also, das ist eine Sache, ich weiß nicht, ob gut oder schlecht, aber wahrscheinlich beides, weil die Limpieza Social nimmt sich nur die Personen, die sie schon im Blick hat auf einer schwarzen Liste, so sagt man.*«
> F: »Und weißt du, wo diese Liste ist?«
> I: »*Die haben sie.*«
> F: »Wer ist denn *sie*?«
> I: »*Die Paracos, die Kapuzenmänner. Es ist wie eine Liste, die sie haben. Eine Liste von Jugendlichen, die*

---

[238] Perea 2004: 22ff. Die Bevölkerung wendet hier laut Perea das »Recht auf eigene Rechnung« (S. 24) an, und übt somit eine quasi komunitäre Selbstjustiz. Oftmals wird die Bevölkerung von offiziellen Kräften trainiert (S. 22) oder durch eine illegale Partei ausgerüstet (s.a. No nacimos pa` semilla: In einer Kurzgeschichte beschreibt ein Ladenbesitzer, dass die Guerilla in Medellin zu feige gewesen wäre, um den Barriobewohnern mit ihren delinquenten Jugendlichen zu helfen, so dass sie selber zu den Waffen, die sie wiederum von der Guerilla bekamen, greifen mussten.).
[239] Perea 2004: 24f.

sie schon ins Visier genommen haben, um sie zu töten, das ist also eine schwarze Liste, wo die Namen der Jugendlichen drauf sind, die sie töten werden, so nennen wir das. Und wie ich das sehe, also als gut und schlecht, sie zerstören die Jugendlichen, die schlecht sind, die keine Zukunft haben, die Drogen nehmen und delinquent sind, die nehmen sie ins Visier. Darum habe ich auch so Angst, weil das jetzt mit einem Compañero passiert ist. Die haben einige Jungs im Visier gehabt, und er war bloß bei ihnen. Aber er ist anständig, also war doch anständig, und sie haben ihn getötet, nur weil er mit ihnen zusammen war...« (Ricardo, 13 Jahre, kein Vertreibungshintergrund, 13.10.2004)

Ricardo gibt hier eine zwiespältige Sicht wieder, die einerseits die »*Limpieza Social*« legitimiert, gleichzeitig drückt er aber auch seine Fassungslosigkeit aus, da er merkt, dass sich die Regeln, die er als »anständiger Junge« beachtet, der sich in zwei NGO-Projekten engagiert, und der in der Schule sehr fleißig ist, trotzdem plötzlich gegen ihn wenden können. Interessant ist hier die ambivalente Haltung, die Ricardo gegenüber der »*Limpieza*« einnimmt. Er hält die »Limpieza« für »*gut*«, weil sie Delinquente beseitigt, andererseits für »*schlecht*«, weil er merkt, dass es keinen absoluten Schutz gibt, nicht auch auf einer Liste zu sein, oder beiläufig ermordet zu werden, so wie er es im Fall von Moreno annimmt. Auffallend ist hier, dass Ricardo scheinbar die Meinung seiner Eltern reproduziert oder die kollektive Wahrnehmung internalisiert hat, da in NGO-Kreisen systematische Ermordungen definitiv abgelehnt werden.

Der Soziologe Manuel Perez von der Universidad Javeriana sieht die stattfindenden »sozialen Reinigungen« in Altos de Cazucá als Bestandteil eines »*sozialen Spiels*«.[240] Die Bewohner akzeptieren die »Limpieza«, da sie ihre Ruhe wollen. Häufig legitimieren sie daher auch das willkürliche Töten und Verschwindenlassen der Jugendlichen. Dies steht ebenfalls im Zusammenhang mit der schon dargestellten Politik der Demokratischen Sicherheit von Álvaro Uribe.[241] Jeder Verdacht, jede Verdächtigung fördert das Denunziantentum, jedes verdächtige Handeln wird angezeigt. Dies generiert einen Automatismus, der den illegal bewaffneten Akteuren zu einer strategischen Kontrolle verhilft und ihre omnipräsente Dominanz erleichtert, die nur durch die Kraft und die Motivation der Jugendlichen, die ihr Leben alternativ gestalten wollen, bedroht werden könnte.

Um diese Gefahr abzuwenden, sind Jugendliche bewusst mit Gerüchten konnotiert. Die systematischen Eliminierungen stellen somit einerseits eine Machtdemonstration dar, als auch andererseits eine Strategie, zivilen Widerstand zu brechen.[242]

---

[240] Interview mit Manuel Perez, 02.08.2004; Universidad Javeriana.
[241] Boletin Informativo Nr. 15, Mayo 2004; HG. Coordinacion Colombia, Europa, Estados Unidos. S.8ff.
[242] »*Ich glaube, es geht darum, ihnen die Hoffnung zu nehmen, die Hoffnung zu zerstören... Das ist eine symbolische Tat. Es ist so, als würde man die Zukunft zerstören, die Kontrolle über alle Lebensbereiche erlangen. Es ist, als wäre die Comunidad ohne Jugendliche. Aber was macht eine Comunidad ohne Jugendliche? In denen steckt alle Kraft drin...., die Jugendlichen kämpfen für ihre Angelegenheiten, für mich ist die Botschaft, die Zukunft zu zerstören. Jedes Mal sind die Opfer jünger...*« Interview mit Psychologin von *FEDES*, die nach dem Mord mit der alleinerziehenden Mutter von William Rivas Pino gearbeitet hat.

Die »*Limpieza Social*« ist ein sehr komplexes Phänomen. Auf der einen Seite erkennt man eine klare systematische Ausrichtung gegen oppositionelles Denken, insbesondere von Jugendlichen, die sich ihr Recht nehmen wollen, die Freiheit fordern, andererseits, gilt die »Limpieza« aber auch als Mittel, um Delinquente aus der Gemeinschaft zu »säubern«, was moralisch von der Gemeinschaft nicht immer abgelehnt wird.

»Wir wussten nicht, ist es Paramilitär, Militär oder Guerilla, die hinter allem steht. Das war nicht klar. Aber wir nannten die Leute, die töten »sicarios«, die Kapuzenmänner, sagt man in Altos. Das war dann so, dass ihr Chef zu einem der Jungs sagte, »geh und töte diesen Jungen, der Leonardo heißt.« Tja, und um dann sicherzugehen, dass sie auch den richtigen Leonardo erwischen, haben sie sicherheitshalber gleich fünf Leonardos umgebracht. Da hab ich mir gewünscht, einen ganz anderen Namen zu haben (lacht). Wir hatten große Angst, aber mein Adoptivvater hing sehr an seinem Haus. Wir hatten Angst, weil es los ging, und wir unsere Freunde tot in den Straßen fanden. Den Sohn der Nachbarin haben sie um die Ecke unseres Hauses umgebracht. Es wurde immer unsicherer und die Angst stieg. Es gab keine klaren Regeln. Man wusste nicht einmal, warum sie töteten, sie sagten, die wären von einer Bande, aber es konnten genauso gut die Paracos oder die Guerilla oder sonst wer sein.« (Leonardo, 19 Jahre, vertrieben aus Tumaco, 13.09.2004)

Die »*Limpieza Social*« ist also ein diffuses und verschleierndes Instrument der Selbstjustiz, mal für individuelle Rachemotive, für kollektive Selbsthilfe vor Delinquenten oder manipuliert durch Aufträge der Kriegsakteure. Deutlich wird, dass die »*Limpieza*« das extremste Mittel darstellt, um die Jugendlichen aus der *Comunidad* auszugrenzen. Hieraus resultiert letztlich die Schwächung des komunitären Zusammenhalts und die Erleichterung der Kontrolle durch Terror und Einschüchterung durch die illegalen Kriegsparteien, die von vornherein jegliche Opposition und jedes Aufbegehren ausschalten können.

»Un mano atras y uno adelante«:
Zwischen Eingewöhnung und Heimweh

Das lähmende Trauma der Vertreibung führt bei vielen Jugendlichen zu einem Schwellenzustand. Die Binnenvertreibung markiert ihre Lebenslage. Dieser Prozess wird umrahmt von ihrem Leben »davor« und »danach«.[243] Ihre gesamte Kindheitsgeschichte wurde in kurzer Zeit verkehrt, es kam zu einer abrupten »biographischen Diskontinuität«.[244] Aus unschuldigen Kindern werden entwurzelte Jugendliche, die sich oftmals die Schuld geben an ihrem Schicksal. Waren es denn nicht sie, die rekrutiert werden sollten? Haben denn nicht sie die Schuld an dem Schicksal der gesamten Familie? Mit dieser Last sehen sich viele Heranwachsende konfrontiert. Sie sehen die Hilflosigkeit, die Ohnmacht

---

[243] »*antes...*« und »*ahorita...*«, also früher... und jetzt...sind charakteristisch für die Geschichte der intern vertriebenen Jugendlichen. Häufig wird über die Flucht, die oftmals weite und beschwerliche Reise geschwiegen, da sie mit vielen Hoffnungen und Ängsten, Verlusten und Erwartungen verknüpft war.
[244] Weller 2003: 158.

ihrer Eltern, und erleben deren paralytischen Zustand mit. Dies führt dazu, dass sich die Ängste der Eltern häufig auch auf die Kinder übertragen. Haben die Kinder bisher in einer »harten, aber heilen Welt gelebt«,[245] erleben sie nun eine gänzlich andere Realität in Altos de Cazucá, einem urbanen Elendsgürtel.

Die Jugendlichen, mit denen ich arbeitete, verbanden ihre eigene Vertreibung mit verschiedenen Emotionen; so geht es um Schuld, Vertrauen, Unsicherheit, Heimweh, den Mut weiterzumachen und eine vermeintliche Ignoranz.

- *»Es ist eine Weigerung, weiterzumachen, eine Entwurzelung, verschuldet durch einen Konflikt, der nicht der unsere ist.«* (Ana, 17 Jahre, vertrieben aus Putumayo, 24.09.2004)
- »Vertreibung – jemandem die Träume stehlen, die Zukunft nehmen, es ist schwer, weiter in Personen vertrauen zu können, ich werde das um keinen Preis wieder tun, jetzt nicht mehr.« (Christina, 16 Jahre, vertrieben aus Tolima, 24.09.2004)
- »Eine Hand nach vorne, eine nach hinten« (Jairo, 16 Jahre, vertrieben aus Urabá, 19.09.2004)
- Toño schaut zu Boden und sagt aggressiv *»das zu wissen, bringt mir nichts, das ändert nichts«*. (Toño, 15 Jahre, vertrieben aus Cesar, 24.09.2004)

---

[245] Yenni 15 Jahre, vertrieben aus Chocó, 14.10.2004.

Oftmals lebten Kinder und Jugendliche in ruralen oder kleinstädtischen Kontexten bis der bewaffnete Konflikt ihnen ihre Lebensräume nahm, ihre Existenz direkt bedrohte und sie zur Flucht zwang.

»Mein Barrio lag direkt neben dem Strand. Also Tumaco ist eine Insel, bzw. umgeben vom Meer, von wo man aufs Meer hinaus fahren kann, wir waren jeden Tag schwimmen, die Flut kam um eins. Fast jeden Tag gingen wir schwimmen. Andere Tage gingen wir unter die Brücken und suchten nach schönen Büchsen oder wir suchten Kupfer, um es zu verkaufen oder solche Sachen. Oder wir gingen angeln, und die Leute aus dem Viertel waren nicht sehr streitsüchtig. Jeden Morgen ging ich in die Schule. Außerdem spielten wir Fußball, es gab immer einen Jungen, der ein Match organisiert hat. Damit waren wir eigentlich immer beschäftigt. Man konnte bis ein oder zwei Uhr morgens auf der Straße spielen. Jeder, der wollte, konnte draußen in seiner Hängematte liegen und draußen schlafen. Aber dann »ta ta ta« begannen die Schüsse und die ersten Toten erschienen. Alle Welt verschwand in ihren Häusern Die Straßen blieben von da an leer.« (Leonardo, 19 Jahre, vertrieben aus Tumaco, 18.09.2004)

Für Leonardo war das Leben in Tumaco von Spaß und vielen Aktivitäten geprägt und spielte sich mit Freunden ohne Beschränkungen im Freien ab. Die *Comunidad* war ihnen wohlgesonnen, es gab keine Marginalisierungen, die Jugendlichen machten das, was Jugendliche tun. Ihr Handeln wurde von der *Comunidad* nicht bewertet. Doch dann griff der bewaffnete Konflikt ins Leben von

Tumaco ein, und die Gewaltsituation zwang Leonardo und seine vier Geschwister, seiner Mutter, die von ihrem Mann getrennt in Bogotá lebte, dorthin zu folgen.

»In Wirklichkeit, wollte ich nicht aus Tumaco fortgehen, ich wollte einfach, dass die Situation besser wird, aber mit all den Dingen die passiert sind, hat uns unsere Mutter überzeugt und sagte, los kommt mit mir mit. So entschieden wir uns mit nach Bogotá zu gehen. Als ich in Bogotá ankam, war ich wirklich sehr, aber wirklich sehr verloren. Ich dachte. »uy, eine Stadt, so groß und schön und all das, so wie unsere Mutter uns überzeugte und uns ein Paradies beschrieb, und dann kamen wir in diese Berge nach Altos de Cazucá. Wir leben jetzt alle dort, am Hang, im Sand, der Staub. Wir kamen um eins in der Nacht an, und diese Kälte...wir gingen wie die Pinguine, ein wenig Gepäck, die Jacke über uns, und nein, als ich bei Sonnenaufgang diesen Berg gesehen haben, uf, habe ich innerlich geweint, ich war so traurig, die Zeit war sehr schwer für meine Umgebung. Wer mir nahe kam, dem habe ich nur böse Worte entgegengeschleudert, und aggressiv geantwortet und so.« (Leonardo, 19 Jahre, vertrieben aus Tumaco, 18.09.2004)

An diesem Beispiel wird deutlich, dass man die Heimat nicht einfach so verlässt, dass es für viele Familien eine Entscheidung zwischen Hoffen und Widerstand ist.[246]

---

[246] Deutlich unterschieden werden muss hier die Vertreibung durch direkte Todeserfahrung oder Vertreibung durch ein allgemein bedrohliches Konfliktumfeld sowie latente, indirekte Bedrohung.

»Man geht nicht einfach so, zwischen »ich gehe« und »ich gehe nicht«, steht ein Zwang. Niemand geht einfach so.« (María, 20 Jahre, vertrieben aus Cordobá, 22.09.2004)

Der Verlust der Heimat, das Zerfallen alter sozialer Verbindungen und Netze, das Herausreißen aus einem soziokulturellen Umfeld mit bekannten Traditionen führt bei den meisten Jugendlichen zu Heimweh und trotz Gewalterfahrung zu einer Idealisierung des Heimatkontextes, der emotionale Umbruch, der mit der Vertreibung einherging wird oftmals ausgeblendet. Viele Jugendliche betonen vor allem die landschaftlichen und kulturellen Vorzüge ihrer Herkunftsorte:

»Seit ich hier bin, (4 Jahre) *vermisse ich das Meer, die Wärme, das habe ich immer vermisst, die Gebräuche, Andrés, die Leute, die Fiestas, den Karneval der Weißen und Schwarzen...«* (Leonardo, 19 Jahre, vertrieben aus Tumaco, 18.09.2004).

oder

»Ganz in die Nähe haben wir Ausflüge gemacht, da leben Indígenas, da sind wir immer gerne hingegangen, sie erzählten mir von Yaje, von ihren Gebräuchen, ihrem Glauben, wie sie reden. Und es war so schön dort, alles Dschungel, sehr schön zum Wandern, es gibt ganz viele Tiere, Papageien,...und hier, nee, total selten, dass man überhaupt mal ein Tier sieht. Es ist immer ein Wechsel. Das trifft mich schwer. Wir sind ja auch noch nicht so lange da. Dort sind wir nachts mit den Nachbarn und Freunden bis

in die Nacht draußen gewesen, haben uns auf die Straße gesetzt, gesungen, Witze erzählt, aber hier, kann man sich nachts nicht auf die Straße setzen, zuerst wegen der Kälte, und dann, weil, klar, es ist viel zu gefährlich draußen zu sein. Hier fühlt man sich eingesperrt.« (Ana, 17 Jahre, vertrieben aus Putumayo, 30.09.2004).

Deutlich wird, dass genau zwischen den Vor- und Nachteilen des »vorher« und »nachher« verglichen wird. Vor allem kulturelle Komponenten sowie lokale Spezifika wie Feste oder kollektive Gewohnheiten wie gemütliche Versammlungen auf der Straße werden im neuen Kontext besonders vermisst von den Jugendlichen. Deutlich wird dies besonders im »sich eingesperrt« fühlen, dem Eindruck, zunächst zur Passivität gezwungen zu sein, und viele lebenswerte Bereiche, die es noch in der Heimat gab, aufgeben zu müssen. Für viele ist die erneute Konfrontation mit dem Gewaltkontext in Altos de Cazucá ein erschütterndes Einstiegserlebnis und erschwert die soziale Integration:

Nestor hat heute erzählt, was seine erste Erfahrung mit Gewalt in Cazucá war. Als er ankam, gab es grade ein großes Problem mit Vergewaltigungen. Tief eingebrannt hat sich ihm und Sandra (seiner nächstjüngeren Schwester) *der Mord an einem Mädchen, das die Freundin eines Pandillaführers war. Die hat wohl dessen Bruder nett angelächelt, und kurze Zeit später fand man sie dann in Teilen wieder, vergewaltigt und mit einer Motorsäge geviertelt.*[247]

---

[247] Tagebucheintragung 26.08.2004.

Diese demonstrative Gewalt ist ein Medium der Macht, welche sich Nestor und auch seiner jüngeren Schwester Sandra stark einprägte. Für sie, die in einem ruhigen, idyllischen Kontext aufgewachsen sind, war dieser »inszenierte Terror«[248] ein Schock, vor allem für Sandra, die laut Nestor anfangs überhaupt nicht wusste, wie sie sich verhalten sollte. Aus der Neuorientierung in einem konfliktreichen Setting ergeben sich also viele Adaptionsprobleme, die nicht nur singulär mit direkter Gewaltanwendung, sondern vor allem auch mit der Konfrontation gewandelter Wertesysteme verbunden sind.

F: »Können sie (die Nachbarskinder) denn hier nicht in die Schule gehen?«
I: »Nein, das liegt daran, dass sie auf dem Land keine Möglichkeiten hatten, nach vorne zu kommen. Es gibt viele Personen, die ihr Land lieben, die zurückkehren wollen, die ihre Sachen retten wollen, aber es gibt auch andere, die sagen, ich nutze die Chance hier, ich mache was aus meinem Leben. Oben gibt es eine Familie mit elf Kindern, es sind auch Vertriebene, und sie können weder lesen noch schreiben. Das sind Indigene, und ihre Kinder sind sehr, sehr unschuldig in fast in allen Belangen und vielleicht denken sie, dass alle Menschen gut sind.«

---

[248] Elwert 1997: 92; die Handlung des jungen Pandillaführers kann hier einerseits als Rache (Waldmann 1995: 357), also als emotional motiviert betrachtet werden, andererseits spricht jedoch einiges dafür, dass diese brutale Machtdemonstration einem rationalen Kalkül unterlag, welches ihm Prestige und absolute Führungsposition innerhalb seiner *Pandilla* sowie Respekt und Angst von Seiten anderer *Pandillas* brachte.

F: »Was hat das mit den geänderten Werten zu tun, von denen wir sprachen?«
I: »Weil, auf dem Land bringen sie einem bei, sich an die Familie zu klammern, freundschaftlich zu sein, die Leute vom Land sind sehr liebenswürdig und wenn man kommt, bieten sie einem alles an, was sie haben. Im Gegensatz hier, wenn jemand in die Stadt kommt, dann gibt man ihm nichts. Viele Leute nutzen das auch aus und sagen zum Beispiel: Geben Sie mir 20.000 Pesos und ich besorg Ihnen ein Formular für eine Unterkunft, und da die Familie so ein Formular braucht, geben sie das Geld und danach tauchen die anderen nie wieder auf.« (Paola, 16 Jahre, vertrieben aus Boyacá, 01.09.2004)

Die Vertriebenen müssen sich mit einem gewandelten Wertekontext auseinandersetzen und ihn zu dechiffrieren lernen. Hier gilt nicht mehr als Vorbild, wer hart arbeitet und solidarisch ist, sondern im Gegenteil derjenige, der sich ohne Skrupel durchsetzt, keine Schwächen zeigt, der den Ton angibt, der »am meisten Macho ist« und sich nicht unterordnet.

So ist es auch symptomatisch, dass sich das Verhalten vieler, vor allen Dingen männlicher Jugendlicher, extrem aggressiv geriert. Der Umgangston ist rau, selbst in sozialen Projekten, wo sich die Kinder gegen jede Art von (verbaler) Gewalt verpflichten müssen. Für die Jugendlichen ist es schwer, die Heimat zu verlassen. Noch traumatischer ist jedoch, in ihrer neuen Heimat nicht willkommen, nicht erwünscht zu sein.

»Also ohne jemanden zu kennen, guckt einen alle Welt total komisch an.« (Paola, 16 Jahre, vertrieben aus Boyacá, 01.09.2004)

»Ich habe gar nichts gedacht, nichts, nichts. Dann kamen wir nach Pitalito, das kannte ich noch, dann nach Neiva und von da an dachte ich, kann es sein, dass wir wirklich nach Bogotá fahren? Ich fragte mich so viele Fragen wie noch nie in meinem Leben... Am 17. März kamen wir hier an, wo uns eine Tante meiner Mutter erwartete. Die kannte ich nicht einmal. Dann nahmen wir ein Taxi und fuhren zu ihrem Haus. Dort kamen wir an, und oh mein Gott, diese Frau sagte, so, jetzt seid ihr hier, aber glaubt bloß nicht, dass wir euch durchfüttern werden, wir haben selber kein Geld. Wir dachten, dass ihr mit Geld kommt...Sie sah uns an und sagte, zum Mittagessen gibt es nichts.« (Ana, 17 Jahre, vertrieben aus Putumayo, 30.09.2004)

Die Atmosphäre ist durch Misstrauen und offene Ablehnung geprägt. Oft werden die Binnenvertriebenen mit Krieg assoziiert, es wird befürchtet, dass sich die ohnehin knappen Ressourcen noch weiter verringern, dass Unruhe ins *Barrio* zieht. Viele Kinder erzählten, dass auf sie mit dem Finger gezeigt wurde, da sie keine adäquate Kleidung besaßen:

»Meine Eltern haben mir gesagt, dass ich in der Schule nicht sagen darf, dass ich vertrieben bin, weil die mich sonst anschauen... Aber mein Vater musste die Wahrheit sagen, als er mir den Platz in der Schule besorgt hat...Das liegt daran, dass hier Vertriebene schlecht betrachtet werden, ich weiß auch nicht,

woran das liegt.« (Laura, 15 Jahre, vertrieben aus Caldas, 14.09.2004)

Jugendliche mit Vertreibungsgeschichte sind »verletzlicher« als ihre Altersgenossen, die Möglichkeit nach der Vertreibung wieder in die Schule zu gehen hat nur einer von acht Jugendlichen.[249] Im Regelfall ist der Existenzdruck so groß, dass schon Kinder arbeiten, um das Überleben der Familie zu sichern.[250]

»Gleich als ich in Altos ankam, habe ich gearbeitet. Meine Mutter hatte Glück und kannte einen Bekannten aus unserer Stadt. Der arbeitet als ambulanter Verkäufer auf der 49 (Straße in Bogotá). Nach einiger Zeit habe ich meiner Mutter geholfen und bin durch die Busse gelaufen und habe Bonbons verkauft.« (Jorge, 14 Jahre, vertrieben aus Caquetá, 18.09.2004)

Für viele jugendliche Binnenvertriebene verbindet sich mit ihrer Ankunft in Bogotá ein Paradox: es herrscht die Sichtbarkeit aber gleichzeitige Unerreichbarkeit von Reichtum. Viele Jugendliche verbinden ihre Vertreibung und Flucht mit einem Hoffnungsschimmer.

---

[249] ACNUR 2005. Download unter: http://www.acnur.org/index.php?id_pag=3664 (01.02.2006). Man kann als offiziell anerkannter Binnenflüchtling Schulbefreiung oder einen Zuschuss zum Schulgeld beantragen – über den genauen Ablauf dieses Prozesses kann ich leider keine Aussage treffen.

[250] Dass sich hierbei nur Gelegenheitsarbeit im informellen Sektor auf sehr niedrigem Lohnniveau als Möglichkeit bietet, ist offensichtlich; Liebel 1996: 410.

»...Ich dachte, wir gehen nach Bogotá in die große moderne Hauptstadt, dort wo man alles haben kann, dort, wo es die besten Partys gibt und einem alle Möglichkeiten offen stehen, dort, wo der Fortschritt ist, wo die Glemmerwelt liegt...« (Leonardo, 19 Jahre, vertrieben aus Tumaco, 18.09.2004)

Bestimmte Parameter charakterisieren für die Jugendlichen also ein zweiseitiges Schwert; es gibt viele Dinge, die für sie auf dem Land unerreichbare Träume waren, nun sind sie täglich auf Augenhöhe mit diesen Dingen, die aber ebenso unerreichbar bleiben, da unbezahlbar.

Hier zeigt sich ein Projektion von Wünschen und Hoffnungen, das Hoffen auf und die Energie für einen glanzvollen Neuanfang, der zu einer Desillusionierung sondergleichen mutiert. Diese Enttäuschung haben viele Jugendliche empfunden. Es waren keine falsche Versprechungen, aber die Sehnsucht nach einem Bild, einem Ideal, das man von Bogotá hatte, das aus dem Fernsehen vertraut erschien. Sie waren nicht vorbereitet auf ihre neue Situation im urbanen Kontext. Dass sich die bunte Fernsehwelt nicht im Geringsten mit den staubigen Straßen von Altos de Cazucá deckt, hat viele Jugendliche zu Beginn frustriert. Die einen reagieren kämpferisch, viele aber auch resigniert und defensiv. Die Anpassung an das Leben in der Stadt wird schon durch externe Faktoren wie Klima oder Nahrung erschwert und darüber hinaus durch die spezifische Gewaltsituation katalysiert. Dies fordert, wie noch dargestellt werden wird, von den Jugendlichen bestimmte Strategien der Adaption. Ihnen fällt es jedoch im Gegensatz zu ihren Eltern meistens leichter, sich zu assimilieren.

»Der Wechsel vom Land in die Stadt war für mich ein Schock, aber ich denke ein Schock, der motiviert. Es gibt viele Sachen, die cool sind, die ich auf dem Land nur erträumt habe. Für meine Eltern jedoch...sind weder Technologie oder Party attraktiv, sondern wirken im Gegensatz bedrohlich, glaube ich.« (Leonardo, 19 Jahre, vertrieben aus Tumaco, 18.09.2004)

Für Jugendliche mit Vertreibungshintergrund ist es weitaus schwieriger, Freundschaften aufzubauen und Zuneigung zu entwickeln. Durch ihre traumatischen Gewalterfahrungen und die sozial fragmentierte Gemeinschaft im urbanen Altos de Cazucá haben sie erlebt, dass es kaum Vertrauen gibt, kaum Zusammenarbeit und selten uneigennützige Solidarität. Jeder ist mit sich selbst und seinen Ängsten beschäftigt – jedoch schaffen es die Jugendlichen weitaus besser als die Erwachsenen, wieder Kontakte und Beziehungen aufzubauen, sich in Gruppen zu integrieren und sich trotz des »Schocks« wie Leonardo es nennt, »motivieren« zu können.

Das Leben in Altos de Cazucá stellt für viele Jugendliche eine Herausforderung dar. Viele ziehen eine ernüchternde Bilanz und sehen keine Verbesserung im Gewaltniveau zwischen Heimat- und Zielort. Es findet eine Verschiebung von Angst statt. Im ruralen Raum hatten die Jugendlichen Angst vor Zwangsrekrutierungen und »Eselbomben«, in Altos de Cazucá haben sie Angst vor den »sozialen Säuberungen«, Angst ihre Stimme zu verlieren, unsichtbar zu sein. Auch findet eine Kontinuität von Armut statt:

»Auf dem Land waren wir nicht reich, ich sag mal, wir haben ein bescheidenes Leben geführt. Aber wir hatten immer genug zu essen, Reis, Früchte..., im Gegensatz hier, hier gehe ich oft hungrig ins Bett.« (Laura, 15 Jahre, vertrieben aus Caldas, 14.09.2004)

Nichtsdestotrotz kann die Vertreibung aber auch Energien frei setzen und neue Hoffnungen und Möglichkeiten bieten, wie noch zu zeigen sein wird.

VI.3. Rollenmuster der Jugendlichen
Innerfamiliäre Beziehungen
und Stellenwert von Familie

»...Und es gefällt mir nicht, wie die Erwachsenen die Jugendlichen verurteilen, und mir gefällt nicht, wie Mitglieder meiner Familie, mich und meine Freunde verurteilen. Aus der einfachen Tatsache, Jugendliche in einer Ecke versammelt zu sehen, verurteilen uns die Erwachsenen, aber noch nie haben sie uns gefragt, was wir brauchen, was unsere Bedürfnisse sind,...warum versuchen sie nicht uns zu helfen, bei dem was wir wollen und fragen uns nicht, was wir denken?« (Jairo, 16 Jahre, vertrieben aus Urabá, 19.09.2004)

Die Binnenvertreibung führt zu einer sozialen Fragmentation, die auch vor Familien nicht halt macht. Die erneute Repression durch Präsenz und gezielte Einschüchterungen der bewaffneten Akteure erleichtert dieses Auseinanderbrechen.

»Der hat sich bestimmt auf was eingelassen, der konnte sich nicht unterordnen, nicht gehorchen. Wegen irgendwas wird es ja gewesen sein.« (Juan, Ladenbesitzer in Altos de Cazucá, 1.09.2004)

Dieses lapidare *»por algo será«* unterstreicht den anfangs beschriebenen Generalverdacht. Auch in vielen Familien gibt es kaum Vertrauen, keinen Schutz und wenig Unterstützung. Vor allem durch Traumata finden die Eltern keine Möglichkeit, eine »normale« Beziehung zu ihren Kindern aufzubauen. Sie wollen, dass die Kinder still sind, nicht stören, nicht auf die Straße gehen, nicht zu viele Fragen stellen...Es sind keine Beziehungen, die sich durch Kommunikation, durch offenen Dialog auszeichnen, sie sind viel mehr autoritär und hierarchisch geprägt und gehen selten über das Alltägliche hinaus.

»Mit meinen Eltern? Na, wir reden über das Essen, und wir reden über das, was man so den Tag gemacht hat, nichts Besonderes.«...»Nein, meine Eltern wissen nicht, was ich denke, was für Probleme ich habe, das ist denen egal... weiß nicht, gefragt haben sie mich noch nie danach.« (Alexis, 17 Jahre, kein Vertreibungshintergrund, 15.10. 2004)

Viele Jugendliche haben kein bis kaum ein Vertrauensverhältnis zu ihren Eltern, vor allem die Jungen nicht. Gleich zu Beginn meines Aufenthaltes habe ich an einem Workshop zu Sexualität bei *FEDES* teilgenommen und im praktischen Teil bei der auffällig aggressiven Jungengruppppe (19, 17 und 16 Jahre) mitdiskutiert. Dadurch dass ich alle Fragen offen zuerst beantwortet habe, glaube ich, dass sie ebenfalls sehr ernsthaft und sensibel geantwortet haben. Bei der Frage: »Haben Eure Eltern mit Euch über Sexualität gesprochen?« fiel auf, dass es diese Vertrauensebene nicht gab, diese drei Jungen mit ihren Eltern nicht reden konnten. Der älteste der Gruppe, der mir vorher als besonders aggressiv auffiel, sagte, dass es die Schuld der Eltern sei, wenn ihre Kinder kein Vertrauen in sie haben, dass es bei ihm zu Hause nie die Atmosphäre gab, vertrauensvoll zu reden. Nur die Mutter des Sechszehnjährigen hat ihrem Sohn Tipps gegeben und ihm erklärt, wie er verhüten könne.

Dieses Motiv, dass es keinen Raum für vertrautes Miteinander gebe, habe ich häufig gehört. Die nächsten Bezugspunkte für die Jugendlichen sind häufig so sehr mit sich selbst und ihren eigenen Traumata beschäftigt, dass sie für ihre Kinder keinerlei Rückhalt bieten können. Oftmals führen alleinerziehende Mütter, die ihren Mann im Krieg verloren haben, den Haushalt und sind unsicher und überfordert mit der Pubertät ihrer Kinder und ihrer allgemeinen prekären Situation. Die Familie als »sozialer Ort des Schutzes«[251] zerfällt:

> *»Seit wir aus den Llanos gekommen sind, schlägt mich meine Mutter und schreit mich an. Sie ist immer sehr traurig und muss viel arbeiten, um das Geld für Essen und die Miete zu beschaffen. Mein Vater wurde vor einem Jahr getötet, jetzt ist alles kaputt...ich kann nicht mehr zur Schule gehen, weil kein Geld da ist, dafür muss ich auf meine kleinen Brüder aufpassen, während meine Mutter arbeiten geht.«* (Christina, 16 Jahre, vertrieben aus Tolima, 20.09.2004)

---

[251] Liebel 1996: 412.

Väter, die nur die Arbeit auf dem Land und mit den Tieren kennen und in Cazucá keine Arbeitsperspektiven haben, verlieren sich häufig im Alkoholismus, werden aggressiv und gewalttätig. Oftmals findet in den Familien ein Status- und Rollentausch statt. Der Vater, der für die Ernährung der Familie zuständig war, trägt nun den geringsten Teil bei, da Mütter schneller Arbeit finden als Putzfrau oder Köchin. Ein gefühlvolles, emotionales Miteinander wird durch die individuellen Traumata und die prekäre Lebenssituation erschwert.

Die Verortung und Bedeutung der Familie für die Jugendlichen lässt sich als ambivalent charakterisieren. Oftmals nannten Jugendliche bei Interviews die Familie als ihren höchsten Wert und nächsten Bezugspunkt, gleichzeitig empfanden aber viele Jugendliche ihre Beziehung zu den Eltern als problematisch.

»Und, immer in den Nächten, fange ich an zu grübeln über irgendwelche Sachen, und immer wenn ich nachdenke..., habe ich seltsame Träume, also, ich weiß nicht, ob man das Albträume nennen kann, keine Ahnung, aber ich hab Träume, die mir etwas zeigen, zum Beispiel einmal waren wir alle zu Hause, und meine Mutter sagte, ich will, dass meine Kinder arbeiten und etwas machen...In diesem Traum sagte meine Mutter zu mir, dass ich hoffentlich, wenn ich 18 Jahre alt werde, den Militärdienst ableiste.« (Leonardo, 19 Jahre, vertrieben aus Tumaco, 20.09.2004)

Das *Reclutamiento*, die Einberufung in das Militär, stellt für viele Jugendliche eine Schreckensvision dar. In

Leonardos' Traum stellt die Mutter eine bedrohliche, nahezu antagonistische Figur dar, da sie ihn dem Militär und somit auch implizit dem Krieg preisgibt. Er fühlt sich unter dem Druck, als guter, folgsamer Junge wenigstens einen Beitrag zum Glück seiner Mutter zu leisten. Es ist sehr plastisch, dass Leonardo Gespräche solcher Art im Traum erscheinen. Die konfliktive Beziehung zu seiner Mutter, die ihn im Alter von vier Jahren bei seinem Vater zurückgelassen hat, um mit einem anderen Mann in Bogotá zu leben, beschäftigt ihn. Einerseits möchte er seine Mutter glücklich machen und zum Familienhaushalt beitragen, andererseits hat er Angst vor ihren Forderungen, die seinem eigenen Glück und seinen Bedürfnissen im Wege stehen.[252]

»*Das ist das, was ich nie verstanden habe, die meisten Eltern sagen, ich will für mein Kind ein besseres Leben, und dann wollen sie nicht, dass ihre Kinder gehen und sich engagieren. Das hab ich nie verstanden, gerade, weil mich meine Eltern so unterstützen.*«[253] (María, 20 Jahre, vertrieben aus Cordoba, 22.09.2004).

Auch wenn viele Jugendliche angeben, ihre Familie besonders hoch zu schätzen, gibt es häufig

---

[252] Leonardo möchte am liebsten in einer NGO arbeiten, wozu er die »*Libreta Militar*« nicht braucht.

[253] Dieses Zitat spiegelt recht spannend die Widersprüchlichkeit des Kontextes wider, in dem es eine große Divergenz zwischen Reden und Handeln zu geben scheint. Von NGO-Mitarbeitern hörte ich des Öfteren, dass Eltern sich nicht besonders dafür interessieren, ob ihre Kinder in die Schule gehen oder nicht. Leider kann ich diesen interessanten Punkt nicht weiter fokussieren, da ich kaum mit Eltern, und dann nur mit engagierten, gesprochen habe.

schwerwiegende Probleme, wie sexuelle Übergriffe vom Stiefvater, die die Mutter stillschweigend toleriert, depressive Väter, die alkoholisiert Mutter und Kinder misshandeln. Diese Erfahrungen intrafamiliärer Gewalt sind ein gesellschaftliches Tabu und fließen in einen Kreislauf der Gewalt ein: Die Gewalt, die die Jugendlichen erfahren, reproduzieren sie häufig an ihren jüngeren Geschwistern oder in der *Pandilla* und genießen ihre kurzzeitige Machtposition.[254]

Pandillas als Sozialisationsnetzwerke

F: »Und was gefällt dir in deinem Barrio und was nicht?«
I: »*Was mir nicht gefällt sind die Pandillas.*«
F: »Wie funktionieren Pandillas genau?«
I: »*Die verteilen sich übers Barrio, sie sehen ein Geschäft, das neu ist oder das gut läuft, dann kommen sie bewaffnet und/ oder bekifft.*«
F: »Weißt Du eventuell woher sie die Waffen bekommen?«
I: »*Nee, das weiß ich nicht, aber wo sie die Drogen verkaufen, das ist in einem Haus, an einem Hügel im Barrio. Dort bleiben sie immer stehen, und es ist ihnen egal, wenn man sie dort kiffend sieht.*«
F: »Haben sie denn soviel Macht im Viertel, dass es ihnen egal ist?«

---

[254] Hiervon zeugten informelle Gespräche mit einigen Jugendlichen. Bei drei von 20 Jugendlichen, die ich mindestens ein Mal die Woche sah, waren Blessuren offensichtlich.

I: »*Ja, Vor allem Araña[255]. Das ist ein Drogenabhängiger, der im Militär war, und als er wiederkam, war er so.*«
F: »Wie alt ist er denn?«
I: »*Der ist so 25 Jahre. Der sieht z. B. das Milchauto kommen, raubt den Fahrer aus und geht gemütlich weiter, keiner traut sich, ihm was zu sagen, weil er eben Araña ist.*«
F: »Alle haben Angst vor ihm?«
I: »*Exakt.*« (Tatjana, 15 Jahre, kein Vertreibungshintergrund, 15.09.2004)

Pandillas sind eine Form, die marginale Stadt zu bewohnen.[256] Perea sieht *Pandillas* als »jugendliche Erfahrungsformen, die den Rhythmus des täglichen Lebens zerreißen«,[257] eine Jugendkultur, die sich in den Straßenecken (*Street Corner Societies*)[258] abspielt und sich auf ein bestimmtes Territorium, nämlich das eigene *Barrio* bezieht. Jugendliche erobern in Form von *Pandillas* den lokalen Raum mit ihren eigenen Werten und Normen. Wie schon gezeigt wurde, stehen die Jugendlichen in Altos de Cazucá im starken Verruf, allesamt

---

[255] Die Namen von *Pandillas* bzw. die Spitznamen ihrer Anführer sind oft sehr symbolträchtig. Die Schwester von Nestor hatte letztes Jahr eine fünfköpfige Mädchenbande, die sich »*venganza por todo*« nannte, »Rache für alles«. Eigentlich gibt es in Cazucá keine reinen Mädchenbanden, und auch die Bande seiner Schwester hielt nicht lange. Nestor: »*Typisch Mädchenkram, die haben sich wegen der Jungs verkracht...die waren total bescheuert und haben sich immer einen Schneidezahn schwarz gefärbt und so, wenn sie ausgingen...*« (Tagebucheintragung, 06.10.2004).
[256] Perea 2004: 32 f.
[257] Perea 2004: 6.
[258] Vgl. Whyte 1955.

Pandilleros und somit gleichsam drogenabhängig und kriminell zu sein. Dieser Diskurs schafft eine Kluft zwischen vermeintlich »guten« und »bösen« Jugendlichen, die jedoch nicht in dieser schwarzweißmalerischen Form existieren.

Warum sich so viele Jugendliche *Pandillas* (Banden, Gangs) anschließen, hat vor allem strukturelle Ursachen und lässt sich zum einen durch fehlende Bindungen zu den Eltern, der allgemeinen Marginalisierung der Jugendlichen durch ihre *Comunidad* erklären. Die Anerkennung, die ihnen im Elternhaus verwehrt bleibt, versuchen sie durch andere affektive Verbindungen zu substituieren.[259] Sie ziehen sich in ihre eigenen sozialen Räume zurück, fliehen aus der beengten Situation in ihren Häusern, streben nach einer Gruppe, die sie nicht so abweist wie die Gemeinschaft der Erwachsenen. Hier suchen sie sozialen Rückhalt, Anerkennung und Schutz unter ihresgleichen, eine Wärme und Geborgenheit, die sie in ihren Familien oftmals vermissen. Sie wollen nicht weiter unsichtbar sein, sie wollen, dass man ihre Bedürfnisse wahr und sie ernstnimmt als Heranwachsende.

Pandillas sind Sozialisationsnetzwerke. Sie bieten Gemeinschaft, soziale Wärme und kreative Gestaltungsräume, sind eine Rache gleichgesinnter gegen die sie umgebende Gesellschaft, die sie stigmatisiert und kriminalisiert und von der sie sich nicht gerecht behandelt fühlen.

Doch durch ihre prekäre Lebenssituation, die oftmals frei von Perspektiven ist, werden sie verführbar durch die Aussicht auf schnellen sozialen Aufstieg, Prestige und Macht. Einige jugendliche Banden werden infiltriert oder

---

[259] Liebel 1996: 410.

angeworben durch illegale Akteure. In ihrer Desillusioniertheit und Perspektivlosigkeit sowie ihrem gleichzeitigen Streben nach Achtung und Respekt stellen sie eine leichte Beute dar. Laut Manuel Perez liegt die Intention der Hintermänner darin, das soziale Netz total zu durchbrechen und die Jugendlichen nach ihrem Belieben zu instrumentalisieren, keiner vertraut keinem und auf die Frage nach den besten Freunden ist sich letztendlich jeder selbst der nächste. Ziviler Widerstand und Solidarität sind in solch einem Ambiente schwer, was den Paramilitärs ihre Herrschaft und ihre Geschäfte erleichtert.

> I: »*Es gibt Pandillas, die sind gefährlich. Die sind gewalttätig, die üben Gewalt aus, um Macht zu haben über ihre Ecke. Sie klauen, weil sie sonst nichts können...Die gehen nicht zur Schule...Sie schlagen sich um ihr Territorium, verteidigen es...Wenn die Waffen haben, weiß man, dass die Kontakte haben, dass die große Freunde haben.*«
> F: »Und wer sind diese »großen Freunde«?
> I: »*Gesehen habe ich die noch nicht, man sagt, dass sind die Paracos,*[260] *mächtige Leute, die kommen in der Nacht und haben große Autos, ...und die haben viel Geld...*« (Ricardo, 15 Jahre, kein Vertreibungshintergrund, 02.10.2004)

Das Verlangen der Jugendlichen nach Schutz und Prestige, vor allem in Form von Waffen, ist stark ausgeprägt. In Altos de Cazucá kursieren unter den Jugendlichen viele Waffen, wie mir ein anderer

---

[260] despektiv für Paramilitärs.

Jugendlicher sagte. Woher diese Waffen kommen, ist für ihn offensichtlich, obwohl er zugibt, noch nie direkt bei einer Übergabe dabei gewesen zu sein. Oftmals bekommen die Jugendlichen die Waffen im Gegenzug für einen »Gefallen«, eine Dienstleistung, den die Drahtzieher verlangen. Hierbei kann es sich um Spitzeltätigkeit handeln oder um die direkte Bedrohung von Personen bis hin zum Auftragsmord.[261]

Diese kontinuierliche Versorgung mit Waffen wird zu einem ernsten Problem in Cazucá. Wurden »Bandenkriege« bisher mit Fäusten oder im Ernstfall mit Messern ausgetragen, verschärft sich durch den leichten Zugang das Klima. Waffen sind unter Jugendlichen sehr beliebt, da sie dem Träger Selbstbewusstsein, Macht, Stärke und Schutz verleihen. Sie führen sie zu einer »psychischen Abhängigkeit« und die Entwaffnung sei schwer, da sich Prestige vor allem auch über Waffen definiere.[262]

---

[261] In Medellin war die Problematik der »*Sicarios*« hochdramatisch. Jugendliche Gangmitglieder haben als Auftragskiller für geringe Summen beliebig und nach Auftrag Personen getötet (Fischer 2000). In Cazucá gibt es dies aber meinen Interviews zufolge in diesem Ausmaß nicht. Ein Einzelfall ist der so genannte »Chiquitin«, der im Auftrag des Bloque Capital der AUC in Bogotá und Soacha, 137 Personen getötet hat. Download unter:
http://www.derechos.org/nizkor/colombia/doc/sicarios.html.
(01.02.2006).

[262] Es herrschen bei Jugendlichen, die direkt im Kontext des bewaffneten Konflikts sozialisiert wurden, zwei verschiedene Wahrnehmungen von Waffen vor: Entweder sehen sie Waffen als vernichtend und destruktiv, andere sehen damit aber andererseits auch Schutz, Überleben und Verteidigung von sich selbst, ihren Familien und ihrem materiellen Besitz verbunden. Diese Interpretationen beruhen auf informellen Gesprächen mit Psychologinnen aus NGO-Kreisen, die Kinder und Jugendliche als Multiplikatoren einer »*kriegerischen Kultur*« wahrnehmen.

Heute stand ich mit Nestor vorm Büro von FEDES, und es kam ein Junge vorbei, den mir Hugo schon mal gezeigt hat. Den mussten sie zwei Wochen im Büro verstecken, da er angeblich auf einer schwarzen Liste stand und ihn die Paramilitärs töten wollten. Erst durch internationale Proteste konnte der Junge wieder nach Hause. Nestor sieht ihn, nickt kurz hochmütig und sagt mir, dass der Typ ein Idiot sei, der laufend erzähle, dass er »ha comido la muerte«, schon mal getötet habe und damit angibt. Nestor diagnostiziert ihm ein sehr schwaches Selbstbewusstsein und ein »problema mental«.[263]

Als Nestor, vertrieben vom Konflikt in seiner Heimat Tolima, in Altos de Cazucá ankam, war er ein »*duro*«, ein Harter, wie er selbst sagt. Ihm war schnell klar, dass sich Prestige vor allem über Stärke und Kraft definiert, so dass er Streit und Kämpfe provoziert hat »bei jedem Rempler schlug ich zu«. Dann bildete sich um ihn herum eine *Pandilla* von 13 Jungs, die die Nachbarschaft terrorisierten, wie er sagt.[264] Nach neun Monaten hat er sich dann nach und nach ausgeklinkt, weil es ihn gelangweilt habe *(me aburrió)*. Er ärgert sich, dass sein kleiner Bruder jetzt denselben Weg wie er damals einschlägt.

Die meisten Pandillas stehlen oder überfallen Personen, üben Sachbeschädigung aus oder verkaufen

---

[263] Tagebuchtragung vom 14.08.2004.
[264] Die Frage, ob sie geklaut oder Drogen genommen haben, beantwortet er ausweichend, und sagt, dass sie »Ärger gesucht haben« (*buscar lios, fastidiar*).

Drogen.[265] Es scheint für die jungen Männer eine Art der harten Schule zu sein, über die man sein Prestige bestimmen kann.[266]

»Uno hace la plata y la plata lo hace a uno, por que si no tiene plata, no es nadie. « Konsum als Faktor von Vergesellschaftung oder Exklusion

> »Hier ist alles Geld, wenn man welches hat, kann man alles haben, wenn nicht, dann halt nicht...« (Reynaldo, 20 Jahre, vertrieben aus Cesar, 10.08.2004)

Dieses Zitat verdeutlicht die Kluft zwischen der Sichtbarkeit, aber gleichzeitigen Unerreichbarkeit von Konsumgütern für die Jugendlichen aus Altos de Cazucá. Soziale und ökonomische Ungleichheiten prägen jugendliche Lebenswelten und somit ihren Zugang bzw. ihre Exklusion zum gesellschaftlichen Güterfluss. Sie haben den Fortschritt direkt vor Augen, der Zutritt zu den Konsummöglichkeiten ist ihnen jedoch aus finanzieller Hinsicht verwehrt.

Waren sie in ihrem Heimatkontext daran gewöhnt, überall frisches Obst zu bekommen und von Subsistenzwirtschaft zu leben, sind sie in Bogotá mit einer »Tiefkühlkultur« konfrontiert, wie im nächsten Zitat deutlich wird.

---

[265] Ramos 2004.
[266] Es ist vergleichbar mit dem »Habitus der Härte«, die »jede Begegnung im sozialen Raum zum Test, zur Probe und Herausforderung der Härte der beteiligten Akteure« werden lässt; Liell 2003: 132.

»Im Gegensatz hier ist es hart, weil es nur Lehm und Staub gibt, im Gegensatz dort, gingen wir hierhin und dorthin, purer Dschungel..., man ging zum Fischen, das war super. Wir haben Ausflüge gemacht, aber hier, hier kostet alles Geld, für den Bus und so. Im Gegensatz dort, geht man los und geht. Und eine andere Sache ist, Sachen zu kaufen. Dort ging man zum Markt und hat Fische gekauft, und zwar lebendig, hier ist alles tiefgekühlt, mein Gott, Zum Beispiel ist man sonntags mit Freunden oder Familie zum Grillen gegangen, um einen großen Eintopf mit Hühnchen zu machen, und die Hühner hat man lebendig mitgebracht. Aber hier findet man nicht ein einziges lebendiges Huhn. Alles verkaufen sie tiefgekühlt. Dort ist man zu den Fincas gegangen und hat Früchte gegessen und hat sie einfach von den Ästen und Sträuchern gepflückt, das durfte man meistens, Papayas, Avocados, Weintrauben, Orangen, Mandarinen...Nein, hier muss man für alles viel zahlen.« (Ana, 17 Jahre, vertrieben aus Putumayo, 30.09.2004)

Der Mangel an moderner Infrastruktur auf dem Land wird also durch ein Leben am Existenzminimum ersetzt. Es müssen neue Strategien verfolgt werden, um das Überleben zu sichern:

I: »Die Tante hatte eine Saftpresse und einen Tisch, also sagte meine Mutter, dass sie ihr den Tisch leihen möge, um Saft zu verkaufen. Sie hat einen Sack Orangen gekauft, Becher, Thermoskannen und dann stellten wir uns um 3 Uhr morgens an die Ecke, um

Kaffee und Orangensaft zu verkaufen. Bis morgens um 8 Uhr. Dann hatten wir 5.000[267] Peso für das Essen.«
F: »5.000, nicht mehr?«
I: »Nicht mehr, und seit drei Uhr früh, nass und alleine. Es gab Tage, da verkaufte sich alles alleine, zum Beispiel samstags oder sonntags morgens, wenn die Leute vom Trinken kamen, da verkaufen wir viel Kaffee, da haben wir 10.000 gemacht, aber nicht mehr...Das, also das in der Ecke stehen und verkaufen, das musste ich nie, aber jetzt schon. (nunca me había tocado pero me tocó.« (Ana, 17 Jahre, vertrieben aus Putumayo, 30.09.2004)

Zur Existenzsicherung ist die Familie auf sehr harte Arbeit im informellen Niedriglohnsektor angewiesen. »*Nunca me había tocado pero me tocó*« zeigt Anas Ernüchterung auf, die stellvertretend die ökonomische und damit vor allem verbundene soziale Exklusion vieler binnenvertriebener Familien kennzeichnet.[268] Die monetäre Beschränkung geht mit einem drastischen Werte- und Statusverfall einher. Durch die beschränkte Möglichkeit an gesellschaftlichen und kollektiven Ereignissen teilzunehmen, zu denen es Geld bedarf, kommt es zu einem sozialen Ausschluss auch unter Jugendlichen, die mitunter stärker auf Äußerlichkeiten wie Mode und andere konsumorientierte Praktiken fokussiert sind.

---

[267] Ca. 1,70 Euro.

[268] Dies trifft sicherlich auch auf die nicht-vertriebene Population zu, jedoch ist zu bedenken, dass diese nicht durch einen solch abrupten Bruch von Kontinuitäten betroffen und dem plötzlichen Verlust von Status und sozialen Rollen ausgeliefert ist.

I: »*Also, es ist mir schon beides passiert. Dann versuchen sie, dich zu demütigen und fragen, was du hast nichts? Aber das ist auch sehr unterschiedlich, wir haben Nachbarn, die immer versuchen, dich zum Lächeln zu bringen, das ist super, das hat mir viel geholfen, mich hier anzupassen. Aber wenn du sonntags in den Park gehst, merkst du manchmal auch, dass dich die anderen angucken, guck mal, wie ist die denn angezogen und so...Hier* (bei Taller de Vida) *fühl ich mich besser, man zieht an, was man hat... und man ist, wer man ist...Es ist total fürchterlich dort auszugehen, wenn man kein Geld hat, sagen sie, ach du hast kein Geld, dann komme ich nicht mit dir mit.*«
F: »So direkt sagen die das?«
I: »*Ja, sie machen eine Gruppe und schauen, wer wie viel hat und jeder muss sein Geld zeigen, und wer nichts hat, der bleibt dann da, so ist das.*« (Ana, 17 Jahre, vertrieben aus Putumayo, 30.09.2004)

Die Möglichkeiten an der Welt des Konsums zu partizipieren, entscheiden über die Chancen auf der »Beliebtheitsskala«:

F: »Und warum ist Chucho der Coolste?«
I: »*Weil er gut aussieht, weil er witzig ist, außerdem hat er immer Geld, immer lädt er mich ein, auf eine Limo, er schenkt mir Ohrringe, außerdem hat er immer die modernsten Klamotten an. Das finde ich wichtig, Das macht was her.*« (Claudia,18 Jahre, kein Vertreibungshintergrund, 14.10.2004)

Wichtig ist vor allem der Wert eines Gegenstands

I: »*Ui, du hast ja echte Chucks. Meine Schuhe sind von Nike, aber nur gefälschte, die kosten.... Pesitos, und mein Pullover ist von Tommy Hilfinger, der kostet ..., aber da und da kostet der nur...*« (Claudia, 18 Jahre, kein Vertreibungshintergrund, 14.10.2004)

Die Mechanismen der Aneignung von Konsumgütern haben für viele Jugendliche integrativen (bzw. exkluierenden) Charakter, der sich über Werte, Status und Prestige definiert. Wie im Falle von Claudia muss der Betrag gar nicht so erheblich sein (Limo, günstige Plastikohrringe), wichtig ist die symbolische Bedeutung von Kaufkraft. Dieses strukturelle Muster wiederholt sich im zweiten Zitat; es ist eindeutig, dass gefälschte Markenware gekauft wird, aber es ist gleichzeitig auch ein Versuch, sich an die globalen (oder globalisierten) Muster von Konsum anzupassen und diese zu imitieren, Prozesse nachzuerleben, von denen die Jugendlichen weitestgehend ausgeschlossen sind.

Dennoch erleben die Jugendlichen eine latent bis offen erlebte Exklusion und eine Diskriminierung, die vor allem in den Medien sichtbar und für die Jugendlichen fühlbar wird. Hieraus entsteht bei vielen eine Abwehrhaltung. Sie fühlen sich ungerecht behandelt – wenn sie sowieso keine Chance haben, warum sollen sie sich dann noch abplagen?

Da es in Altos de Cazucá kaum Möglichkeiten gibt, Geld zu verdienen, außer im informellen Sektor, wo die Jugendlichen regelrecht ausgebeutet werden, lassen sich einige Jugendliche, vor allem in Zusammenhängen von *Pandillas* auf Raub ein. Sie stehlen sowohl für ihre

Subsistenz, als auch für Luxusgüter und daraus folgend Prestige. Die medial vermittelten Werte von Stärke, Macht und Tod sind daher nicht genuine Werte der Jugendlichen von Cazucá, sondern es sind gesellschaftlich implementierte und akzeptierte soziale Werte.[269]

Ich schließe diesen Punkt mit einer aussagekräftigen Interviewpassage von Ricardo ab, der das Gefühl der gesellschaftlichen Marginalisierung und Kriminalisierung gegenüber den Jugendlichen wie folgt ausdrückt:

> F: »Was bedeutet für die Jugendlichen in Cazucá soziales Prestige? Wen bewundern sie?«
> I: »*Also, Prestige, ist wie, hm, was meinst du? Das Prestige, das wir haben, oder das Prestige, das die Gesellschaft für uns hat?*«
> F: »Antworte, wie du magst.«
> I: »*Das Prestige, das uns die Gesellschaft gibt, ist sehr schlecht: Wenn du von Cazucá kommst und eine Arbeit willst und dann deinen Lebenslauf vorlegst, dann sagen die Leute, nein, hier können Sie nicht arbeiten. Wir sehen die Gesellschaft aber auch schlecht, weil wir eben nichts haben, also wie soll ich sagen, **so wie wir nicht die Gesellschaft interessieren, interessieren wir uns nicht für sie.** Weil, jetzt die Regierung unter Uribe gefällt mir nicht, weil sie alles in den Krieg investiert, und es gibt viele Vertriebene in den Straßen, und er gibt alles für den Krieg. Weder die Gesellschaft für uns, noch wir für die*

---

[269] Ortiz 2004: 16.

Gesellschaft.« (Ricardo, 15 Jahre, kein Vertreibungshintergrund, 15.10.2004)[270]

Es wird deutlich, dass das soziale Ansehen außerhalb Bogotás auf lokalspezifische Faktoren reduziert wird. Die Jugendlichen werden mit ihrem Wohnort identifiziert und der vorauseilenden Ghetto-Reputation Glauben geschenkt. Hieraus entsteht eine multirelationale Frustration, die sich zum einen auf das Individuum bezieht, dessen direkte Aktionsradien durch solche Vorurteile begrenzt werden, sowie auf eine Makroebene, in dem die Gesellschaft als antagonistisch zu den Jugendlichen verstanden wird.

Jugendliche als soziale Akteure in zivilgesellschaftlichen Kontexten

Jugendliche aus Altos de Cazucá sehen sich mit einer komplexen soziopolitischen Gewalt und einer ökonomisch dramatischen Lebenswelt konfrontiert. Von Eltern und Nachbarn oftmals nicht ernst genommen und verstanden, vom komplexen Geflecht an illegal bewaffneten Akteuren kriminalisiert und zur Zielscheibe erkoren. Prestige definiert sich über das Gesetz der Stärke. Doch: Es gibt viele Jugendliche, die sich Alternativen suchen, die versuchen, ihr Leben in andere Bahnen zu lenken. Sie wollen »*Lider Joven*« sein.

»Mir gefällt es nicht, dass wir keine Rolle spielen, manchmal weiß ich nicht, was ich besser finden soll,

---

[270] Bemerkung: Es fällt deutlich auf, dass sein Diskurs stark durch die Mitarbeit bei zwei Menschenrechtsorganisationen geprägt ist.

das wir unsichtbar sind, also, manchmal ist es den Erwachsenen, glaub ich egal, was wir wollen, hm, oder dass wir alle kriminell sind... Ich will anerkannt sein als eine »gute Person« (persona de bien), ich will auch anderen Jugendlichen zeigen, dass man nicht den Weg des Lasters gehen muss, dass man viel kämpfen muss, aber dass man es schaffen kann.«
(Reynaldo, 20 Jahre, vertrieben aus Cesar, 03.10.2004)

Erneut wird die soziale Marginalisierung beklagt, die die Jugendlichen ausblendet aus dem sozialen Leben und die Ignoranz einer *Comunidad*, die sie höchstens wahrnimmt durch soziale Devianz. Reynaldo stellt klar, dass er etwas an der Situation ändern will; er hält es für seine Verantwortung, der *Comunidad* zu demonstrieren, dass er eine »*Persona de Bien*« ist, und auch anderen Jugendlichen zu zeigen, dass es alternative Möglichkeiten zu Drogen und Diebstählen gibt.

Die soziale Funktion und die Rolle eines *Líder Joven*[271] besteht in seiner soziopolitischen und vor allem kommunalen Partizipation. Die Jugendlichen wollen auf die Missstände, die sie täglich erleben, aufmerksam machen, sie wollen ernst genommen werden und sich einmischen mit dem Ziel, Verhältnisse zu verändern. Jugendliche sind eingebunden in die spezifischen Machtkonstellationen in Altos de Cazucá, hier zeigt sich auch eine Erklärung für die alarmierenden Morde an engagierten Jugendlichen.

---

[271] Mir schien, dass die Rolle des »*Líder Joven*« relativ beliebig für sich engagierende Mitglieder der *Comunidad* angewendet wird. Ob es einen besonderen Kontext gibt, in dem diese Rolle offiziell anerkannt wird, ist mir nicht bekannt.

»Oftmals sind es gerade die Wissbegierigen, diejenigen, die sich für ihre Rechte einsetzen, die getötet werden. Es wird versucht, diejenigen auszuschalten, die ihre Rechte einfordern. Daher richtet sich die Strategie der »Limpieza Social« vor allem gegen Jugendliche, die den Großteil der Bevölkerung darstellen, die Arbeit verlangen, die ein Recht auf Leben fordern, die Freiheit einfordern, sich auszudrücken, Freiheit, zu denken, was sie wollen. Sie wollen ihren Stil leben, rappen, sie wollen Jugendzentren. Und darum gibt es gezielte Einschüchterungsversuche gegen sie.« (NGO-Mitarbeiter FEDES, 10.10.2004).

»...Ich bin ich einer Gruppe »Resistiendo a la Guerra« und wir haben darüber geredet, dass die Polizei kein Recht hat auf, ehe, dass die mit ihren Wagen kommen und die Jungs mitnehmen. Das ist eine Problematik, die momentan Cazucá erlebt. Wenn wir nicht mitwollen, warum müssen sie uns dann zwingen? Dann kommen die Camionetas und holen die Jungs und ta, nehmen sie die mit und holen sie zum Rekrutieren wie man sagt.« (Ricardo, 15 Jahre, kein Vertreibungshintergrund, 4.10.2004).

Hier sieht man eine der Hauptverbindungen zwischen der Konfliktsituation in Altos de Cazucá und der Aufklärung in Menschenrechtsworkshops, die durch die NGOs in Cazucá abgehalten werden. Die politische Ausbildung sowie die Aufklärung über die eigenen Rechte und Pflichten sensibilisiert die Jugendlichen zum einen für ihre individuelle Situation als auch ihre Wahrnehmung als »Kollektiv« im Sinne der undifferenzierten

Bedrohung. Sie kämpfen um ihre Stimme, um sich auch staatlichen Institutionen kritisch zu nähern und nicht alles ungefragt mit sich geschehen zu lassen. Die Bildung in den Menschenrechtsworkshops intensiviert gleichzeitig eine Stärkung von Selbstbewusstseins- und Selbstwahrnehmungsprozessen.

Die Hauptmotivation für die Jugendlichen, sich in einem sozialen Prozess, sich in einer NGO zu engagieren, liegt in der Stärkung und Vernetzung der *Comunidad*. Die kommunale Partizipation dient zur Förderung eines solidarischen Zusammenhalts, durch den man mit neuen Ideen besseren Schutz und Verteidigung gegen die bedrohliche Kulisse von Willkür, Terror und Einschüchterung entgegen setzen kann.

»*Ich möchte eine Hilfe sein für die Menschen in meinem Barrio, ich möchte mein Wissen weitergeben, damit es allen gut geht, keiner hungern muss, damit die Gewalt aufhört.*« (Jhony, 16 Jahre, kein Vertreibungshintergrund, 09.04.2004*)*.

F: »Warum engagierst du dich in Jugendorganisationen?«
I: »*Mir scheinen diese Gruppen interessant, weil sie Erfahrungen teilen, Gedanken, dass was Personen meines Alters denken, mir gefällt es vor allem den Leuten zuzuhören, zu wissen, was sie denken, welche Träume sie haben, was sie wollen, das gefällt mir sehr, und auch mich gut mit anderen Leuten zu verstehen, mit Gleichaltrigen oder auch Älteren, ich war schon immer gerne mit vielen Menschen zusammen. Versuchen, sie ein bisschen besser zu*

verstehen und kennen zu lernen, gefällt mir. Ich sehe hier viele Personen, die sich sehr anstrengen, um etwas aus ihrem Leben zu machen, sie haben große Lust, was auf die Beine zu stellen. Das habe ich auch schon immer gehabt, aber zusammen kann man viel besser was erreichen...Wenn man kein Geld hat, kann man nichts machen, warum dann also studieren? Manchmal frustriert einen die Stadt und man denkt, was tut man hier eigentlich, warum studieren, wenn ich zum Beispiel schon Architekten Fastfood verkaufen gesehen habe...Daher, irgendwann mit dem Bewusstsein, welches man durch so eine Entwicklung bekommt, ja das kann einem bei vielem helfen.« (María, 20 Jahre, vertrieben aus Cordoba, 22.09.2004)

»Es ist doch besser, wenn ich hier bin und was für mein Leben lerne, als wenn ich auf der Straße rumhänge und mich langweile. Ich bin der einzige von meinen vier Geschwistern, der keine Arbeit hat, der nichts zum Leben beiträgt, aber meine Mutter findet es gut, dass ich ein »Líder Joven« bin.« (Nestor, 18 Jahre, vertrieben aus Tolima, 02.09.2004)

Die Rechtfertigung vor der Familie und das Schuldgefühl, nichts zum Familieneinkommen beizutragen, wird reguliert durch die soziale Rolle, die die Jugendlichen innerhalb der Gruppe einnehmen, die Verantwortung, die für die Umwelt übernommen wird, bringt darüber hinaus Respekt und Prestige.

»Ich glaube, dass viele Chicos hierher kommen, um vor ihrer Familie zu flüchten, vor ihrem Zuhause zu flüchten, vor der Kontrolle zu fliehen, der sie

ausgesetzt sind. Es ist auch ein Raum, der anders ist, einer, wo man glücklich sein darf.« (María, 20 Jahre, vertrieben aus Cordoba, 22.09.2004)

Man sieht, dass die Gründe für das Engagement die verschiedenen Bereiche der jugendlichen Lebenswelten abdecken. Die einen entfliehen der Langeweile, der Trostlosigkeit und der Beschäftigungslosigkeit des Viertels und suchen Vergnügen und Abwechslung in den Angeboten der NGOs, andere entfliehen dem beengten Haus, der Familie, sie entziehen sich der Kontrolle, die sie erleben, sie wollen Bestätigung und Anerkennung erreichen, sie wollen sich über ihre Rechte informieren und diese als Multiplikatoren in ihre *Comunidad* hineintragen. Sie wollen sich mit Menschen auseinandersetzen, die Chancen auf einen sozialen Aufstieg nutzen.

Taller de Vida bietet für die Jugendlichen einen Raum der Interaktion, der explizit partizipativen Charakter aufweist durch Gruppendynamiken und Diskussionen, bei denen jeder gefragt ist. Die Jugendlichen genießen diesen Raum, der ihnen sonst kaum gewährt wird: Die einen vielleicht zögerlich und schüchtern, weil sie es nicht gewohnt sind, nach ihrer persönlichen Meinung gefragt zu werden, andere draufgängerisch. Sie lernen eine respektvolle Art der Kommunikation, die sie im besten Fall auf ihr *Barrio*, von Jugendlichem zu Jugendlichem übertragen und allgemein können sie als Vorbild eine integrative Funktion übernehmen.

I: »Man hat immer viel darüber geredet, über Kinderrechte und so, Menschenrechte, man sprach sehr viel, die Erinnerung zu bewahren, ne? Auf der Ebene der Vertreibung, das, was man verloren hat, das was geblieben ist, das soll bewahrt werden.«
F: »Was bedeuten diese Räume für dich? Was bedeutet dieser ganze Prozess?«
I: »*Vielleicht so was wie das Gefühl, etwas anderes zu haben, weil, also als das mit meinem Vater passiert ist, da war diese Wut, also auch eine Angst, die du hast. Und da war das so was wie einen Raum zu haben, wo man sicher ist, wo man sich wohlfühlen kann...Für viele Jugendliche sind Capoeira und Theater super, aber für mich ist es mehr die Reflexion auf sozialem Level, die Reflexion, was aus einem im Kontext dieses Landes wird, wo man selber steht. Man bekommt die Werkzeuge, um Optionen zu entwickeln, um ein politisches Wesen zu sein, ein Wesen mit der Fähigkeit, sich auszudrücken, zu kritisieren.*« (María, 20 Jahre, vertrieben aus Cordoba, 22.09.2004)

Welche Möglichkeiten der individuellen Entfaltung Jugendliche durch soziale Projekte erhalten, und wie dies ihr Zukunftsdenken bestimmt, soll im folgenden Teil dargestellt werden.

VI.4. Optionen der Jugendlichen

Es wurden einige wichtige Elemente dargestellt, die die Lebenswelt und die Rollen von Jugendlichen in Altos de Cazucá prägen und eingrenzen. Nun soll es um die Gewalterfahrungen der Jugendlichen gehen sowie um ihre Strategien, diese zu konfrontieren. Was fühlen sie angesichts der omnipräsenten Bedrohung bzw. in welcher Form und Weise gelingt es ihnen, Gefühle in Positives und Hoffnungsvolles zu transformieren? Exemplarisch soll dies nun an der Aufarbeitung des Mordes an William Rivas Pino dargestellt werden. Deutlich soll werden, auf welche Weise mit den Jugendlichen gearbeitet wird,[272] und welchen Einfluss sowie welche Perspektiven dies für ihr eigenes Leben und ihre mittelbare Zukunft eröffnet.

Am Samstag nach Morenos Tod waren außergewöhnlich viele Jugendliche bei *Taller de Vida*, unter ihnen auch viele, die sonst nicht kommen. Sie waren aufgeregt, fassungslos, und wussten nicht, wo sie hin sollen, was sie machen sollen und nutzten die Gelegenheit, mit runter nach Bogotá zu fahren.[273] Um den ersten Schock zu überwinden, wurde das große bestickte Transparent mit dem Motto von *Taller de Vida* in die Mitte gelegt. Es zeigt Kinder, die Drachen steigen lassen. Das Symbol des Drachen veranschaulicht laut Stella, der Chefin von *Taller de Vida*, die Gefühlswelt der Personen.

»Mal ist man ganz oben im Wind, mal unten, mal passiert wenig, mal ist es stürmisch, und man muss versuchen, Widerstand gegen den Wind zu leisten, genauso ist es auch bei uns Menschen.«

Alle Jugendlichen versammeln sich zu einem Kreis. Stella hält eine sehr eindringliche Rede, in der sie von ihrem eigenen Vater erzählt, der von den Paramilitärs wegen seiner politischen Tätigkeit für die

---

[272] Hierbei beschränke ich mich auf den psychosozialen Ansatz von *Taller de Vida*.
[273] Die Kinder bekommen das Geld für die Fahrten von Tdv erstattet.

Kommunistische Partei umgebracht wurde, über ihre eigene Vertreibung sechs Jahre später. Sie redet viel von Gefühlen, vom Fühlen, was in einem in solch einem Moment vorgeht. Ist es Wut, Angst, Trauer? Ihrer Meinung nach kann es nur eine mögliche Strategie geben, um diese Gewalterfahrungen zu verarbeiten: den Blick immer voraus zu haben und das Beste aus einer Situation zu machen. Anschließend sollen wir uns an den Händen halten. Stella fragt: »*Wer sind wir?*« Alle Kinder sagen still »*Wir sind Taller de Vida*«. »*Und was wollt ihr?*« »*Wir wollen nach vorne kommen*« erwidert leise ein Echo. »*Seid lauter*«, fordert Stella auf, »*wir wollen nach vorne kommen*«, »*und noch lauter... und reißt die Arme dabei nach oben...und jetzt springt... und springt noch höher*«. Gegen Ende ist es ein machtvoller, energischer Chor. Die Jugendlichen sehen befreit aus, einzelne lachen. Durch solche gruppendynamischen Prozesse kanalisieren viele Jugendliche ihre Ängste, für einen Moment entsteht eine Communitas.[274] Die Jugendlichen fühlen sich nicht mehr alleine, fühlen sich gestärkt in ihrer Solidarität. Auch langfristig adaptieren und verinnerlichen viele Jugendliche für sich die Sichtweise, die mit ihnen bei *Taller de Vida* erarbeitet wird. Sie fühlen sich ernst genommen und als Jugendliche respektiert.[275]

»*Taller de Vida unterstützt uns sehr in unserem Leben, weil wir hier Jugendliche sein können, weil wir*

---

[274] Turner 1989: 96; Victor Turner bezeichnet mit Communitas eine Form von Sozialbeziehung, die vom Bereich des Alltagslebens zu unterscheiden sei; eigene Beobachtung; 21.08.2004.
[275] Bei Interviews wurden mir häufig Elemente vorgetragen, die die Jugendlichen aus den Workshops kennen, und die sie gezielt auf ihr Leben anwenden.

hier als menschliche Wesen betrachtet werden, die Rechte und Pflichten haben, die viele Möglichkeiten und viel Träume haben.« (Laura, 15 Jahre, vertrieben aus Caldas, 14.09.2004).

In diesem Zitat spiegelt sich ebenfalls der als Freiraum betrachtete soziale Raum wieder, den die Jugendlichen bei *tdv* finden. Im Gegensatz zu ihren Elternhäusern, in denen sie sich eingeengt und häufig ungerecht behandelt fühlen, können sie bei *tdv* wenigstens einen Tag in der Woche eine andere Realität erfahren.

Einfluss der Kunst

F: »Und du, hast du schon immer getrommelt?«
I: »*Ja, zumindest in Tumaco (an der Pazifikküste Kolumbiens gelegen). Ich glaube, dass es in einigen Teilen der Atlantikküste und der Pazifikküste gleichermaßen eine Tradition ist, dass wenigstens einer der Familie, ein folkloristisches Instrument zu spielen weiß. Also ich habe immer Trommel gespielt, auch immer Maracas.*«[276]
F: »Als du in Bogotá ankamst, hattest du da deine Trommel bei dir?«
I: »*Nein...Aber das war auch das, was mir an Taller de Vida so gefiel. Ich dachte, uy wie super, es gibt Trommeln und all solche Sachen! Und ich glaube, dass ist auch ein bisschen, worin Taller de Vida helfen will, dass ... die Personen die wegen ihrer Vertreibung verzweifelt sind, nicht ihre Traditionen und Gewohnheiten vergessen. Für mich zumindest wäre*

---

[276] Kalebassenartiges Percussionsinstrument.

das sehr hart, festzustellen, dass ich alles vergesse, wo ich her komme, was meine Wurzeln, meine Gebräuche sind, das wäre total krass, wirklich so, als ob ich mich nicht kennen würde.« (Leonardo, 19 Jahre, vertrieben aus Tumaco, 13.08.2004).

Ein wichtiger Bestandteil von Flucht und Vertreibung ist die Konfrontation mit Identitäten.[277] Bogotá ist sozusagen ein kolumbianischer Melting Pot. Die Menschen kommen aus allen Regionen des Landes, ihre spezifischen kul-turellen Bezugspunkte sind für die meisten Personen ein wichtiger Anker, an den sie sich klammern. Die traditio-nellen Lebensmuster drohen unter den starken Verän-derungen ihre identitätsbildende Kraft zu verlieren. Das kulturelle Setting, in dem sie sich auskennen, in dem sie sich mit Sicherheit bewegen, ist über Nacht wegge-brochen und erschüttert.

Vielfach kommt neben der Stigmatisierung als Binnenvertriebener noch eine rassistische Diskriminierung hinzu. Wie in Kapitel IV schon dargestellt, trifft die Vertreibung die afrokolumbianische und die indigene Bevölkerung besonders stark. Das Aufgreifen dieser kulturellen Werte und Traditionen hilft, auf dem fremden, neuen Boden ein Gefühl der Vertrautheit zu entwickeln. *Taller de Vida* arbeitet u. a. viel mit folkloristischen Elementen aus verschiedenen Teilen Kolumbiens. Mindestens ein Mal im Monat führen sie einen »Karneval« in Schulen auf. Stelzenläufer, bunte Kostüme, Trommeln – für viele Kinder sind dies wichtige kulturelle Elemente. Ich war überrascht, wie ernsthaft und begeistert die

---

[277] Mit Identität meine ich in diesem Fall eine analytische Beschreibung heterogener kulturspezifischer Muster.

Jugendlichen sich mit den verschiedenen Tänzen, Liedern und ihren Inhalten auseinander setzten, um sie in der Folge vor Gleichaltrigen zu präsentieren. Diese Ebene der kulturellen Repräsentation ihrer Geschichten bzw. Facetten ihrer alten Heimatkontexte vermittelt ihnen augenscheinlich ein gestärktes Selbstvertrauen und Stolz auf ihre Wurzeln.

Die Auseinandersetzung mit Kunst und Spiel ist von besonderer Wichtigkeit im Kontext des Krieges. Viele Jugendliche tauchen durch ihre Vertreibung schon früh in die Erwachsenenwelt ein. Sie müssen Verantwortung übernehmen, sie müssen Geld verdienen, sie müssen aufhören, das unbeschwerte Leben eines Kindes zu genießen.

Die kulturellen Werte und Traditionen der Jugendlichen werden in einem neuen, fremdartigen Kontext wie Altos de Cazucá nicht berücksichtigt. Auch dies trägt maßgeblich zu ihrer Entwurzelung bei. Ihre traditionelle Identität zerbröckelt, es gelten andere Maßstäbe, es gibt keine Alternativen, keine Brücke zwischen dem »davor« und »danach«. Hier öffnet die Kunst einen Raum für die Jugendlichen, sie eröffnet ihnen die Möglichkeit, sich und ihre Talente auszuprobieren, sich auszudrücken. Sie fördert die Sicht der Jugendlichen ans Licht, bietet einen kreativen Freiraum, einen Raum der Reflexion, verdeutlicht, was sie für Perspektiven auf die Zukunft haben, wovon sie träumen, wo sie ihre Prioritäten setzen. Die Auseinandersetzung mit den eigenen kulturellen Bezugspunkten hilft, sich selbst zu akzeptieren und wertzuschätzen. Hierdurch können auf Identitätsfindung gerichtete Strukturen und Prozesse angeschoben oder intensiviert werden.

F: »Seit wann bist du bei Taller de Vida?«
I: *»Seit vier Jahren. Ich war immer in der Theatergruppe und auch der Musikgruppe, die die gleiche ist. Als ich anfing, zu den Workshops zu gehen, waren wir zunächst eine große Gruppe aus Altos, wir fühlten uns wie Privilegierte,...also ich hab ja nie geraucht oder getrunken oder andere solche Sachen gemacht. Einige der Jungs aber haben geraucht, aber kein Marihuana, sondern nur Zigaretten, aber es gab auch welche, die waren heftiger drauf, schmutziger in einigen Dingen. Jetzt sind die Leute, die im Theaterworkshop mitmachen, gute Leute. Taller de Vida ist eine der wenigen Organisationen, die an die Jugendlichen glaubt... Ich würde es beschreiben, als eine Art der Hoffnung: wir Jugendlichen sind es Wert. Weil viele der »Chinos«, die nicht weitergemacht haben, mit all den Ratschlägen, die sie bekommen haben, mit all den Workshops von Selbstbewusstsein zu Respekt, konnten diese Räume nicht nutzen, die man ihnen angeboten hat.«*

F: »Und du? Wie siehst du diese Räume, also nicht nur Theater, sondern auch die Möglichkeit der Reflexion?«

I: *»Die sehe ich als sehr bereichernd an... Wir leben von Kommentaren und Witzen aus dem TV, Reflexion aber ist ein Raum, der uns die Augen öffnet... Taller de Vida will aber zeigen »wer bin ich, was passiert in unserem Land«, es ist ein Raum, um die Wahrheit zu lernen, es sind Momente des Kennenlernens. Zumindest in einem spirituellen Sinne, es geht um Respekt und Toleranz, um Werte, all so was...«*

(Leonardo 19 Jahre, vertrieben aus Tumaco, 14.08.2004)

Körper als Territorium[278]

Nach dem gewaltsamen Tod von William wurden vom Team von *Taller de Vida* konkrete Strategien überlegt, wie man die allgegenwärtige »*Limpieza Social*« konfrontieren kann, wie man aus einer defensiven Position in eine offensive gelangen, wie man den Schmerz fassbar und in Hoffnung transformieren kann. Hier war der Begriff des Körpers zentral. Wie reagiert mein Körper auf Gewalt? Sucht er Schutz, gibt er Alarm? Wie kann man die Gefühle, die mein Körper sendet, kanalisieren?

Das geht nur über eine bewusste Wahrnehmung des eigenen Körpers. Indem man kontinuierlich mit dem Körper arbeitet, mit dem Körper Gefühle künstlerisch umsetzt und auf diese Weise hilft, eigenverantwortlich mit seinem Körper umzugehen. Erst wenn man sich selber schützt, auf die Signale des Körpers achtet und auf sein Inneres hört, kann man Verantwortung für andere übernehmen,[279] so das Credo von *Taller de Vida*. Hierfür ist Meditation ein wichtiges Instrument, das den Jugendlichen einen Raum der Stille und Ruhe schafft, den es sonst für die Kinder weder zu Hause noch woanders gibt, oder den sie sich nicht schaffen.[280]

---

[278] Hauptsächlich ist der Zusammenhang zwischen Körper und Territorium in der Genderdiskussion etabliert. Auch in neueren Studien zum Internet findet eine Relationierung beider Begriffe statt.
[279] Dieses ist ein wichtiges Element für die Rolle eines »*Líder Jóven*«.
[280] Tagebuchaufzeichnung 12.08.2004. Was Fabio in Bogotá am meisten missfällt, ist die Enge und Eingeschränktheit. Er wohnt mit

Der Fokus von *Taller de Vida* liegt allgemein auf der Prävention der Rekrutierung und der Involvierung der Jugendlichen in den Konflikt. Sie wollen die Verletzlichkeit und Anfälligkeiten der Jugendlichen verringern, ihnen Alternativen zum Krieg eröffnen, den Mangel an Fähigkeiten umkehren, da viele zu labil gegenüber den Verlockungen der illegal bewaffneten Akteure sind, die ihnen Respekt, Macht und Geld bieten: »*Irgendein Angebot, und weg sind sie*«.[281] Die Orientierungslosigkeit der Jugendlichen wird ausgenutzt, indem die bewaffneten Akteure »Wahrheiten« versprechen und die Jugendlichen in ihrem Sinne situieren. Viele Jugendliche haben ein schlechtes Bild von sich selbst, wenig Selbstwertgefühl und ein schwach ausgebildetes Selbstbewusstsein, was aus den stetigen Diskriminierungen und dem Fehlen sozialer Anerkennung resultiert. Sie fühlen sich

---

seiner Familie in extrem beengten Verhältnissen und teilt sich mit drei Geschwistern einen kleinen Raum. Auf die Frage, ob er Haustiere habe, lacht er lange und antwortet »Die würden sich bei mir wie im Gefängnis fühlen.« Es ist auffällig, wie ungern Fabio zu Hause ist, und wie lange er den Aufbruch hinauszögert.

[281] Ana beschreibt, wie die bewaffneten Akteure (in diesem Fall Guerilla) versuchen, jemanden als Informanten zu gewinnen. Ihre Aussage bezieht sich auf ihre Heimat Putumayo: »*Mehrere Male kamen sie zu mir, um mich zufragen. Weil, in der Schule, wo ich war, da ging man einfach so, und dann kamen sie, sie näherten sich auf einem Motorrad und das, klar, das erschreckt natürlich total, weil man immer denkt, dass sich die Person nähert, um dich zu töten, warum sonst? »Hey du, was geht?« Aber ich habe mich nicht getraut zu antworten, denn wenn man antwortet, gilt man gleich als Freundin von so einem, als eine, die Verbindungen zu ihnen hat. Und sie kamen und sagten, »hey, was geht, wie war`s in der Schule, wie gefallen dir deine Compañeros...« und ich »welche Compañeros?« Na, die da so langgehen?« Keine Ahnung, kenn ich nicht. »Aber du musst die doch kennen?« Nein, weil ich nicht rumlaufe und mich in das Leben anderer Leute mische. »Ok, wir sehen uns.«*

unsichtbar und nicht beachtet, wobei ihre aktive Auseinandersetzung mit ihrem Körper sie sensibilisiert und stärkt in ihrer Selbstwahrnehmung. Wichtig ist, ihrer Präsenz positiven Ausdruck zu verleihen, sie zu akzeptierten und respektierten Akteuren ihrer Gemeinschaft zu machen. Daher ist es das Hauptanliegen von *Taller de Vida*, eine starke Persönlichkeit auszubilden, mit viel Selbstbewusstsein und der Kraft, nein zu sagen, sich nicht in den Krieg hineinziehen zu lassen, sei es als Informant oder Informantin, als Köchin, als Geliebte, zu wissen, dass der eigene Körper und das eigene Leben nicht zu bezahlen sind, und dass man sehr viele verschiedene Talente hat, die einem andere Optionen zum Konflikt ermöglichen[282].

I: *»Meine Wut und meinen Zorn ertränke ich schauspielernd, all das versenke ich in den Theaterproben, wenn der Theaterlehrer sagt, du wirst jetzt diese Person darstellen, und dann muss man das darstellen, die Ohnmacht, die man fühlt, wenn man seine Heimat verlassen muss. Und für eine Person, die vive el desplazamiento, die die Vertreibung lebt, ist es sehr einfach, das zu projizieren, und das ist genau das, was ich mache. Und wenn ich dann jemanden im Publikum anschaue, dann tu ich das mit all meiner Wut, die ich habe, und die ich in diesem Moment ansammeln kann, dann denke ich auch an Erinnerungen und so.«*
F: »Kannst du statt Wut auch Liebesrollen spielen?«

---

[282] Dies ist zunächst natürlich der Ansatzpunkt von tdv. Diese Ideen fließen aber in den Workshops und auch in den Phasen von »Spiel und Sport« en passant immer wieder ein. Mir schien, dass die Jugendlichen diese Ideen für sich mitnehmen können.

I: »*Klar, kann ich das. Zum Beispiel die Zuneigung und Wärme der Leute, die man hier erhält, dann kann man das auch zeigen und spielen, außerdem gibt es ja Erinnerungen an Zärtlichkeiten von der Mutter oder Freunden...*« (Fernando, 18 Jahre, vertrieben aus Santander, 13.08.2004)

Prämisse hierfür ist die Beherrschung des eigenen Körpers: Ängste müssen kanalisiert werden durch »kreative« Gefühle wie Wut, die man rausbrüllen und tanzen kann, Trauer, die man heulen kann, Schmerz, den man wegspielen kann. Alle Gefühle sollen und können transformiert werden durch den eigenen Körper. Jeder Körper ist ein Territorium, das nur einem selbst gehört, und das man nur selbst schützen kann. Angst und Apathie dürfen den Körper nicht lähmen, sonst haben diejenigen, die die Kontrolle über den Körper erlangen wollen, ihn in den Krieg hinein ziehen wollen, schon gewonnen. Aus diesem Grund muss aus dem Körper jegliche Passivität verbannt und besonders Selbstbewusstsein geübt werden. Die Selbstwahrnehmung und die Repräsentation des eigenen Körpers in Form von Capoeira, Video, Theater und Rap kann eine Identität schaffen und stärken, indem sie zu einer ganzheitlichen Wahrnehmung der Jugendlichen führen können. Der Körper demonstriert als Territorium das Verlangen nach Freiheit und Selbstbewusstsein.

F: »Stella hat mir heute was erzählt von »Körper als Territorium«. Wie findest du denn das?«
I: »*Dass unser Körper aus Geist und Kraft besteht, wenn man seinen Körper nicht respektiert, kann man auch andere nicht respektieren. Ich glaub, wenn das mehr Leute wüssten, würde es weniger Schlägereien*

geben, und die Leute würden erst nachdenken.«
(Leidy, 17 Jahre, kein Vertreibungshintergrund,
13.09.2004)

Rap als Plattform politischer Manifestation: »Mi mayor miedo es perder la voz«

Auf der Beerdigung von William ehrten ihn seine Freunde von *Taller de Vida* durch Musik, durch Rap und durch Capoeira. Diese laute Ehrung sollte ihre Präsenz zeigen, demonstrieren, dass sie sich nicht einschüchtern lassen, dass sie zusammen halten. Es ist eine bewusste Konfrontation mit einem Ambiente, in dem eine eigene Meinung mit Repression und im extremsten Fall mit dem Tod bestraft wird. Die Jugendlichen fühlen sich als Ankläger und sind sich sehr der Gefahr bewusst.

Während der Beerdigung haben zwei Jungen freestyle gerappt. Erst ging es um ihre Freundschaft zu William, und welch ein Verlust durch seinen Tod entsteht. Nach einiger Zeit wurde der Rap jedoch zur Anklage gegen die Paramilitärs. Es ging um die Jeeps mit den verdunkelten Scheiben, und wie sie sich ihre nächsten Opfer auspähen, und um ihre Gier nach Zerstörung. Der Rap lief außer Kontrolle. Nahezu tranceartig haben sich beide Jungen gegenseitig hochgeschaukelt und ihren Schmerz artikuliert. Den Jüngeren der beiden haben die Eltern aus dem Kreis gezogen, den Älteren, der nicht aufhören wollte zu rappen, zwei Freunde. Erst im Nachhinein wurde mir die Erklärung bewusst: Es waren laut Aussagen zwei Personen auf der Beerdigung, die keiner kannte, und die sich alles beobachtend in einer Ecke gehalten hätten. Durch diesen Auftritt im öffentlichen Raum haben sich die beiden Jungen offenkundig in Gefahr gebracht.[283]

Rap[284] fungiert als Mittel der kulturellen Kommunikation und der gesellschaftlichen Partizipation. Die Texte sind oft sehr politisch und reflektieren das Geschehen im *Barrio*. Im Rap manifestiert sich ein Protest, eine Auseinandersetzung mit Themen und Missständen, die die Jugendlichen fürchten oder belasten. Es ist eine Darstellungsform und eine Ebene der Identifikation für die Jugendlichen, denen sonst kaum Gehör geschenkt wird.

»Meine größte Angst ist, dass sie mich zum Schweigen bringen. Ich rappe, um auszudrücken, was ich fühle, um zu zeigen, was in meinem Barrio passiert, und was ich ändern will.« (Jorge, 14 Jahre, vertrieben aus Caquetá, 19.09.2004)

Deutlich ist hier, dass Rap eine Interpretation und eine Aufarbeitung der Wirklichkeit ist. Der 14jährige Jorge legt großen Wert darauf, die »Wahrheit« zu rappen, aufzurütteln, zu zeigen, um was es den Jugendlichen geht, und was sie fühlen. Interessant ist der letzte Passus, das aktive Ändern-wollen. Die Jugendlichen sehen Rap als politisches Instrument, mit dem sie sich in einem

---

[283] Tagebucheintragung: 22.08.2004.
[284] Rap als eine der stärksten Subkulturen der Gegenwart spielt in Altos de Cazucá eine große Rolle unter den Jugendlichen. Auch bei *Taller de Vida* haben sich die Jugendlichen intensiv mit den Ursprüngen dieser afroamerikanischen Artikulation gegen alle repressiven Machtstrukturen auseinandergesetzt.

feindlichen Ambiente bemerkbar machen können. In einem späteren Teil des Interviews wiederholt Jorge mit Nachdruck, dass er trotz aller Bedrohung – er steht auf einer schwarzen Liste[285] – weiter »Rap komponiert«, weil er weiß, dass sich all das Schlechte, dass er in seinen Texten benennt, zum Besseren wenden wird.
In einem anderen Rap heißt es

> »*Er hat keine Haare auf der Zunge, er singt, was er will, und er sagt, wie es ist.*"

Durch diese Metapher wird der spezifische Anspruch deutlich, den die Jugendlichen durch das Medium Rap vermitteln wollen. Rap spiegelt eine wichtige Artikulationsform und das Lebensgefühl der Jugendlichen in Altos de Cazucá wider und stellt nach Wivian Weller das »politische Sprachrohr der Marginalisierten und Diskriminierten«[286] dar, mit dem sie sich von der Ohnmacht und Resignation in eine Ebene der sozialen Verortung und vor allem der direkten Aktion bringen. Der originäre Kontext eines Aufbegehrens gerade afroamerikanischer Jugendlicher in den USA verengt sich in Cazucá auf die kollektiven sozialen Ausgrenzungserfahrungen und die gesellschaftlichen Stigmata, mit denen die Jugendlichen alltäglich konfrontiert sind.[287]

---

[285] Bei den »*Listas Negras*« handelt es sich um ein absolutes Mittel der Einschüchterung. Tatsächlich hat keiner meiner Interviewpartner jemals eine »schwarze Liste« direkt gesehen, jeder Jugendliche konnte mir aber von deren (vermeintlichen) Existenz (beim Laden xy oder »der Junge, der nicht zu den freundlichsten gehört« hat erzählt, dass xy auf einer schwarzen Liste stehe) berichten.
[286] Weller 2003: 255.
[287] »*Schwarze Identität*« und das spezifische Konzept von *Blackness*, welches mit Rap in enger Relation steht, soll an dieser Stelle nicht

Auf einer »kulturellen Woche«, die *Taller de Vida* während meines Aufenthaltes in der »*Unidad de Atención a la Población Desplazada*« veranstaltete, traten auch Jorge, Leonardo und Fernando auf und rappten für die in der Schlange wartenden Personen. Jorge versucht positive Werbung für die Jugendlichen zu machen und führt ihre Darbietung wie folgt ein:

»Über die Jugendlichen dort (in Cazucá) *wird gesagt, dass es Mörder sind, dass es Pandilleros sind, man sagt, dass alle Jugendlichen dort so sind. Aber wenden Sie ihren Blick auch dahin, dass es auch Jugendliche gibt, die gute Sachen machen für ihre Comunidad, die Musik machen, die Capoeira praktizieren, die Theater spielen...Jugendliche sind keine Schuldigen und man muss immer den Glauben haben, nach vorne zu kommen.«* (Jorge, 14 Jahre, vertrieben aus Caquetá, 18.09.2004)

Hier der Refrain des »Lieblingsraps« von Jorge, der an diesem Tag aufgeführt wurde:

Todos colombianos no, no a la guerra
Para ver si asi nos desvuelven nuestras tierras
Esos maleantes nos quieren matar
Porque ellos no creen en la felicidad
muchos desplazados se ponen a llorar
porque ellos piensan que nos van a matar
esos maleantes te saquan de tu tierra
para que asi te metas a la guerra.

---

weiter vertieft werden. Meiner Beobachtung nach waren die Rapgruppen heterogen gemischt, allerdings waren die »Frontmänner« alle afrokolumbianischer Abstammung.

Alle Kolumbianer, nein, nein zum Krieg
lasst uns sehen, ob wir nicht so
unsere Heimat zurückbekommen,
die Verbrecher wollen uns töten
weil sie nicht an das Glück glauben
viele Vertriebene fangen an zu weinen
weil sie denken, dass man uns tötet
diese Verbrecher nehmen dir dein Stück Erde weg
damit du dich dem Krieg anschließt.

Symptomatisch ist die Umdeutung des momentan allgegenwärtigen Gangsterraps auf die Situation der Jugendlichen. Elemente wie Gewaltverherrlichung oder Sexismus spielen in ihren Texten keine Rolle, im Gegenteil: ihre Botschaft ist die der *non-violence*, wobei sie gesellschaftsrelevante Themen wie die Binnenvertreibung oder die ihr Leben belastenden (Zwangs-)Rekrutierungen aufgreifen. Neben dieser politisch und sozial partizipativen Form der Kommunikation bietet ihnen der Rap aber auch einen Raum »zur Erprobung und Einübung individueller Identitäten und kollektiver Zugehörigkeiten«[288] und stellt ein Vergesellschaftungsmoment unter den Jugendlichen dar.

»Für mich bedeutet Rappen, all das zu sagen, was ich sonst nicht sagen kann. Die Worte kommen einfach aus meinem Inneren...Die Leute hören mir zu, es ist mir wichtig, dass die Botschaft rüberkommt... Mit Rap kannst du Geschichten erzählen...Es ist ein ganz bestimmter Stil, du bedeutest dann was in der Gruppe,

---

[288] Liell 2005: 4.

du hast Respekt.« (Jorge, 14 Jahre, vertrieben aus Caquetá, 18.09.2004)

Rap ist unter den Jugendlichen ein angesehenes Medium einerseits der Konfliktkonfrontation, andererseits kann durch Kreativität, Wortwitz und gelungenen Rhythmus Prestige und Respekt erworben werden. Rap dient somit auch der Anerkennung der Jugendlichen untereinander, während sie im *Barrio* dafür skeptisch beäugt werden.

Das Theaterprojekt »Rompiendo los Miedos«[289]

Wie befreit man sich von seinen Ängsten? Wie schafft man es, sich seine Hoffnungen und Träume nicht nehmen zu lassen, seine Zukunftsziele hartnäckig zu verfolgen? Wie findet man Möglichkeiten eines Auswegs, gerade wenn eine derartige Manifestation der Gewalt wie in Cazucá verdeutlichen will, dass es keinen Ausweg und keine Hoffnung gibt. Nach dem Massaker, in dem William getötet wurde, nahm die Ausrichtung des Theaterstückes immer deutlichere Konturen an. In einer langen Diskussion[290] einigten sich die Jugendlichen auf den Titel: »*Rompiendo los Miedos*«, da dieser Arbeitstitel versprach, eine Brücke zu bauen zwischen den Ängsten,

---

[289] Sinngemäß: die Ängste zerreißen.

[290] Leider kann ich diesen sehr spannenden Prozess der Diskussion nur deskriptiv wiedergeben, da die technische Kapazität meines Aufnahmegerätes bei Gruppendiskussionen »überfordert« war. Aus diesen Gründen beschränke ich mich bei der Untersuchung des Theaters als einem Beispiel von Konfliktbewältigung und Sensibilisierung auf die Analyse der Funktion von Theater und nur beschränkt auf das Libretto.

die alle kennen, hin zur Hoffnung, ihre Träume eines Tages zu realisieren.

Das Theaterprojekt war ein kollektiver Entwicklungsprozess. Jeder hat teilgenommen, jeder musste etwas von sich preisgeben und einbringen. Eine erste Ideensammlung trägt Erfahrungsmuster zusammen, es wird diskutiert, welche Figuren im Theaterstück welche Rolle erhalten, und welche Elemente das Szenario realistisch gestalten. Lange wird über den Titel »*Rompiendo los Miedos*«, diskutiert und sich darüber ausgetauscht, welche Vorstellungen die Einzelnen mit dieser Überschrift verbinden. Verschiedene Felder wurden deutlich: die Ängste, die sie persönlich erfahren haben, Existenzängste, die sich auf die Gegenwart beziehen und Ängste, die auf die Zukunft ausgerichtet sind. Durch den dynamischen Prozess des »Zerreißens« wollen sie eine Analogie schaffen zu einem großen gesamtgesellschaftlichen Problem: der Straflosigkeit.

María: »rompiendo los miedos – rompiendo la impunidad«

Inhaltlich werde ich in dieser Arbeit nur knapp auf das Libretto eingehen, im Besonderen soll die Funktion des Prozesses hervorgehoben werden. Die künstlerische Auseinandersetzung mit der eigenen Vertreibung und dem Leben in einem Gewaltkontext ermöglicht den Jugendlichen eine repräsentative Distanzierung. Sie bringen ihre eigene Biographie ein, ihre Entscheidungen, ihre Erfahrungen im Kontext der Gewalt. Diese Aufarbeitung von Gewalt hat therapeutische Züge, die Jugendlichen interagieren miteinander, begreifen auf diese Weise die Ähnlichkeit ihrer Erfahrungen und erkennen eine übergeordnete Struktur. Diese politischen Diskussionen und Reflexionen halten die meisten für wichtig, um ihre

Rollen im Theaterstück besser begreifen und ausfüllen zu können.

Es hilft vielen, zu erkennen, dass die Binnenvertreibung nicht ihre Schuld, der Mord am Vater nicht ihre Verantwortung ist, sondern durch ganz andere Rahmenbedingungen getragen wird. Dieses Wissen erleichtert ihre komplexen Schuldgefühle und hilft, ihre Ungewissheiten zu reduzieren. Durch direkte und gemeinschaftliche Konfrontation mit diesem Tabu, das für sie ein gesellschaftliches Stigma enthält, empfinden sie Solidarität. Das Gruppengefühl intensiviert sich. In der Möglichkeit, ihre Ideen auszuleben, entdecken sie persönliche Ressourcen, Fähigkeiten und Talente, die ihnen bislang nicht zugetraut wurden, und die sich selber nicht zugetraut haben. Sie fassen Selbstvertrauen und reflektieren ihre bisherige Situation. Die Perspektive, andere Figuren für sich sprechen zu lassen, zerstreut die Unsicherheit, lässt Nachdenken zu über die eigene Rolle in der *Comunidad*. Die Arbeit an einem derartigen Prozess regt die Produktion von Wünschen und Träumen an und motiviert die Jugendlichen, über die Umsetzung eigener Ziele und Ideale nachzudenken. Jedes Kind und jeder Jugendliche hat besondere Vorlieben und künstlerische Ambitionen, die in dieser gemeinsamen kreativen Arbeit gefördert werden können. Durch Rekurs auf die jeweiligen kulturellen Wurzeln wird die Identität der Jugendlichen gestärkt, ihr Stolz sowie ihr Selbstwertgefühl gefördert. Durch die Darstellung ihrer biographischen Brüche und die Diskussion, wie welche Szene am besten umgesetzt werden könne, stärken die Jugendlichen ihre Dialog- und Aushandlungsfähigkeit und lernen, dass ihre Meinung gefragt ist.

F: »Und glaubst du, dass das Theater auch etwas Stimulierendes für dein Leben hat oder magst du einfach nur so gern Theater?«
I: »*Vielleicht, weil zum einen, spiele ich gerne Theater, es ist eine Form sich auszudrücken, vielleicht, weil ich mir gerade ziemlich bewusst werde über viele Dinge, die ich schon erlebt habe, viele, viele Dinge. In so einer Situation, versucht man herauszuziehen, versucht man seine Gefühle auszudrücken, all das, deswegen fesselt es meine Aufmerksamkeit.*« (Ana, 17 Jahre, vertrieben aus Putumayo, 30.09.2004)

Bei der Diskussion, welchen Hintergrund die Vertreibungsgeschichte in einem selbsterarbeiteten Theaterstück haben soll, wurde von den Jugendlichen vor allem der Aspekt des Widerstands betont. Sie wollen nicht als Opfer gelten und fokussieren daher bewusst das Suchen nach Auswegen, an dessen Ende der Triumph über den Krieg und die Einheit der *Comunidad* stehen soll. Beendet werden soll das Theaterstück mit einem bunten Karneval, der ihre Hoffnung und Lebensfreude sowie ihren Sieg über die düstere Kontrolle der Paramilitärs in Altos de Cazucá szenisch besiegelt.

VI.5. Zukunftsentwürfe der Jugendlichen Ängste und Unsicherheiten in Bezug auf Zukunft

> *»Es ist wie eine große Leere, die mir Angst macht. Moreno war ein guter Kerl.[291] Irgendwie fehlt der Sinn, weißt du. Es macht gar keinen Sinn, ob man sich an Regeln hält, vor zwei Monaten sind die Paracos mit einer Liste von Haus zu Haus gegangen. Nur einer war da, den haben sie am helllichten Tag erschossen. Es ist egal, ob wir uns bei Taller de Vida engagieren, ob wir alleine oder mit mehreren auf die Straße gehen, es ist egal, wie alt ich bin, die töten jeden. Es ist ganz egal.«* (Jairo, 16 Jahre, vertrieben aus Urabá, 19.09.2004)

Diese Willkür sichert den bewaffneten Akteuren ihre Dominanz. Die Bevölkerung ist eingeschüchtert, verliert allen Mut. Symbolische Exekutionen am helllichten Tag sind eine Machtdemonstration, verdeutlichen, dass es keinen Respekt gibt, keine Duldung von oppositionellen Meinungen. Diese Atmosphäre der täglich präsenten Angst blockiert oftmals das Zukunftsdenken der Jugendlichen

> I: *»Also, dass was meine Erfahrungen sind, ist dass die Angst kommt, ohne dass man etwas dagegen tun kann, die Angst, das Leben zu verlieren, in einer so gewalttätigen und so absurden Form, ohne irgendetwas getan zu haben. Das ist die Angst, dass*

---

[291] Spezieller Ausdruck »*chico sano*«, wörtlich: gesunder Junge, also einer, der keine Drogen nimmt, einer der »anständig« ist.

man, wenn man eine andere Meinung hat, einem etwas passieren kann oder weil man irgendwas gesagt hat und dass sofort Repressalien unternommen werden, nicht nur gegen dich, sondern auch gegen deine ganze Familie, das ist also die Angst, mit der man lebt, zum Beispiel, dass sie dich angucken, und man denkt sofort, wenn der mich anguckt, wird es wegen irgendwas sein, und man denkt sofort an den Tod, den Tod, den Tod. Man weiß nicht, an welchem Tag etwas passiert, man kann nicht ruhig durchs Viertel gehen, weil man immer eine große Unsicherheit spürt, die man sich ja selber auch aufbaut.« (Leidy, 17 Jahre, kein Vertreibungshintergrund, 14.09.2004)

Diese Passage ist sehr aussagekräftig, da sie stark die Atmosphäre der latenten Unsicherheit ausdrückt, die die Jugendlichen täglich begleitet, und die sie internalisiert haben. Die Gewalt ist immer präsent. Die Jugendlichen sind so stark mit dem Kriegskontext konfrontiert, dass die Angst vor Gewalt sie überall hin begleitet. Auch wenn die Gewaltkurven eher unregelmäßig sind, hat Leidy nie ein Gefühl von Sicherheit. Gleichzeitig belastet sie der Druck, durch vermeintlich falsches Handeln ihrer Familie schaden zu können.

»Sie nehmen die Jugendlichen mit, es gibt viele, Ex-Freunde, Kumpel, die sind nicht mehr da, weil sie gezwungen wurden, mitzugehen. Oder wie sagt man, sie werden bedroht, dass man sie tötet, dass man ihrer Familie etwas antun würde, und dann nehmen sie sie mit in ihre Reihen.« (Tatjana, 15 Jahre, kein Vertreibungshintergrund, 15.09.2004)

»Auch in Altos rekrutieren die Paracos. Immer wieder verschwinden Jugendliche. Mit Lastwagen und Jeeps werden sie abgeholt. Wir sollen auch Teil des Konflikts werden. Man hat ständig Angst, weil man nicht weiß, wann die Reihe an uns oder unseren Familien ist.« (Ricardo, 15 Jahre, kein Vertreibungshintergrund, 15.09.2004)

Die Kohärenz von allgegenwärtigem Krieg, direkter Bedrohung durch potenzielle Rekrutierung und wirtschaftlicher Perspektivlosigkeit führt bei einigen Jugendlichen zu einer (mittel- bis langfristigen) Unplanbarkeit von Zukunftsentwürfen. Viele Jugendliche sind gelähmt und reagieren befragt nach ihren Zukunftsvorstellungen fatalistisch:

F: »Was glaubst du, was du in zehn Jahren machen wirst?«
I: *»Wie soll ich das wissen, ist doch egal, es kommt, was kommt«* (Toño, 15 Jahre, vertrieben aus Cesar, 01.10.2004).

Zukunft ist daher für viele Jugendliche ein sehr abstraktes Phänomen. Umgeben von einer bedrohlichen Umwelt, nicht aufgefangen durch eine stabile Gemeinschaft, leben viele Jugendliche im Hier und Jetzt:

»Heute lebe ich heute, das Morgen morgen, warum soll ich mir Gedanken machen, wenn ich nicht weiß, ob ich morgen noch lebe.« (Toño, 15 Jahre, vertrieben aus Cesar, 01.10.2004).

Unter so prekären Lebensbedingungen, in denen es keine Selbstverständlichkeit ist, mit gefülltem Magen ins Bett zu gehen, vernünftige warme Bekleidung zu besitzen, und in der der Tod eine ständige Bedrohung darstellt, scheint das tägliche Überleben eine größere Hürde als Zukunftspläne zu konkretisieren oder zu organisieren. Viele Jugendliche stehen ihrer Zukunft resignativ gegenüber und können sich nicht vorstellen, was ihnen die Zukunft bringt. Dies verdeutlicht sich zum Beispiel an der »Schulflucht«: Viele Schüler nehmen nicht am Unterricht teil, weil sie es sich nicht leisten können, andere haben jedoch schon kapituliert und nehmen Schule als »*perdedera de tiempo*«, also als Zeitverschwendung wahr. Die potenzielle Verbesserung der Lebensqualität sowie mögliche Chancen des sozialen Aufstiegs sehen sie a priori als nicht gegeben an.
Und auch wenn sie die Schule beenden, wissen viele Jugendliche trotzdem nicht wie es weitergeht, da ein Studium sehr teuer ist und bei der Suche nach einer Arbeit der diskriminierende Teufelskreis von vorne beginnt:

»Wo soll ich denn arbeiten? Klar, ich helfe meiner Mutter zwei Mal die Woche, wenn sie auf der Straße Stirnbänder verkauft, aber eine richtige Arbeit? Dann bewirbt man sich, und die Leute sagen, Nein danke, du kommst aus Altos de Cazucá. Die denken doch alle, dass wir Delinquente und Drogenabhängige sind.« (Luis, 17 Jahre, vertrieben aus Urabá, 29.08.2004).

Aus dieser stigmatisierenden Situation heraus erwachsen für viele Jugendliche Angst und Unsicherheit, sie empfinden Ungerechtigkeit, Verzweiflung und Frustrationen, wenn sie an ihre Zukunft bzw. an den Ausschluss von Möglichkeiten denken. Um die eigene Unzufriedenheit über die sozialen Umstände zu vermitteln, wird dabei häufig auf Mittel der Gewalt, v.a. in Form von *Pandillas* rekurriert, um sich nicht unterkriegen zu lassen. Die Gewalt perpetuiert sich also im Sinne Waldmanns.

F: »Welchen Einfluss hat der Krieg auf die Jugendlichen?«
I: »*Dass man selber auch gewalttätig wird und zum anderen, dass man mit diesen Gedanken lebt, dass man Angst hat, dass jederzeit etwas passieren könnte, wann hört die eine Schießerei auf, wann beginnt die nächste. Wenn man das Haus verlässt, weiß man nicht, ob man es wieder erreichen wird....Man kann sich nicht entwickeln (formarse) als Persönlichkeit, weil man sich nicht sozialisieren kann und jeder ist mehr für sich, man muss immer genau aufpassen, wem man vertraut, man weiß nicht, ob die anderen einen mögen, man isoliert sich ein bisschen, zum Beispiel hat man Angst und glaubt, dass einem alle Welt Schaden zufügen möchte, dass alle Leute schlecht sind.*« (Christina, 16 Jahre, vertrieben aus Tolima, 19.10.2004).

»Also die größte Angst ist die Angst vor dem Tod, das ist die Hauptangst, weil man ja weiterkommen will, weil man Ziele und Visionen hat und zu sehen und zu denken, dass sie dich töten werden und darum ist die Hoffnung, dass sie dich nicht töten und man in seinen Sachen triumphieren kann.« (Ricardo, 15 Jahre, kein Vertreibungshintergrund, 18.09.2004).

Hoffnungen und Träume in Bezug auf Zukunft

Die Jugendlichen, die sich engagieren, kennen dieses Gefühl der Angst und haben ihre Resignation auch nach dem Mord an William in dieser Form ausgedrückt. Andererseits erträumen sie sich aber, ermutigt von den Prozessen und den Themen, die sie in den veranstalteten Workshops lernen, eine bessere Zukunft und haben die Hoffnung nicht verloren. Ihre Ambitionen, sich in sozialen Projekten zu engagieren, sind häufig damit verbunden, etwas aus ihrer Zeit und aus ihrem Leben zu machen, Chancen zu nutzen, einen sozialen Aufstieg zu versuchen.

> F: »Und was bedeutet »seguir adelante« (nach vorne kommen) in diesem Kontext für dich?«
> I: »*Vielleicht weil ich immer die Überzeugung hatte, dass ich besser sein will, und weil ich besser sein will, muss ich die Form suchen, um es zu werden, vielleicht habe ich heute nichts erreicht, aber schon morgen kann besser sein, das gibt mir Kraft, um weiter nach vorne zu schauen. El »querer es poder« (Wollen ist Können/ Macht). Wenn jemand wirklich will, strengt man sich an und erreicht seine Ziele, das ist mein Motto, ich habe diesen Traum, einmal jemand zu sein, zu zeigen, dass ich fähig bin, viele Sachen zu erreichen.*« (Laura, 15 Jahre, vertrieben aus Caldas, 14.09.2004).

»Dort hat man überhaupt keine Möglichkeiten, da gibt es überhaupt nichts zu machen, im Gegensatz hier mache ich nur nichts, weil ich nicht alt genug bin, aber für den Rest gibt es viele Möglichkeiten.« (Laura, 15 Jahre, vertrieben aus Caldas 14.09.2004).

Laura ist ein sehr selbstbewusstes Mädchen, das fest an einen sozialen Aufstieg und Erfolg glaubt. Ihrem gewalttätigen intrafamiliären Umfeld entzieht sie sich durch Fleiß, denn sie glaubt fest an ihre Chancen. Trotz der eklatanten Gewaltsituation in Bogotá hat sie ihr Leben »nach vorne geplant«. Sie hat sich genau informiert und weiß, dass sie einen sehr guten Schulabschluss braucht, um ein Stipendium für einen Studienplatz zu erhalten. Hierauf arbeitet Laura zielstrebig hin.

F: »Was hast du eigentlich für Ziele in deinem Leben?«
I: *»Ich will meine Familie weiterbringen. Das ist, was ich am meisten will...Wir haben grad fast kein Geld. Meine Eltern arbeiten als ambulante Verkäufer, aber vor zwei Monaten kam die Polizei und hat ihnen alle Sachen weggenommen, sogar die beiden Dreiräder, mit denen sie die Töpfe transportierten. Alles. Also haben sie Geld geliehen bei einigen Freunden und müssen jetzt Schulden abbezahlen...Mein Papa, meine Geschwister, wir helfen alle mit.«*
F: »...Und deine persönlichen Ziele? Wovon träumst du?«
I: *»Also meine Zukunftsvision ist, einen guten Schulabschluss zu machen, mich nicht rekrutieren zu lassen, das ist, was ich nicht will, und dann auf die »Universität der Armen« gehen, SENA heißt die und*

falls ich Geld habe, möchte ich auf die Universidad Nacional gehen. Vorwärts kommen, Stück für Stück.«
F: »*Welches Fach fändest du denn gut?*«
I: »*Das weiß ich nicht, ist ja auch immer ein Geldproblem. Was ich noch lieber machen würde, um jetzt mal rumzuspinnen, ich spiele sehr gut Fußball und ich bin in einer Meisterschaft in Soacha aufgefallen. Die wollten mich in eine Fußballschule holen, aber das kostete 12.000 Peso[292] und wäre jeden Tag...und wegen des Geldes musste ich mich von meinem Lieblingstraum, dem Fußball, verabschieden!...Ansonsten würde ich vielleicht Ingenieur studieren.*« (Ricardo, 15 Jahre, kein Vertreibungshintergrund, 06.10.2004)

Zwischen Traum(a) und Realität

Die Zukunftswünsche vieler Jugendlicher richten sich häufig nach ihren persönlichen Erfahrungen. Viele versuchen, ihre Gewalterlebnisse in ein Streben nach Harmonie und Idylle zu transformieren. Sie fliehen aus dem in der Vergangenheit Erlebten und erträumen sich eine Zukunft als Künstler. Gut die Hälfte der Jugendlichen, die ich regelmäßig traf, sahen für sich in der Zukunft eine Karriere als berühmte Fußballer, Modells oder Rapper.

---

[292] Ungefähr 4 Euro.

»Mein persönlicher Wunsch ist es, einmal ein großer Rapper zu sein, der andere ist, meinen Leuten in Altos de Cazucá zu helfen, ihnen singend zu helfen, in dem ich die Wahrheit rappe.« (Jorge, 14 Jahre, vertrieben aus Caquetá)

I: *»Eines Tages möchte ich Serienstar sein im Fernsehen.«*
F: *»Und was machst du, um dein Ziel zu erreichen?«*
I: *»...Ich weiß nicht, ich werde viel arbeiten müssen, denn eine Schauspielschule ist sehr teuer. Vielleicht werde ich auch Geschäftsführerin einer großen Firma, da hat man viel Geld, das meine Familie gut gebrauchen kann.«* (Tatjana, 15 Jahre, kein Vertreibungshintergrund, 02.10.2004)

»Lach jetzt nicht, aber ich werde eines Tages im Senegal leben und den ganzen Tag Musik machen.«

Der zwanzigjährige Reynaldo strahlt unwiderstehlich. Er ist passionierter Percussionist und ist in jeder freien Minute bei *Taller de Vida*, um seinem engen Zuhause zu entfliehen und der Langeweile der Arbeitslosigkeit zu trotzen. Um seinen Hals hängt eine kleine selbstgebastelte Djembe, die er sich mit einer Kordel in den Landesfarben Senegals (dem Ursprungsland der Djembe) umgebunden hat. Er ist extra deswegen in ein Internetcafe gegangen und hat sich ein Modell abgezeichnet.

»Mir hat sich die Option des Theaters angeboten, und ich habe entdeckt, dass ich talentiert bin, also sage ich, gut, studiere ich also Theater, so professionell,

ne. In meinem Leben werde ich Theaterschauspielerin sein. Aber hier habe ich auch gelernt zu analysieren und die Problematik der Binnenvertreibung kennengelernt. Ich mein, wir sind ja selbst vertrieben, aber es gibt so viele verschiedene Faktoren, und wenn man mich fragt, kann ich einen Dialog führen (dialogar). Und wenn ich Soziologie oder Politikwissenschaften studieren wollte, dann wäre Taller de Vida der Ort, wo ich die ersten Werkzeuge bekam, um mich zu entscheiden.« (María, 20 Jahre, vertrieben aus Córdoba, 13.10.2004)

Beeinflusst und motiviert durch die verschiedenen künstlerischen Angebote bei *Taller de Vida* können sich viele Jugendliche vorstellen, eines Tages wirklich Erfolg auf der Bühne haben zu können. Doch ihre Träume haben Grenzen: Der Spagat zwischen den Wunschbildern und der Realität ist enorm. Auf die langfristige Umsetzung ihrer Ideale arbeiten die Wenigsten konkret hin, auch wenn dies in den Seminaren von *Taller de Vida* immer wieder kritisch angemahnt wird. Daher hat *Taller de Vida* bei allen Seminaren, an denen ich teilnahm, versucht, diesen Punkt der Planbarkeit von Zukunft und der Organisation von Perspektiven zentral herauszu arbeiten.[293]

Neben Alltagsgewalt und ökonomischer Exklusion stellt die hohe Rate an Jugendschwangerschaften eine besondere Problematik bei der Verwirklichung von

---

[293] Ganz plastisch zum Beispiel über ein Pfeil- und -Bogen-Spiel, bei denen die Jugendlichen drei verschieden große Abstände zum Ziel einnehmen mussten, was gleichbedeutend mit »nahen Zielen«, jenen Zielen in mittelbarer Zukunft und denen in ferner Zukunft war. Solche spielerischen Ansätze wurden in den folgenden Workshops intensiv diskutiert.

Zukunftsplänen dar. Klar hingewiesen wird zum Beispiel darauf, dass sich ein Beruf mit einem sehr frühen Kinderwunsch nicht vereinbaren läßt, da viele Mädchen häufig nicht reflektieren, in welcher Reihenfolge und mit welchen Mitteln sich bestimmte Ziele verfolgen und realisieren lassen. Daher wird in den Workshops vor allem auf die Erreichbarkeit von Träumen und Wünschen hingearbeitet. Es werden die Bilder von Wünschen und Wegen, diese zu erreichen, gemeinsam mit den Jugendlichen analysiert.

Berufsvorstellungen im Kontext der eigenen Gewalterfahrung

Auffällig war neben den Jugendlichen, die sich eine Zukunft im künstlerischen Bereich erträumen, eine große Anzahl an Jugendlichen, die konfrontativ mit ihrer eigenen Gewalterfahrung und ihrer Gewaltwahrnehmung umgehen, aus denen sich dann Berufswünsche ergeben. So möchte die sechzehnjährige Paola Polizistin werden:

»Früher wollte ich eine eigene NGO gründen, aber das ist unrealistisch, weil man viel Geld braucht. Jetzt will ich lieber Polizistin sein, dann kann ich allen helfen, die in Not sind. Polizist zu sein, bedeutet gerecht zu sein...es gibt auch viele schlechte Polizisten, da hast du recht, aber ich wäre ja ein guter Polizist, einer der den Menschen hilft.« (Paola, 16 Jahre, vertrieben aus Boyacá, 01.09.2004)

Die fünfzehnjährige Laura geht es pragmatischer an:

> »*Ich muss noch zwei Jahre zur Schule gehen, und dann will ich Gerichtsmedizin studieren. Kannst du Blut sehen?... Ich sehe unheimlich gerne Blut, und außerdem forsche ich gern. Meinen Vater hat man mit sieben Schüssen hingerichtet, die Täter konnte man nie feststellen. Ich will wissen, wie man so etwas rausbekommt, wie jemand umgebracht wurde, womit, wo, alles will ich wissen.....*« (Laura, 15 Jahre, vertrieben aus Caldas, 14.09.2004)

Ihre Karriere in der Gerichtsmedizin stellt sich als Aufarbeitung ihrer eigenen Biographie dar. Beeinflusst durch den Mord am Vater, der für die Vertreibung ihrer Familie auslösend war, setzt sie sich intensiv mit pathologischen Aspekten auseinander. Durch ihren Berufswunsch lässt sich ihre Gewaltwahrnehmung nachvollziehen.

Astrid ist ebenfalls sehr zielstrebig. Sie ist eine zurückhaltende 16jährige, die sich eine bessere Zukunft durch Bildung erhofft. Bildung bedeutet für sie gleichermaßen, eine Möglichkeit der Unabhängigkeit und Loslösung vom Elternhaus. Dies ist ihr sehr wichtig:

Heute kam Astrid zu Taller de Vida mit einem unübersehbaren Veilchen. Als ich sie fragte, ob das ihr Stiefvater gewesen war, von dem sie mir schon einmal erzählte, dass er brutal sei, bejahte sie und erzählte, dass er wie so oft die Abwesenheit der Mutter, die berufstätig ist, genutzt hat, um sie zu schlagen. Auf meine Frage, ob sie denn Angst habe, dass er noch mehr tue, nickt sie kurz, der Blick bleibt am Boden. Dann fängt sie an wie ein Wasserfall zu reden, dass sie jetzt jede Nacht »reciclaje« machen wird. Ich muss schlucken, denn mit den »recicladores« verbinde ich Obdachlose. Der Job ist knochenhart, mit einem Wägelchen sammelt sie allen noch verwertbaren Schrott von der Straße auf, um ihn dann gegen Kilopreis zu verkaufen.[294] Ein Mädchen habe ich noch nie gesehen. Außerdem kann sie nur nachts arbeiten, da sich sonst die Menschen gestört fühlen. Auf meinen Einwurf, dass das aber supergefährlich sei, meint sie trocken, dass ihr das Risiko lieber sei, als zu Hause mit diesem Widerling zu sein. Je schneller sie viel Geld hat, desto besser sind ihre Chancen auf einen gute Bildung, und ein anschließendes Studium, um von Zuhause wegzukommen. Außerdem sagt sie selbstbewusst, dass sie ihre Mutter jetzt vor die Entscheidung stellen wird: Er oder sie. Wenn sie wieder nur ihm glaubt, dann geht sie. Sie ist sich sicher, dass sie schon etwas finden wird.[295]

Diese konfrontative Einstellung sowohl mit ihrer Vergangenheit als auch mit ihrer Zukunft, lässt sich als Versuch interpretieren, ihr Leben dynamisch zu gestalten. Sie ist sich bewusst, dass sie ihr Leben selber in die Hand nehmen muss und geht dafür große Risiken ein. Da ihre Mutter sie nicht ausreichend unterstützt, sucht sie sich den für sie realistischsten Weg der *reciclaje*, um Geld für ihre Schulbildung zu verdienen. Hier wird aber auch

---

[294] 1 Kilo Papier bringt 300 Peso (ungefähr 10 Cent).
[295] Tagebucheintragung 27.08.2004.

gleichzeitig der ambivalente Charakter der Familienbeziehungen deutlich: Ohne Unterstützung, zum Beispiel in Form eines Wohnortwechsels, sind keine Änderungen ihrer Lebenssituation wahrscheinlich.

Kategorien von Zukunftsperspektiven

Abschließend muss noch einmal betont werden, dass sich meine Informanten freiwillig in einem sozialen Projekt engagieren, das besonders auf künstlerisch-spielerische Prozesse setzt, um den Jugendlichen Selbstbewusstsein zu vermitteln und die Fähigkeit fördern will, sich aktiv andere Optionen zum allgegenwärtigen Kontext der Gewalt zu eröffnen. Durch ihre Mitarbeit entwickeln sie Ambitionen, sich neue Wege zu schaffen, ihre Möglichkeiten auszuschöpfen. Bei Gesprächen mit Experten anderer Organisationen oder mit Wissenschaftlern zeichnete sich jedoch hauptsächlich die dritte dargestellte Gruppe als prägend aus, die kurz gesagt, wenig Sinn in einer aktiven Auseinandersetzung mit Zukunft sieht, die frustriert ist und resigniert hat. Diese Jugendlichen versuchen aus ihrer Perspektivlosigkeit ebenfalls eigene Strategien zu entwickeln, stehen aber aufgrund ihrer Unentschlossenheit und ihres geringen Selbstbewusstseins in erheblichem Risiko, den Verlockungen der bewaffneten Akteure zu erliegen, um auf diese Weise Respekt, Prestige und Geld zu erlangen, die ihnen die Gesellschaft versagt.

Allgemein kann man festhalten, dass die Diskrepanz zwischen den Zukunftswünschen der Jugendlichen und ihrer Alltagssituation enorm ist.

Nachdem sich für mich die Frage nach den Zukunftswünschen und daraus folgend den eigentlichen Handlungsoptionen als wegweisend ergeben hat, lassen sich drei vorherrschende Grundmuster in den Antworten der Jugendlichen erkennen.

1) Auffällig ist, dass sich ein Großteil der Jugendlichen ein künstlerisches Leben erhofft. Berufswünsche wie Rapper, Modell, SchauspielerIn und Ballerina versinnbildlichen für viele Jugendliche den Traum von einem besseren Leben, die Hoffnung, ihr *Barrio* verlassen zu können, an ihren Potenzialen zu arbeiten »*para ser algo en la vida*«, also etwas aus ihrem Leben zu machen.
2) Andere Jugendliche sehen ihre eigenen Berufsvorstellungen im Kontext der Gewalterfahrung und möchten Polizisten, Soldaten und Gerichtsmediziner werden. Bei all diesen Kindern war zum einen die eigene, subjektive Gewalterfahrung besonders groß, zum anderen streben sie, durch solche Berufsfelder allgemein mehr »Gerechtigkeit« aber auch mehr Schutz für Ihre Familien an. Die Bewältigung ihrer Gewalterfahrung durch direkte Konfrontation wird hier deutlich.
3) Eine kleinere Gruppe empfand die Frage nach Zukunftsoptionen als gleichgültig. Sie argumentierten beständig, dass sie sowieso keine reellen Chancen haben, wobei sie als Erklärungsmuster auf Faktoren wie Bildungsmöglichkeiten, Wohlstand, soziale Herkunft verwiesen.

Mit den Worten der 15jährigen Laura möchte ich diesen Teil schließen:

> »Ich will wer sein auf dieser Welt. Was, weiß ich nicht genau, es kann irgendein Beruf oder irgendein Projekt sein. Aber ich glaube fest daran, dass ich durch meine Art, anders zu denken, etwas beitragen kann. Mein persönlicher Traum ist, dass man mich und meine Art zu denken respektiert.« (Laura, 15 Jahre, vertrieben aus Caldas, 14.09.2004)

VII. Ableitungen aus dem empirischen Teil

Altos de Cazucá stellt im Sinne Georg Elwerts einen Gewaltmarkt dar. Gewalt fungiert in diesem marginalen, doch geostrategisch günstigen Elendsviertel als Mittel der Territorialkontrolle, und trägt somit zur Bereicherung der illegal bewaffneten Akteure bei, die sich in diversen Aktionsräumen etabliert haben.

Wird im nationalen kolumbianischen Kontext im Zuge der Demobilisierungsprozesse mit den AUC eine nachfolgende Paramilitarisierung Kolumbiens befürchtet, so lassen sich diese bedrohlichen Tendenzen in Altos de Cazucá, welches ich als Mikrokosmos des innerkolumbianischen Konfliktes skizziert habe, nachzeichnen. In diesem Elendsviertel auf den Anhöhen von Bogotá hat sich ein vielschichtiges Netz an Akteuren und paramilitärischen Strukturen etabliert. Wie beleuchtet, gibt es 1) ein diffuses Netz an »Sozialen Säuberern«, die angeblich ihr Viertel von »delinquenten Subjekten« befreien wollen, 2) dominieren verschiedene Mafias, die über Schutzgeld und Besteuerung von öffentlichen

Transporten, den Verkauf von Boden und Wasser sowie über Prostitution Gewinn akkumulieren und 3) die paramilitärischen Einheiten, deren Präsenz zumindest in Form von einschüchternden Graffitis im lokalen Raum sicht- und spürbar ist, und die im Hintergrund dieses Netz an Gewaltakteuren zusammenhält und instrumentalisiert. Diese Instrumentalisierung ist ein wichtiger Motor paramilitärischer Dominanz und territorialer Kontrolle, die versucht, die ohnehin schon fragile *Barrio*-Gemeinschaft durch Terror zu fragmentieren, einzuschüchtern und jeden sozialen Widerstand zugunsten der profitablen Geschäfte und der geostrategischen Lage zu brechen.

Der Staat reagiert auf die gravierende Menschenrechtssituation in Altos de Cazucá durch Militarisierung. Die staatlichen Institutionen operieren entweder dysfunktional oder aber intendieren eine Allianz mit den paramilitärischen Akteuren, was sich durch die hohe unaufgeklärte Mordrate belegen lässt und eine Straflosigkeit als offizielle Politik suggeriert. Die Tendenzen der Militarisierung des zivilen Lebens, wie die Übernahme von Schulpatenschaften durch Soldaten, sind besorgniserregend und scheinen nicht auf eine Transformation sozialer Strukturen abzuzielen, die zu einer soziopolitischen Lösung des Konfliktes beitragen könnte.

Der Weg der militärischen Konfliktlösung, wie ihn die kolumbianische Regierung eingeschlagen hat, verschärft das gesellschaftliche Klima und dynamisiert die soziale Exklusion der Jugendlichen, die in diesem komplexen Interessensgeflecht als Bedrohung des herrschenden Gewaltsystems wahrgenommen werden, was zu ihrer Marginalisierung, Stigmatisierung und letztlich Kriminalisierung führt. Auf der sozialen Bühne sind sie als Akteure unsichtbar, sie treten erst dann ins Rampenlicht, wenn sie sich bewaffnen und gesellschaftliche Normen durchbrechen.

Jeder Versuch eines zivilen Engagements wird durch Repression unterdrückt. Dies verdeutlicht die besondere strategische Rolle, die Jugendlichen im Konflikt zugeschrieben wird und die meine Ausgangshypothese aufgreift: Jugendliche haben das Potenzial, den innerkolumbianischen Konflikt entweder weiter zu dynamisieren oder zu reduzieren. Richtiger wäre hier statt eines »*Entweder - Oders*« ein »*Sowohl-Als-Auch*«. Jugendliche tragen zur Dynamik des Konfliktes bei, in dem sie zwangsrekrutiert werden oder sich rekrutieren lassen. Dargestellt wurde, dass dies Überlebensstrategien sowie Taktiken zur Sicherung der Subsistenz und eines sozialen Aufstiegs (definiert über Status und Prestige sowie Konsum) sind.

Die Mehrheit der Jugendlichen fürchtet jedoch den Krieg und erlebt ihn als eine permanente Stresssituation, die vor allem Jugendliche mit Vertreibungshintergrund besonders belastet. So suchen viele Jugendliche aus Altos de Cazucá nach Lösungen: sowohl auf einer Mikroebene, also ihre individuellen Lebenssituationen und Zukunftsentwürfe betreffend, als auch auf einer Makroebene, indem sie sich für das Wohl ihrer *Comunidad* einsetzen wollen und durch ihre Kritik am Establishment eine soziale Umgestaltung andenken. Dass sie hierdurch zur Zielscheibe der bewaffneten Akteure werden, verdeutlicht die Verfestigung und Veralltäglichung der Gewaltstruktur in Altos de Cazucá.

Die Jugendlichen sehen sich umgeben von vielen limitierenden Faktoren, die sich auf ihre Lebensverhältnisse und auf ihr Zukunftsdenken auswirken.

Dennoch suchen sie Wege und Alternativen, um diese Beschränkungen aufzuheben oder zu umgehen. Das zivilgesellschaftliche Engagement in Nichtregierungsorganisationen zeigt einen Weg auf, der den Jugendlichen neue Perspektiven weisen kann. Durch künstlerische Ansätze sowie durch Menschenrechtsarbeit erleben die Jugendlichen neben den alltäglichen Ängsten und Frustrationen der gesellschaftlichen Exklusion eine soziale Anerkennung, die sich über ihre Talente konstituiert und mit der sie sich vor ihrer *Comunidad* repräsentieren. Sie sind weder passive noch resignierende Opfer, sondern Protagonisten, die Energien freisetzen und mobilisieren können. Auf diese Weise reflektieren sie ihre eigene Situation im weiteren gesellschaftlichen Kontext, entwickeln ein starkes Selbstbewusstsein und können so den Konfliktkontext konfrontieren und eventuell transformieren. Durch den Versuch, ihre Stimmen zu erheben, kann eine interaktive Partizipation mit und in der *Comunidad* gelingen. Dieses Engagement der Jugendlichen stellt eine entscheidende Option der Konfliktreduktion dar. Neben dem eingangs skizzierten strategischen Gebrauch des Wortes in einer Atmosphäre des Misstrauens könnte man nun hinzufügen: Schweigen, wo man die Erinnerungen lieber vergessen, ausweichen und ausblenden, wo man sich schützen möchte *und* rappen, wo man auf soziale Missstände hinweisen, wo man ändern und gestalten möchte.

Trotz aller Einschüchterungen und allen Terrors, dem die Jugendlichen in Altos de Cazucá ausgesetzt sind, setzen sie ihre Hoffnungen darauf, eines Tages dem Konfliktkontext entfliehen zu können, bessere Lebensumstände für sich und ihre Familien zu erreichen, und von der Gesellschaft respektierte Akteure zu werden.

Dass sie auf dem richtigen Weg sind, lässt sich zynischerweise durch ihre systematischen und gezielten Ermordungen nachvollziehen. Wenn sie nicht Teil des Gewaltmarktes werden wollen, müssen sie eben ausgeschaltet werden, so könnte das Motto der Paramilitärs in Altos de Cazucá lauten.

Nestor und Ana sind zwei von vielen engagierten Jugendlichen, die verschiedene biographische Brüche erlebt haben und konfrontieren mussten. Doch trotz ihrer Sozialisation in einem äußerst gewalttätigen Kontext und ihrem Alltag in einer restriktiven Gesellschaft glauben sie an ihre Zukunft und ihre Chance, wenigstens im Kleinen etwas bewegen zu können.

In diesem Sinne lässt sich auch das dieser Arbeit vorangestellte Motto »Desestimar a la Muerte, Estimar la Vida« verstehen. Trotz aller Repression und trotz aller Schicksalsschläge kann es nur einen Weg geben: »hacia adelante«, nämlich den unbeirrten Weg nach vorne.

VIII. Schlussbetrachtung

Ausgehend vom 19. Jahrhundert beherrscht Kolumbien ein blutiger Konflikt, dessen Ursprung ein Landrechtskonflikt war. Bis heute hat sich die Form des Konfliktes vielfach gewandelt, verselbstständigt und verstetigt. Hieraus resultiert die Existenz mehrerer Gewaltmärkte in Kolumbien. Verschiedene Akteure agieren in verschiedenen Regionen mit verschiedenen Ressourcen und Instrumentarien, um langfristig ihren Gewinn und ihren Nutzen zu maximieren und zu potenzieren. Hinter dem Anschein von ideologischen Motivationen bleibt das rationale Kalkül wichtigster Motor dieser Akteure. Gerade auch die Tradition des Konfliktes in Kolumbien zeigt den systemischen Charakter der Gewalt, die Fähigkeit zu Adaption und Transformation sowie daraus resultierend eine besondere Langlebigkeit auf.

Die immer weiter in den Hintergrund tretende politische Motivierung sowie die traditionelle Schwäche des kolumbianischen Staates, das Aufblühen krimineller Strukturen, das Florieren von Schattenwirtschaft und die Intensivierung des Konfliktverlaufes zeichnen ein bedenkliches Zukunftsbild.

Aus dieser Arbeit lässt sich sehen, dass Kolumbien aufgrund seiner Genese ein tendenziell schwacher Staat ist, der sich wegen seines defizitären Gewaltmonopols den Strukturen des Gewaltmarktes angepasst hat und zum Teil sogar auf diesen aufbaut. Gewaltmärkte sind in Kolumbien systeminhärent und miteinander koexistent.

Jugendliche erleben in Altos de Cazucá ein Abbild des innerkolumbianischen Konfliktes. Gewalt, Brutalität, Bandenkriege und die Dominanz illegaler Kriegsakteure bestimmen das Setting. Gleichzeitig ist ihr Leben geprägt durch eine prekäre sozio-ökonomische Lage, die ihnen nur geringe Interventionsmöglichkeiten erlaubt. Doch trotzdem gibt es Jugendliche, die sich nicht von der alltäglichen Bedrohung einschüchtern lassen, die sich in sozialen Projekten engagieren, und die beharrlich und kreativ versuchen, sich dem Gewaltkontext zu entziehen und neue Perspektiven zu entwickeln.

Jugendliche sind im komplexen innerkolumbianischen Konflikt von allen bewaffneten Akteuren umkämpft und umworben. Sie gelten dem Staat als Möglichkeit, die illegal bewaffneten Gruppen zu bekämpfen, den irregulären Akteuren als Ressource, das Gewaltmonopol des Staates kontinuierlich auszuhöhlen. Sich selbst sehen sie mit einem Spannungsfeld von

Hoffnung, Resignation, Träumen und Fatalismus konfrontiert. Sie zu unterstützen in ihrem Streben nach Perspektiven und alternativen Zukunftsoptionen zum Konflikt, bietet eine Möglichkeit, die Tendenz der Verlagerung des innerkolumbianischen Konfliktes auf den urbanen Raum zu durchbrechen. Die Stärkung von sozialen Netzwerken und die Förderung des Selbstvertrauens der Jugendlichen schaffen eine Ebene, auf der sich die Jugendlichen als soziale Akteure wahrnehmen können und nicht nur als Spielball verschiedener Interessen betrachtet werden.

Um den Konflikt langfristig zu durchbrechen, müssen gerade die jungen Kolumbianerinnen und Kolumbianer in die Gesellschaft integriert werden. Sie sind kreative Akteure eines eigenen soziokulturellen Kontextes und jugendliche Protagonisten, die eine sehr klare Idee und Wahrnehmung davon haben, was in ihrem *Barrio* und was mit ihnen selbst passiert.

IX. Anhang

Abkürzungsverzeichnis

AI Amnesty International
ACNUR Alto Comisionado de las Naciones Unidas para los Refugiados (UNHCR)
AKUF Arbeitsgemeinschaft Kriegsursachenforschung
AUC Autodefensas Unidas de Colombia
COALICO Coalición Contra la Vinculación de Niños, Niñas y Jóvenes al Conflicto Armado en Colombia
CODHES Consultoría para los Derechos Humanos y el Desplazamiento
ELN Ejército de Liberación Nacional de Colombia
FARC-EP Fuerzas Armadas Revolucionarias de Colombia – Ejército del Pueblo
FEDES Fundación para la Educación y el Desarrollo
HRW Human Rights Watch
IDMC Internal Displacement Monitoring Centre
IDP Internally Displaced Person
ICG International Crisis Group
MSF Ärzte ohne Grenzen (Médicos sin Fronteras)
NGO Nichtregierungsorganisation
PNUD Programa de las Naciones Unidas Para el Desarrollo (= UNDP)
RSS Red de Solidaridad Social
tdh terre des hommes
TDV Taller de Vida
UNDP United Nations Development Programme
UNHCR United Nations High Commissioner for Refugees
UNICEF United Nations Children's Fund

Glossar

ACCION SOCIAL
(ehemals: Red de Solidaridad Social, RSS): Die RSS war nach dem Gesetz 387 von 1997 explizit für die Belange der binnenvertriebenen Bevölkerung zuständig. Die Acción social (Regierungsagentur für soziale Aktion und internationale Kooperation) hat per Dekret vom 19. Juli 2005 diese Aufgaben übernommen und leistet humanitäre Unterstützung, jedoch nur für einen sehr beschränkten Zeitraum. In der Unidad de Atención a la Población Desplazada wird diese Hilfe umgesetzt durch persönliche Beratung oder die Ausgabe von Essensrationen.

Barrio
Viertel, Nachbarschaft

Binnenvertriebene oder intern Vertriebene
Menschen auf der Flucht im eigenen Land, die keine internationale Grenze passiert haben. Die Definition der guidelines on internal displacement (Leitprinzipien zu interner Vertreibung) des Repräsentanten des UN–Generalsekretärs für intern Vertriebene findet sich unter Kapitel IV.

Für die Zwecke dieser Leitprinzipien sind intern Vertriebene Personen oder Personengruppen, die zur Flucht gezwungen oder verpflichtet wurden oder die ihre Häuser oder üblichen Wohnsitz verlassen mussten, insbesondere als eine Folge von oder zum Zwecke der Vermeidung der Folgen von bewaffneten Konflikten, Situationen allgemeiner Gewalttätigkeit, von Verletzungen der Menschenrechte oder natürlichen oder durch Menschen gemachten Katastrophen, und die keine international anerkannte Staatsgrenze überquert haben.

Comunidad
Gemeinschaft
CODHES
Consultoría para los Derechos Humanos y el Desplazamiento; kolumbianische Menschenrechtsorganisation die Informationen über interne Vertreibungen sammelt und publiziert.
Guerilla
(spanisch: Kleiner Krieg). Die Guerilla ist eine dem Staat gegenüberstehende bewaffnete Gruppe, die sich insbesondere durch Mobilität auszeichnet, die ihr erfolgreiche Überraschungsangriffe und Attentate ermöglicht.
Internal Displacement Monitoring Centre
Datenbank des Norwegischen Flüchtlingsrats mit Informationen zu interner Vertreibung weltweit seit 1998.
Kinderrechtskonvention
Die Kinderrechtskonvention wurde 1989 von der UN-Generalversammlung angenommen und ist seit 1990 in Kraft. Die Kinderrechtskonvention definiert Kindheit bis zu einem Alter von 18 Jahren und sichert Kindern Grundrechte zu, die für jedes Kind zu gelten haben. Interessant ist, dass die Konvention von allen Staaten weltweit ratifiziert wurde außer von den USA und Somalia. (s.a. http://www.tdh.de/content/themen/schwerpunkte/kinderrechte/kinderrechtskonvention.htm).
Kindersoldaten
Eine rechtsverbindliche Definition des Begriffs Kindersoldaten gibt es nicht. In aktuellen internationalen Verträgen wie den Pariser Prinzipien vom Februar 2007 (http://www.child-soldiers.org/childsoldiers/international-standards) spricht man von »Kindern, die mit Streitkräften oder bewaffneten Gruppen assoziiert« sind. Nach der dort genannten, allgemein anerkannten

Definition sind dies »alle Personen unter 18 Jahren, die von Streitkräften oder bewaffneten Gruppen rekrutiert oder benutzt werden oder wurden, egal in welcher Funktion oder Rolle, darunter Kinder, die als Kämpfer, Köche, Träger, Nachrichtenübermittler, Spione oder zu sexuellen Zwecken benutzt wurden. Ausdrücklich sind es nicht nur Kinder, die aktiv an Kampfhandlungen teilgenommen haben.« In diesem Sinne wird der Begriff »Kindersoldaten« in diesem Buch verwendet.

Krieg und bewaffneter Konflikt
(Definition der Arbeitsgemeinschaft Kriegsursachenforschung AKUF Hamburg)
In Anlehnung an den ungarischen Friedensforscher István Kende (1917-1988) definiert die AKUF **Krieg** als einen gewaltsamen Massenkonflikt, der alle folgenden Merkmale aufweist:
(a) an den Kämpfen sind zwei oder mehr bewaffnete Streitkräfte beteiligt, bei denen es sich mindestens auf einer Seite um reguläre Streitkräfte (Militär, paramilitärische Verbände, Polizeieinheiten) der Regierung handelt;
(b) auf beiden Seiten muss ein Mindestmaß an zentralgelenkter Organisation der Kriegführenden und des Kampfes gegeben sein, selbst wenn dies nicht mehr bedeutet als organisierte bewaffnete Verteidigung oder planmäßige Überfälle (Guerillaoperationen, Partisanenkrieg usw.);
(c) die bewaffneten Operationen ereignen sich mit einer gewissen Kontinuierlichkeit und nicht nur als gelegentliche, spontane Zusammenstöße, d. h. beide Seiten operieren nach einer planmäßigen Strategie, gleichgültig ob die Kämpfe auf dem Gebiet einer oder mehrerer Gesellschaften stattfinden und wie lange sie dauern.

Kriege werden als beendet angesehen, wenn die Kampfhandlungen dauerhaft, d. h. für den Zeitraum von mindestens einem Jahr, eingestellt bzw. nur unterhalb der AKUF-Kriegsdefinition fortgesetzt werden.
Als **bewaffnete Konflikte** werden gewaltsame Auseinandersetzungen bezeichnet, bei denen die Kriterien der Kriegsdefinition nicht in vollem Umfang erfüllt sind. In der Regel handelt es sich dabei um Fälle, in denen eine hinreichende Kontinuität der Kampfhandlungen nicht mehr oder auch noch nicht gegeben ist. Bewaffnete Konflikte werden von der AKUF erst seit 1993 erfasst.
Quelle:http://www.sozialwiss.uni-hamburg.de/publish/ Ipw/Akuf/kriege_aktuell.htm#Def Stand (1.11.2007)
Pandilla = Bande, Gang, mit unterschiedlich vielen Mitgliedern und unterschiedlich straffer Organisation.
Paramilitärs
Als *Paramilitärs* werden inoffizielle, nichtstaatliche militärisch organisierte Gruppierungen bezeichnet, die sich polizeiliche oder militärische Kompetenzen anmaßen, um außergesetzlich eigene oder insgeheim staatliche innen- oder außenpolitische Ziele mit Gewalt durchzusetzen. Als Rechtfertigung ihres Handelns dient den Paramilitärs oft die angebliche Schwäche des Staates oder seines Rechtssystems gegenüber der so genannten Subversion oder äußeren Gefahren.
Sicario
Sicarios sind in Kolumbien meist jugendliche Auftragskiller, die sich auf Mofas oder Motorrädern ihren Opfern nähern. Besonders in Medellin war die Problematik der »*Sicarios*« zu Zeiten Pablo Escobars hochdramatisch und ließ die Mordrate in Kolumbien zu einer der weltweit höchsten anwachsen.

»Soziale Säuberung«
Die so genannte soziale Säuberung ist in Kolumbien ein Instrument der sozialen Kontrolle, das sich durch systematische Ermordungen ausdrückt. Sowohl Prostituierte, Homosexuelle, Straßenkinder als auch Führer sozialer Bewegungen, linke Intellektuelle und Gewerkschafter fallen ihr zum Opfer. Die ausführenden Akteure verbergen sich hinter einem diffusen Netz und streben an, ihr Viertel von »unwerten Subjekten« zu reinigen. Weit häufiger jedoch richten sich Aktionen von »sozialer Säuberung« gezielt gegen aktive Meinungsführer, die von paramilitärischen Verbänden und mafiösen Strukturen ermordet werden.

Anhang 1
Gegenüberstellung der verschiedenen Statistiken über Binnenvertreibung

Jahr	CODHES	SUR
1985 - 1994	720.000	(no info - 1994) 4.786
1995	89.000	247
2000	317.375	329.981
2001	341.925	373.663
2002	412.553	422.957
2003	207.607	219.431
2004	287.81	145.995
2005	252.801 (bis Oktober 2005)	131.716 (bis März 2006)
Geschätzte Gesamtsumme:	**3.662.842**	**1.706.459**

Wie in Kapitel IV dargestellt basieren diese unterschiedlichen Schätzungen von CODHES und der kolumbianischen Regierung mit ihrem Instrument SUR (Sistema Unico de Registro) auf zwei Umständen:

1) Die Anerkennung der internen Vertreibung als solcher fand von Seiten der Regierung erst 1995 statt, die Nichtregierungsorganisation CODHES sammelte Daten schon seit 1985.
2) Aus Angst vor erneuter Verfolgung und Stigmatisierung lassen sich viele Binnenvertriebene nicht offiziell registrieren.

Quelle: http://www.internal-displacement.org/idmc/website/countries.nsf/(httpEnvelopes)/CC05B30C4C94EC96802570B8005A7090?OpenDocument (01.02.2006).

Anhang 2

Urheber der Binnenvertreibung im Zeitraum 2000 - 2002

	Quelle 1	Quelle 2	Quelle 3
AUC (Paramilitärs)	30.0	56.5	50.0
Guerillas	14.0	24.1	20.0
Militär	0.8	1.1	-
2 oder mehr Akteure	52.5	22.0	-
Unbekannte Akteure	-	9.9	-
Andere	-	0.2	-
»weiß nicht«/ »antwortet nicht«	-	8.2	-

Quelle 1: RSS (SUR) (staatliche Registratur)
Quelle 2: »Sección de Movilidad Humana de la Pastoral Social de la Conferencia Episcopal de Colombia.« (Bischofskonferenz)
Quelle 3: Fedesarrollo und Weltbank, die sich allerdings nur auf ein Sample von 200 binnenvertriebenen Haushalten stützen

Tabelle entnommen aus:
PNUD (2003): Informe Nacional de Desarrollo Humano 2003 - El Conflicto, Callejón con Salida. S. 127, Statistik 5.15. Download unter: http://www.pnud.org.co/.

Anhang 3

COMUNICADO POR EL ASESINATO DE CUATRO JOVENES EN EL SECTOR DE ALTOS DE CAZUCÁ, COMUNA 4 DEL MUNICIPIO DE SOACHA (CUNDINAMARCA)

La Mesa de Trabajo de ONGs y Organizaciones Sociales de Altos de Cazucá y la Mesa de Interlocución, Gestión y Desarrollo de Soacha y Cundinamarca, y FIDHAP **DENUNCIAMOS** ante la opinión pública nacional e internacional, la comunidad defensora de Derechos Humanos, los organismos de justicia y control del Estado colombiano y ante los medios de comunicación, el asesinato de CUATRO JOVENES identificados: **MARIO ANDRES RODRÍGUEZ MACÍAS (20 años); WILLIAM RIVAS PINO (15 años); JAIME LEON GARCÍA (16 años) y CARLOS ANDRES GARZON PEÑA (20 años)**, habitantes del barrio El Arroyo de Altos de Cazucá Comuna 4 del Municipio d e Soacha.

Es indignante que a solo tres horas de la terminación de la Audiencia Pública sobre la grave situación de derechos humanos del sector de Altos de Cazucá que se llevó a cabo en el Congreso de la República, donde los altos mandos de las fuerzas militares aseguraron que esta zona, tiene una fuerte presencia del Estado (no tiene sitios vedados) y registra una alta disminución de los niveles de criminalidad gracias a su accionar, siete jóvenes se ven involucrados en circunstancias que hasta el momento le ha costado la vida a cuatro de ellos.

HECHOS:

1. El 19 de Agosto de 2004, en el barrio Altos del Pino del sector de Altos de Cazucá a la altura del Depósito San Pedro, siendo aproximadamente las 8:50 de la noche, cuatro hombres fuertemente armados, interceptaron a 6 jóvenes que venían del Barrio La Isla del mismo sector de comprar materias primas para panadería, porque dos de ellos trabajaban en la panadería del Barrio El Arroyo.

2. En aras de evadir la acción de los sospechosos, los 6 jóvenes bajaron por una de las cuadras del barrio y a una distancia de 200 metros del lugar del primer encuentro, fueron nuevamente interceptados (cancha de microfutbol Barrio Altos del Pino) por los mismos cuatro hombres, quienes una vez los tenían en fila y los habían requisado, los obligaron a tirarse al piso uno a uno.

3. En la acción el sexto Joven, observó que uno de los hombres se encontraba armado y le apuntaba al primero de la fila. En ese momento, el quinto Joven le dijo que corrieran, y este último se botó cuadra abajo, y el sexto logró escabullirse y no ser asesinado.

4. Una vez se le informa a algunos miembros de la comunidad del barrio El Arroyo de los acontecimientos sucedidos en el Barrio Altos del Pino, un grupo de personas se dirigió al sitio y encontró los cuatro jóvenes heridos con arma de fuego, a la altura de la cabeza, en otras palabras, los jóvenes habían recibido tiros de gracia.

5. Inmediatamente los cuatro jóvenes fueron trasladados al Hospital Mario Gaitán Yanguas, donde tres de ellos

fueron declarados muertos y a uno de ellos le diagnosticaron muerte cerebral y será desconectado en la tarde del viernes 20 de Agosto de 2004.

6. Por otra parte, según versiones de pobladores del Municipio de Soacha, a eso de las 10:10 p.m., arribaron al mismo hospital miembros del Ejercito Nacional, llevando tres jóvenes heridos por arma de fuego, procedentes del Barrio Minuto de Dios del Sector Altos de Cazucá. En este momento se desconoce el estado de salud de los mismos.

2. Frente a la grave situación de violación de derechos humanos que se presenta en la zona de Altos de Cazucá, la Defensoría del Pueblo - Regional Cundinamarca, ha expedido Alertas Tempranas; así mismo, las Organizaciones No Gubernamentales que tienen trabajo en esta zona del Municipio de Soacha, han denunciado el asesinato sistemático de jóvenes y líderes sociales residentes en este sector, ante los organismos del Estado, la Comunidad Internacional y Organizaciones Defensoras de Derechos Humanos, y han solicitado la investigación de estos hechos criminales y el castigo justo a los responsables.

Es por ello que SOLICITAMOS a las autoridades competentes y responsables de garantizar y proteger los derechos humanos por parte del Estado Colombiano lo siguiente:

1. Ordenar inmediatamente una investigación independiente e imparcial sobre las circunstancias que rodearon la ejecución de **MARIO ANDRES**

RODRÍGUEZ MACÍAS; WILLIAM RIVAS PINO; JAIME LEON GARCÍA y CARLOS ANDRES GARZON PEÑA, con el fin de identificar a los culpables, llevarlos ante un tribunal competente y aplicarles las sanciones penales, civiles y/o administrativas previstas por la ley.

2. Garantizar a la familia de **MARIO ANDRES RODRÍGUEZ MACÍAS; WILLIAM RIVAS PINO; JAIME LEON GARCÍA y CARLOS ANDRES GARZON PEÑA**, su derecho a recibir una adecuada reparación.

3. Adoptar de manera inmediata las medidas necesarias para garantizar la vida e integridad física de los y las habitantes del sector de Altos de Cazucá Comuna 4 del Municipio de Soacha, y de esta manera poner fin a los tratos crueles, inhumanos y degradantes que sufren todos los habitantes de esta zona por cuenta de los actores armados que operan en el sector, y evitar que continúen las ejecuciones de los jóvenes y líderes sociales y comunitarios.

4. A la Alcaldía Municipal de Soacha y a la Gobernación de Cundinamarca, que encabecen la construcción de un plan de protección de la vida de la comunidad afectada.

5. A los organismos de control: Defensoría del Pueblo, Procuraduría y Personería el seguimiento de la denuncia y acompañamiento a los planes ejecutivos de protección a los derechos humanos de la comunidad afectada.

Además convocamos a la comunidad defensora de los derechos humanos, a la Oficina del Alto Comisionado para los Derechos Humanos de Naciones Unidas, así como al cuerpo diplomático acreditado en Colombia, a apoyar este llamado dirigiendo comunicaciones a las autoridades para solicitar que se adopten medidas urgentes y con continuidad para preservar la vida e integridad personal de los habitantes de Altos de Cazucá.

Bogotá D.C., 20 de Agosto de 2004

Con sentimientos de preocupación,

MESA DE TRABAJO DE ONGS Y ORGANIZACIONES SOCIALES DE ALTOS DE CAZUCÁ
MESA DE INTERLOCUCIÓN, GESTIÓN Y DESARROLLO DE SOACHA Y CUNDINAMARCA
FIDHAP

Quelle: Comunicado Urgente; 20.08.2004; FEDES.

Anhang 4

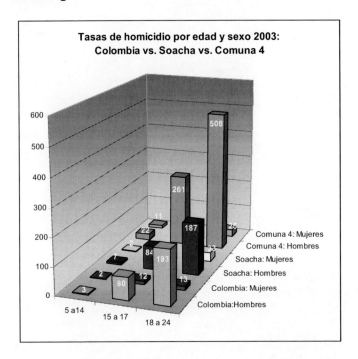

Diese Statistik resultiert aus den Daten der Gerichtsmedizin, die vom Wirtschaftswissenschaftler Bernardo Perez für das Jahr 2003 ausgewertet wurden. Die Säulen Cazucás, die deutlich über dem kolumbianischen Durchschnitt liegen, geben ein Abbild der besonders gravierenden Menschenrechtslage in Altos de Cazucá. Soacha ist der Nachbarlandkreis von Bogotá und quasi eine Schlafstadt. In diesem Landkreis liegt die Comuna 4 = Altos de Cazucá.

Quelle: Perez, Bernardo (2004): Caracterización de la Población Joven Victima de Homicidios en Soacha 1999 –2003. Bogotá. (Folie 28).

Anhang 5

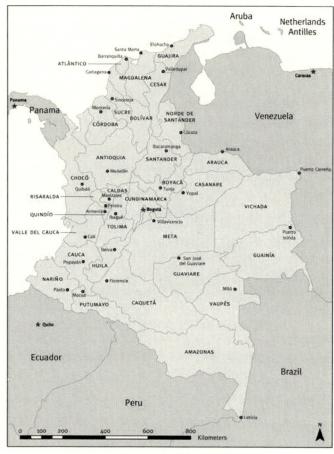

Departments of Colombia

Quelle: Human Rights Watch,

Anhang 6

Jugendliche Hauptgesprächspartner bei Taller de Vida

- **Ana**, 17 Jahre, vertrieben aus Putumayo, lebt seit sieben Monaten in Bogotá, begreift Vertreibung als Herausforderung. Sie vermisst die üppige Natur ihrer Heimat, sieht für sich aber gute Ausbildungsmöglichkeiten in Bogotá.
- **María**, 20 Jahre, vertrieben aus Córdoba, die Eltern engagieren sich stark politisch-gewerkschaftlich, als María neun ist, wird ihr Vater »verschwunden[296]« sie ist mit Unterbrechungen seit neun Jahren bei tdv und studiert seit einem Jahr Theater, ihr Talent hat sie bei tdv entdeckt.
- **Laura**, 15 Jahre, vertrieben aus Caldas, Vater wurde ermordet, was sie inspirierte, Gerichtsmedizin zu studieren, spricht sehr locker über die grausamsten Verbrechen.
- **Paola**, 16 Jahre, vertrieben aus Boyacá, will NGO-Leiterin und/ oder Polizistin werden, um sich für eine gerechte Welt einzusetzen. Als sie neu im *Barrio* ankam, wäre sie fast vergewaltigt worden, findet das aber nicht sehr schlimm, da man »sich ja erst mal kennen lernen muss«. Sie glaubt an das Gute im Menschen, ist sehr gläubig und bei allen beliebt und akzeptiert.

---

[296] Die Praxis des »*Verschwindenlassens*« breitete sich in den siebziger Jahren als Mittel der Aufstandsbekämpfung aus; Zelik 1999: 64.

- **Tatjana**, 15 Jahre, kein Vertreibungshintergrund, Bruder wurde von der Guerilla durch Betrug zwangsrekrutiert, ihr Exfreund wurde von einer »Eselbombe« umgebracht. Sie möchte gerne schauspielern oder Modemacherin sein. Besonders nerven sie Schlägereien zwischen Mädchen.
- **Christina**, 16 Jahre, vertrieben aus Tolima, sollte von paramilitärischen Gruppen zwangsrekrutiert werden, Status ist ihr sehr wichtig, darum will sie große Geschäftsführerin einer Fabrik werden. Legt sehr viel wert auf ihr Äußeres.
- **Claudia**, 18 Jahre, kein Vertreibungshintergrund, verheiratet, ein Kind, spürt die ersten Eheprobleme, ihr Ehemann vernachlässigt sie zugunsten von Partys, sie hat Angst, dass das nun so bleibt. Die Schule mit Kind zu beenden, ist sehr anstrengend für sie.
- **Astrid**, 16 Jahre, kein Vertreibungshintergrund, wird vom Stiefvater missbraucht, die Mutter schließt die Augen, Astrid weiß, dass sie den Ausbruch aus dem Teufelskreis nur durch eine bessere Bildung schaffen kann, deswegen arbeitet sie als »Recyclerin« nachts auf der Straße.
- **Yohana**, 14 Jahre, kein Vertreibungshintergrund, ihr Freund wurde zwangsrekrutiert, von wem, weiß man nicht. Sie möchte am liebsten Krankenschwester werden, um den Menschen zu helfen.
- **Leidy**, 17 Jahre, kein Vertreibungshintergrund, hat ein schwieriges Verhältnis zu ihrer Mutter, die sie schlägt, leben in sehr prekären ökonomischen Verhältnissen. Sie wünscht sich, ein »ruhiges und friedliches« Altos de Cazucá.
- **Nestor**, 18 Jahre, vertrieben aus Tolima, hat Probleme mit Statusverlust, der aus der Vertreibung

resultierte, erzählt beständig, wie gut es der Familie ging, er will aber auch nicht zurück, bei tdv dreht er Filme, und er liebt Capoeira, vom Tod Morenos war er besonders getroffen. Er würde gerne Informatik studieren, hat aber kein Geld.
- **Jorge**, 14 Jahre, vertrieben aus Caquetá, rappt und malt gerne, seine Schwester sollte vertrieben werden, sein Vater schlägt die Familie, er schlägt die Schwester, er setzt sich ein für Altos de Cazucá, das er wegen der Solidarität sehr schätzt.
- **Ricardo**, 15 Jahre, kein Vertreibungshintergrund, engagiert sich in mehreren NGOs, sein Diskurs ist ambivalent und spiegelt die gesellschaftliche Fragmentierung wider. Er spielt gern Fußball, ist ein fleißiger Schüler, und möchte studieren, wenn er das Geld haben sollte.
- **Luis**, 17 Jahre, vertrieben aus Urabá, spielt gerne Fußball und kocht häufig für die Gruppe. Sehr verantwortungsbewusst, kümmert sich um seine kleinen Geschwister, war einige Zeit in einer *Pandilla*, als dann einer seiner Kumpel eine Waffe zeigte, war es ihm zuviel.
- **Reynaldo**, 20 Jahre, vertrieben aus Cesar, trommelt gerne, macht viel Musik, liest gerne, ist ungern zu Hause, findet keinen Job, macht Glaskunst bei tdv und wird wegen seiner nachdenklichen Ader »der Philosoph« genannt.
- **Leonardo**, 19 Jahre, vertrieben aus Tumaco/ Narino, schon seit vier Jahren bei tdv, ist sein zweites Zuhause, sehr theater- und rapbegeistert, will in NGO arbeiten, er schlichtet jeden Streit.

Jhony, 16 Jahre, kein Vertreibungshintergrund, setzt sich für die Gruppe ein, und genießt es, einmal in der Woche neue Rollen auszuprobieren, ansonsten pflegt er seine schwerkranke Mutter. Der Vater hat die Familie wegen einer anderen Frau verlassen.
- **Fernando**, 18 Jahre, vertrieben aus Santander, mag Medium Theater, weil er auf der Bühne so richtig aus sich rauskommen kann, liest gerne und hat viel Phantasie.
- **Toño,** 15 Jahre, vertrieben aus Cesar, gibt beim Capoeira alles, scheint ansonsten sehr gestresst zu sein. Gibt häufig patzige Antworten.

Literaturverzeichnis

- ACNUR (2003): La Población Desplazada en Bogotá. Una Responsabilidad de Todos. Bogotá.
- ACNUR (2005): Colombia: Informes sobre Violencia Contra Personas Jóvenes Desplazadas Internas. Download unter: http://www.acnur.org/index.php?id_pag=3664 (01.02.2006).
- Amnesty International (1994): Violencia Política en Colombia: Mito y Realidad. Download unter: http://web.amnesty.org/library/Index/ESLAMR23001 1994?open&of=ESL-347; (01.02.2006).
- Amnesty International (2005): Colombia. Los Paramilitares en Medellín: Desmovilización o Legalización? London. (übersetzte Version, Download unter: http://www.es.amnesty.org/paises/colombia/docs/AMR2301905_paramilitares_en_Medellin.pdf); (01.02.2006).
- Arías, Luis (2003): Familias en Situación de Desplazamiento en Altos de Cazucá. Caracterización y Alternativas de Reconstrucción Social. Bogotá.
- Azam, Jean Paul (2004): On Thugs and Heroes: Why Warlords Victimize Their Own Civilians? In: Economics and Governance. Vol. 7., No. 1. Januar 2006. S. 53-73.
- Azzellini, Dario (2003): Kolumbien – 100 Jahre Krieg gegen die Bevölkerung. In: Ruf, Werner, Hg. (2003): Politische Ökonomie der Gewalt. Staatszerfall und die Privatisierung von Gewalt und Krieg. S.235-264. Opladen /Wiesbaden.

- Bello, Martha Nubia, Hg. (2002): Conflicto Armado, Niñez y Juventud. Una Perspectiva Psicosocial. Bogotá.
- Bello, Martha Nubia, Hg. (2004): El Desplazamiento Forzado en Colombia: Acumulación de Capital y Exclusión Social. In: Martha Nubia Bello, Hg. (2004): Desplazamiento Forzado. Dinámicas de Guerra, Exclusión y Desarraigo. S.19-30. Bogotá.
- Bermúdez, Jhon Alexander (2004): Implicaciones Psicosociales del Conflicto Armado en los Jóvenes. In: Martha Nubia Bello, Hg. (2004): Desplazamiento Forzado. Dinámicas de Guerra, Exclusión y Desarraigo. S.219-232. Bogotá.
- Blumenthal, Hans R. (2000): Kolumbien: Träume vom Frieden, Realitäten des Krieges. In: International Politics an Society 2/ 2000. Politik und Gesellschaft Online. Download unter: http://library.fes.de/fulltext/stabsabteilung/00905.htm (01.02.2006).
- Cepeda, Ivan (2006): Los Paramilitares: Dispositivo del Modelo »Democrático« de Control Social. 12.01.2006. Download unter: (http://www.derechos.org/nizkor/colombia/doc/cepeda8.html; (01.02.2006).
- Coalición Contra la Vinculación de Niños, Niñas y Jóvenes al Conflicto Armado en Colombia, Hg. (2003): La Política »Anti-Terrorista" del Presidente Uribe: Ley 782 de 2002. In: Pútchipu, Boletín 7. Abril-Mayo de 2003. Bogotá.
- Coalición Contra la Vinculación de Niños, Niñas y Jóvenes al Conflicto Armado en Colombia, Hg. (2005): Informe de Derechos Humanos de Niños y

Niñas Durante el 2004. Bogotá. Download unter: (01.02.2006).
- CODHES (1999a): Huellas de Nunca Borrar. Desplazados en Soacha. Bogotá.
- CODHES (2000): Guerra, Desplazamiento y Pobreza. Boletín 30. Bogotá.
- CODHES (2005): Y entonces – Por Qué se Van? Las Cifras del Exodo. Boletín 60. Bogotá. Download unter: http://www.kus.uu.se/pdf/publications/Colombia/Codhes_informe_trimestral.pdf (01.02.2006).
- Coordinacón Colombia, Europa, Estados Unidos, Hg. (2004): Boletin Informativo Nr. 15, Mayo 2004. Bogotá.
- Días, Ana María; Sánchez, Fabio (1994): A Geography of Illicit Crop (Coca Leaf) and Armed Conflict in Colombia. CEDE. Universidad de los Andes. Working Paper 87. Download unter: http://www.crisisstates.com/download/wp/wp47.pdf. (01.02.2006).
- Draclé, Dorle (1996): Kulturelle Repräsentationen von Jugend in der Ethnologie. In: dies, Hg. (1996): Jung und wild. Zur kulturellen Konstruktion von Kindheit und Jugend. S. 14-53. Berlin/ Hamburg.
- Duncan, Gustavo (2005): Del Campo a la Ciudad en Colombia. La Infiltración Urbana de los Señores de la Guerra. Documento CEDE 2005- 2. Enero de 2005. Universidad de los Andes. Bogotá.
- Duque, Haidy (2004): Niños, Niñas y Jóvenes Vinculados a la Guerra, La Prevención, un Desafío Urgente. In: Martha Nubia Bello, Hg. (2004): Desplazamiento Forzado. Dinámicas de Guerra, Exclusión y Desarraigo. S. 233-242. Bogotá.

- Elwert, Georg (1995): Gewalt und Märkte. In: Wolf R. Dombrowsky, Ursula Pasero, Hg. (1995): Wissenschaft. Literatur. Katastrophe. Festschrift zum sechzigsten Geburtstag von Lars Clausen. S. 123-141. Opladen.
- Elwert, Georg (1997): Gewaltmärkte. Beobachtungen zur Zweckrationalität der Gewalt. In: Trutz von Trotha, Hg. (1997). Soziologie und Gewalt. Kölner Zeitschrift für Soziologie und Sozialpsychologie. Sonderheft 37/ 1997. S. 86-101. Opladen/ Wiesbaden.
- Elwert, Georg (1999): Markets of Violence. In: Georg Elwert, Stephan Feuchtwang, Dieter Neubert, Hg. (1999): Dynamics of Violence. Processes of Escalation and De-Escalation in Violent Group Conflicts. S.85-102. Berlin.
- Enzensberger, Hans Magnus (1968): Zur Theorie des Verrats. In ders.: Deutschland, Deutschland unter anderem. S.49-68. F.a.M.
- Eppler, Erhard (2002): Vom Gewaltmonopol zum Gewaltmarkt? Die Privatisierung und Kommerzialisierung von Gewalt. F.a.M.
- FEDES (2004): Jóvenes del Alto de Cazucá. Desplazamiento y Muerte. In: Coalición Contra la Vinculación de Niños, Niñas y Jóvenes al Conflicto Armado en Colombia, Hg. (2005): Informe de Derechos Humanos de Niños y Niñas Durante el 2004. S. 29-33. Dowload unter: http://www.coalico.org/archivo/InformedeDHdeNi%F1osyNi%F1asenel2004enColombia.pdf (01.02.2006).
- Fischer, Thomas (2000): War and Peace in Colombia. In: Krumwiede, Waldmann, Hg. (2000):

Civil Wars: Consequences and Possibilities for Regulation. S. 290-320. Baden-Baden.
- Godoy, Rubén Dario (2001): Caquetá, Putumayo y Guaviare: Cultivos Ilicítos y Problemática Socioecónomica. Cuadernos de Geografía. Revista del Departameno de Geografía. Universidad Nacional de Colombia. Volumen X, No.1. S. 77-90. Bogotá.
- González, Fernán E.; Bolívar, Ingrid J.; Vázquez, Teófilo (2002): Violencia Politica en Colombia. De la Nación Fragmentada a la Construcción del Estado. CINEP. Bogotá.
- Hebdige, Dick (1983): Subculture – Die Bedeutung von Stil. Download unter: http://www2.hu-berlin.de/fpm/texte/subcult.htm; (01.02.2006)
- Human Rights Watch (2001): The «Sixth Division» Military-paramilitary Ties and U.S. Policy in Colombia. New York. Washington. London. Brussels.
- Human Rights Watch (2003): Aprenderás a no Llorar. Niños Combatientes en Colombia. New York. Washington. London. Brussels.
- International Crisis Group (2004): Las Fronteras de Colombia: El Eslabón Débil de la Política de Seguridad de Uribe. Informe sobre América Latina No 9, Quito/ Brussels.
- Jaramillo, Daniel Garcia (2004): La Relación del Estado Colombiano con el Fenómeno Paramilitar: por el Esclarecimiento Histórico. In: Análisis Político #53, Enero/ Marzo 2005. IEPRI. S.58-76. Bogotá.
- Krauthausen, Ciro (1996): Moderne Gewalten. Organisierte Kriminalität in Kolumbien und Italien. Inauguraldissertation im Fach Soziologie zur Erlangung der Doktorwürde am Fachbereich

Philosophie und Sozialwissenschaften I der Freien Universität. Berlin.
- Kurtenbach, Sabine (2004): Studien zur länderbezogenen Konfliktanalyse. Kolumbien. Im Auftrag der Friedrich-Ebert-Stiftung. 2005. Bonn.
- Lair, Eric (2004): El Terror, Recurso Estratégico de los Actores Armados: Reflexiones en Torno al Conflicto Colombiano. Bogotá.
- Liebel, Manfred; Gomezjara, Francisco (1996): Die Situation der Jugendlichen und die Jugendkultur: In: Dietrich Briesemeister und Klaus Zimmermann, Hg. (1996): Mexiko heute. Politik. Wirtschaft. Kultur. S. 409-417. F.a.M.
- Liell, Christoph (2003): Jugend, Gewalt und Musik. Praktiken der Efferveszenz in der HipHop-Szene. In: Ute Luig; Jochen Seebode, Hg. (2003): Ethnologie der Jugend. Soziale Praxis, moralische Diskurse und inszenierte Körperlichkeit. S. 123-153. Münster. Hamburg. London.
- Liell, Christoph (2005): Musik und Gewalt in Jugendkulturen. Symposium »Musik und Hass« des Verfassungsschutz Brandenburg, 7.12.2005. Download unter: efferveszenz.de/pdf/potsdam_musik_und_gewalt.pdf (01.02.2006).
- Luig, Ute; Seebode, Jochen, Hg. (2003): Ethnologie der Jugend. Soziale Praxis, moralische Diskurse und inszenierte Körperlichkeit. Münster. Hamburg. London.
- Margulis, Mario; Urresti, Marcelo (1998): La Construcción Social de la Condición de Juventud. In: Humberto J. Cubides, María C. Laverde, Carlos E. Valderrama, Hg, (1998): Vivendo a Toda, Jóvenes,

Territorios Culturales y Nuevas Sensibilidades. S. 3-21. Bogotá.

- Martínez, Blas P; Ramírez, Ricardo S (2001): El Conflicto Armado como Agente de Movilización Social: el Caso de los Municipios de la Región de los Montes de María, 1996-1999. In: Cuadernos de Geografía. Revista del Departameno de Geografía. Universidad Nacional de Colombia. Volumen X, No.1. S. 91-110. Bogotá.
- Mondragon, Héctor (2006): Freedom for Mother Earth! The struggle for land in Colombia. Znet; 09.01.2006. Download unter: http://www.chicagoans.net/node/69 (01.02.2006).
- Nieto, Jaime Zuluaga (2001): Das kolumbianische Labyrinth: Annäherungen an die Dynamik von Krieg und Frieden. In: Sabine Kurtenbach, Hg. (2001): Kolumbien zwischen Gewalteskalation und Friedenssuche. Möglichkeiten und Grenzen der Einflussnahme externer Akteure. S. 15-35. F.a.M.
- Nieto, Jaime Zuluaga (2004): La Guerra Interna y el Desplazamiento Forzado. In: Martha Nubia Bello, Hg. (2004): Desplazamiento Forzado. Dinámicas de Guerra, Exclusión y Desarraigo. S. 31-48. Bogotá.
- Oldenburg, Silke; Lengert, Kristofer (2006): Der Weg der paramilitärischen Autodefensas Unidas de Colombia zur politischen Anerkennung. In: Lateinamerika Analysen 14. S. 3-36. GIGA. Hamburg.
- Ortiz, Carlos Miguel (2004): Actores Armados, Territorios y Poblaciones. In: IEPRI (2004): Guerra en Colombia. Actores Armados. S. 7-28. Bogotá.
- Osorio, Flor Edilma (2004): Recomenzar Vidas, Redefinir Identidades. Algunas reflexiones en Torno

de la Recomposición Identitaria en Medio de la Guerra y del Desplazamiento Forzado. In: Martha Nubia Bello, Hg. (2004): Desplazamiento Forzado. Dinámicas de Guerra, Exclusión y Desarraigo. S. 175-186. Bogotá.
- Palacios, Jorge (2002): Impacto Psicológico de la Violencia Política en Colombia. Barranquila.
- Paredes, Natalia (2003): El Embrujo Autoritario: El Primer Año de Gobierno de Álvaro Uribe Vélez. Bogotá.
- Perea, Carlos (2004): Pandillas y Conflicto Urbano en Colombia. In: Juventud: Exclusión y Violencia. Desacatos. Revista de Antropología Social. Primavera-Verano. S. 15-35. México. D.F.
- Pérez, Bernard (2004): Caracterización de la Población Joven Victima de Homicidios en Soacha 1999-2003. Bogotá.
- Pérez, Bernardo (2004): La Desprotección Juvenil Frente al Homicidio en Soacha, Cundinamarca: Puede Hacerse Algo? Bogotá.
- Pérez, Manuel (2004): Territorio y Desplazamiento. El Caso de Altos de Cazucá, Municipio de Soacha. Bogotá.
- Pizarro, Leongómez, Eduardo (2003): Colombia. El Proyecto de Seguridad Democrática de Àlvaro Uribe. In: Nueva Sociedad. El Futuro de la Integración Regional. S.4-17. En Cooperacioón: Friedrich Ebert Stiftung.
- PNUD (2003): Informe Nacional de Desarrollo Humano 2003 - El Conflicto, Callejón con Salida. Download unter: http://www.pnud.org.co/.
- Project Counselling Service (PCS), 22. Dezember 2004, PCS Internal September-Dezember 2004.

- Quinterno, Fernando (2003): Cuerpo – Sujeto Joven y Estrategias de Vida. Una Mirada Biopolitica de los Cuerpos Juveniles. In: Jóvenes Qué Dicen...Promoción y Formación en Derechos Humanos, Etica y Convivialidad para Jóvenes del Municipio de Soacha. S. 37-62. Bogotá.
- Ramos, Leandro (2004): Características, Dinámicas y Condiciones de Emergencia de las Pandillas en Bogotá. Bogotá.
- Rangel, Alfredo (1999): Las FARC-EP. Una Mirada Actual. In: Llorente, María; Deás, Malcolm, Hg. (1999): Reconocer la Guerra para Construir la Paz. Bogotá.
- Reilley, Brig; Morote Silvia (2004): Hasta Cuando en el Olvido. Extracto del Articulo Publicado en »New England Journal of Medicine". Médicos sin Fronteras. Download unter: http://www.msf.es/images/MSf_cuaderno_soacha_tc m3-2636.pdf (01.02.2006).
- Rojas, Carlos Eduardo (1994): La Violencia Llamada Limpieza Social. Bogotá.
- Romero, Mauricio (2003): Paramilitares y Autodefensas 1982-2003. Bogotá.
- Salazar, Alonso (1998): Violencias Juveniles: ¿Contraculturas o Hegemonía de la Cultura Emergente? In: Humberto J. Cubides, María C. Laverde, Carlos E. Valderrama, Hg, (1998): Vivendo a Toda, Jóvenes, Territorios Culturales y Nuevas Sensibilidades. S.110-128. Bogotá.
- Sanford, Victoria (2004): Contesting Displacement in Colombia. Citizenship and State Sovereignty at the Margins. In: Das, Veena; Poole, Deborah; Hg.

(2004): Anthropology in the Margins of the State. S. 253-278. Santa Fe/ Oxford.
- Taussig, Michael (2003): Law in a Lawless Land. Diary of a Limpieza in Colombia. New York. London.
- Turner, Victor (1989): Das Ritual. Struktur und Anti-Struktur. F.a.M.
- Waldmann, Peter (1995): Gesellschaften im Bürgerkrieg. Zur Eigendynamik entfesselter Gewalt. In: Zeitschrift für Politik. Jahrgang 42, 1995. Heft 4. S. 343-368. München.
- Waldmann, Peter (1997): Veralltäglichung der Gewalt. Das Beispiel Kolumbien. In: Trutz von Trotha, Hg. (1997): Soziologie und Gewalt. Kölner Zeitschrift für Soziologie und Sozialpsychologie. Sonderheft 37/ 1997. S. 141-161. Opladen/ Wiesbaden.
- Waldmann, Peter (1999): Societies in Civil War. In: Georg Elwert, Stephan Feuchtwang, Dieter Neubert, Hg. (1999): Dynamics of Violence. Processes of Escalation and De-Escalation in Violent Group Conflicts. S. 85-102. Berlin.
- Wehrheim, Jan (1997): Privatjustiz oder faschistisches Phänomen? – »Soziale Säuberungen« in Kolumbien. In: ila Nr. 203. S. 13-15 (nachgedruckt in: Wissenschaft & Frieden Nr. 1/98).
- Weller, Wivian (2003): HipHop und ethnisches Bewusstsein in den Peripherien Sao Paulos – Brasilien. In: Ute Luig; Jochen Seebode; Hg. (2003): Ethnologie der Jugend. Soziale Praxis, moralische Diskurse und inszenierte Körperlichkeit. S. 155-175. Münster. Hamburg. London.

- Zelik, Raul (1999): Kolumbien - Große Geschäfte, schmutziger Krieg und Aufstandsbewegung. F.a.M.
- Zinecker, Heidrun (2004): Drogenökonomie und Gewalt. Das Beispiel Kolumbien. HSFK Report 5/2004. F. a. M.

Verweis auf weiterführende Literatur

- Collier, Paul; Hoeffler, Anke (2001): Greed and Grievance in Civil War. Download unter: http://www.worldbank.org/research/conflict/papers/greedgrievance_23oct.pdf.
- Jean, Francois; Rufin, Jean-Christophe, Hg. (1999): Ökonomie der Bürgerkriege. Hamburg.
- Kaldor, Mary (1999): Old and New Wars: Organized Violence in a Global Era. Stanford.
- Krasmann, Susanne (1997): Mafiose Gewalt. Mafioses Verhalten, unternehmerische Macht und organisierte Kriminalität. In: Trutz von Trotha, Hg. (1997): Soziologie und Gewalt. Kölner Zeitschrift für Soziologie und Sozialpsychologie. Sonderheft 37/ 1997. S. 141-161. Opladen/ Wiesbaden.
- Mead, Margaret (1928): Coming of Age in Samoa. A Psychological Study of Primitive Youth for Western Civilisation. New York.
- Molano, Alfredo (2003): Trochas y Fusiles. Bogotá.
- Orywal, Erwin (1996): Krieg und Kampf: Die Gewalt in unseren Köpfen. Berlin.
- Salazar, Alonso (1999): No Nacimos pa` Semilla: La Cultura de las Bandas Juveniles de Medellín. Bogotá.
- Van Gennep, Arnold (1909): Les Rites de Passage. Paris.

- Whyte, William (1955): Street Corner Society. The Social Structure of an Italian Slum. Chicago.

Internetadressen

- www.acnur.org
- www.akuf.de
- www.cambio.com.co
- www.coalico.org
- www.codhes.org
- www.colombialibre.org
- www.derechos.org/nizkor/
- www.ejercito.mil.co
- www.hrw.org
- www.internal-displacement.org
- www.mfs.es
- www.pnud.org.co
- www.rebelion.org
- www.tdh.de
- www.tallerdevida.org
- www.vanguardia.com

Printmedien/ Internetausgaben kolumbianischer Zeitungen

- Die Tageszeitung, Gerhard Dilger (11.12.2003): Ein Klima der Angst im »Herzen der Welt«, Die vier indigenen Völker in der kolumbianischen Sierra Nevada stehen zwischen allen Fronten. S. 10.
- Revista Cambio (o.D.): Masacres por Votos? Download unter: http://www.cambio.com.co/html/portada/articulos/4412(01.02.2006).
- Semana, Marta Ruiz (13.05.2005): Cazucá de Luto. Download unter: http://semana2.terra.com.co/opencms/opencms/Semana/articulo.html?id=87742 (01.02.2006).
- Semana, Archivo Septiembre 2004: »Rapanazo de los Paras al Erario Público" Download unter: (01.02.2006).

terre des hommes
Hilfe für Kinder in Not
terre des hommes Deutschland e.V. wurde 1967 von engagierten Bürgern gegründet, um schwer verletzten Kindern aus dem Vietnamkrieg zu helfen. Der Verein ist unabhängig von Staat, Kirche und Parteien und fördert in 25 Projektländern rund 500 Projekte für Not leidende Kinder. Unser Ziel ist eine »terre des hommes«, eine »Erde der Menschlichkeit«. Wir helfen Straßenkindern, verlassenen und arbeitenden Kindern, kümmern uns um Kinder, die Opfer von Krieg und Gewalt wurden und sorgen für die Ausbildung von Kindern. Wir unterstützen Jungen und Mädchen, deren Familien an AIDS gestorben sind, setzen uns ein für die Bewahrung der biologischen und kulturellen Vielfalt und für den Schutz diskriminierter Bevölkerungsgruppen.

terre des hommes schickt keine Entwicklungshelfer, sondern unterstützt einheimische Initiativen. Unsere Projektpartner vor Ort bauen Schulen und Kinderschutzzentren, organisieren kleine Produktionsgemeinschaften und Bewässerungsprojekte und betreuen kranke oder kriegsverletzte Kinder. Gemeinsam mit unseren Partnern setzen wir uns für eine gerechtere Politik gegenüber der Dritten Welt ein.

In Deutschland engagieren sich Menschen in 150 Orten ehrenamtlich für die Rechte von Kindern.